谈起古代，仕途就这回事

张程 著

陕西出版传媒集团
陕西人民出版社

图书在版编目（CIP）数据

谈起古代，仕途就这回事 / 张程著 . -- 西安：陕西人民出版社，2014

ISBN 978-7-224-11299-3

Ⅰ. ①谈… Ⅱ. ①张… Ⅲ. ①文官－生平事迹－中国－古代－通俗读物 Ⅳ. ① K827=2

中国版本图书馆 CIP 数据核字（2014）第 230912 号

谈起古代，仕途就这回事

张程 著

出 品 人 惠西平

总 策 划 宋亚萍

策划编辑 李向晨 关 谊 李婷晓

责任编辑 关 谊 李向晨

出版发行 陕西出版传媒集团 陕西人民出版社

（西安市北大街 147 号 邮编：710003）

印　　刷 北京力信诚印刷有限公司

开　　本 710mm × 1000mm 1/16

印　　张 16.5

字　　数 223 千字

版 印 次 2014 年 12 月第 1 版 2014 年 12 月第 1 次印刷

书　　号 ISBN 978-7-224-11299-3

定　　价 29.80 元

投稿邮箱 bwcq@163.com

发货电话 010-88203378

序

衙门口是一个奇妙的地方。站在衙门口往里看，可以看到官场百态，看一个个官员粉墨登场；站在衙门口朝外看，可以看到市井炎凉，看社会如何围绕着衙门运转。看不懂没关系，所谓“内行看门道，外行看热闹”，在衙门口看到的一幕幕，保管精彩。说不定，一不小心看到了不该看的，就会连累“衙门口”成了一个“敏感词”。

现在，我的老朋友张程就选择站在衙门口，对着读者诸君大谈特谈古代衙门和官场中人。他谈了衙门和官吏的方方面面，大到王朝的官制，小到官员轿子的规格，每个方面都独立成章，又在逻辑上紧紧相扣，最后组成了这本很好看、很耐看的书。书名就叫《谈起古代，仕途就这回事》。这里面的内容，表面上都在谈古代官场，谈古代官员的工作和生活，实际上，它在谈衙门在古代社会的巨大影响，在谈古代中国人对官场的追捧和无奈。

一开卷，《谈起古代，仕途就这回事》就直言“科举考场通向官场”，古代社会对科举的痴迷就是对官场的痴迷，接着分章节介绍了古代人该如何进入官场，进去后怎么生活、怎么工作、怎么退休，以及退休后的待遇和晚景。把这些内容串起来，就是古代官员的一生了。之后，书中辟出三章，介绍在衙门里流传的“官场病”、“衙门规律”和从古代笔记、小说中挖掘的官场案例。如果哪位读者设身处地，把自己嵌进去，说不定能过一把在古代当“官老爷”的瘾。

我以前看到过不少讲古代官场的图书，其中多数是浮躁的出版商找人拼凑或者“编著”的，内容不忍细看，更不能当真。也有一些是象牙塔中的先生们的大作，一写出来就准备束之高阁，或者当作“著作等身”中的一本的。多数读者看不懂，也看不下去。但是，张程这本书不同，既通俗又不失严谨，既扎实又不枯燥晦涩。张程是北大政治学科班出身，又是近年来颇为活跃的青年历史作家，写的东西有学院气，又照顾读者的阅读喜好。他不是为了写衙门而写，而是想把衙门写好，把衙门里的古人写活，从正史、野史、趣史中拉出了不少有趣的人和事来摇旗呐喊，来说服读者、吸引读者。

看了后记，我才知道，在这本书中，“正史与小说、典故与白话、权力斗争和制度变迁、政治史和社会史并肩而立，读者们可以穿梭在达官显贵、下僚小吏、落第士人、隐士僧侣甚至市井小民中间，徜徉在不同的朝代和琳琅满目的衙门之间”。我特意闭上眼睛回顾了一下刚刚浏览的内容，还的确有那么一点“徜徉”在古代市井中的味道。

这趟“徜徉”的感觉是沉重的。衙门制度（官僚制度）是我们历史的一大特产，这个制度的弊端和成就一样明显。“腐败就是政治的顽疾，像癌症一样无法根治”、“官衙的后门直通造假工厂的正门”、“论资排辈的升迁环境，也迫使官吏们要少做事、少出错，争取‘无灾无病到三公’”、唯上和圆滑的古代官风、恋栈不去的老官僚等，无不指出古代官场的弊病。而种种官场病态的集大成者就是弥漫中国社会的“官本位”思潮。由此，这本书深入到了社会层面。张程从社会史的角度看中国历史的变迁，这也是现在历史图书的一大写作趋势。

我建议那些有意于衙门人生的“有志青年”，在急着往衙门里面扎之前能够站在衙门口，看看古代官场的百态和市井炎凉。

我也建议以下人群不必阅读本书：两岁开始看“新闻联播”现在佩戴“五道杠”的人；认为阳光下的一切都是光明的人；忙着背英语单词准备出国做世界公民的人。我建议其他读者，都应该好好读读《谈起古代，仕途就这回事》。

是为序。

梅毅

（著名历史作家、央视“百家讲坛”主讲人）

目 录

第一章　科举：古代官吏的考取途径

清朝某年的江苏乡试，应考的考生中有位拄着拐杖的老秀才，挤在入场的人群中蹒跚而行，引人注目。主考官仔细打量这名老秀才，大吃一惊：这不是当朝内阁学士兼礼部侍郎王鸣盛的父亲王尔达吗？他忙走上前劝王老秀才说："老伯正当颐养天年，不必来吃这苦了。"王尔达正色说："你错了，大丈夫奋志科名，应当自己取得，如果借着儿孙之福，自暴自弃，我深以为耻。"王尔达的这份执著在科举时代赢得了一片赞叹声。这片声音的背后隐藏着全社会对科举功名的尊崇和追求。科举入仕是千年官场的正途，如果一个人不是通过科举而是通过其他途径做的官，即使位极人臣也觉得是个遗憾。晚清名臣曾国藩28岁时以第三甲42名的成绩考中了进士，应该说年轻有为，很拿得出手了。但曾国藩却对此耿耿于怀，引为终生憾事。为什么呢？他嫌自己的名次太低了。

要想考察中国古代官场和官场中人，科举是绕不开的话题。科举引得无数读书人竞折腰，皓首穷经，孜孜以求，进而塑造了读书人的言行操守。科举不仅仅是读书人入仕的准入证，做官的敲门砖，还渗入官员的交往进退、宦海沉浮；它不仅仅让士大夫们沉溺其中不能自拔，还像是一张大网，包裹住社会的方方面面。科举考场直接通向官场，对科举的痴迷就是对官场的痴迷，对功名的追求就是对官位的追逐。科举网络对社会的包裹，其实就是"官本位"思想在社会的泛滥。因此，科举不单单是一项政治制度，还扩散为政治的背景因素。

第一节　科举还算是个好东西

知识分子面临的首要问题是什么？是如何实现个人价值。读书人空怀满腹经纶，徒有一腔抱负，实现不了，只能发发“怀才不遇”、“冯唐易老”的感慨，于人于己都无益。现代人实现个人价值的途径很多，可以经商致富，横跨农工商各业，用金钱来衡量自我价值；可以投身艺术，在歌舞、书画、戏曲等领域里驰骋，张扬个性，追求精神满足；还可以教书育人，在学术殿堂中著书立说乃至开山立派。然而，古代读书人的途径很窄。你去经商，官府对你征收繁重的税赋，将你视为不稳定的低等阶层，老百姓则认为“无商不奸”，把经商致富的人视为“暴发户”、“为富不仁”；你去做工匠、画画卖字或者作曲唱戏，别人视你为贱民，和乞丐同流，还要连累得子孙后代都抬不起头来；你去教书育人做学问，可官学都是政府兴办控制的，里面品级森严，俨然一个小官场，去教私塾则要仰人鼻息，为生计奔波，很难安心做学问。于是，古代读书人可选的道路几乎只剩一条：做官去！只有做官才能获得施展才华的平台，才有可能让理想化为现实。

有人说，我不当官，我去做和尚道士，或者归隐山林，总可以吧？且不说大多数的人达不到出家或者归隐的境界，就算达到了你也还要解决两个问题：一个是要官府的人承认你的身份，给你发个度牒，不然的话你就是“野和尚”、“游方道士”；一个是解决吃穿用度的物质基础问题。晋末的陶渊明是读书人归隐的先驱、千年闻名的隐士，可除了最初的三四年光阴，陶渊明归隐的大部分时间生活窘迫，最终在饥寒贫病中死去。没有“阡陌纵横”的经济基础，世外桃源只能是个传说。在古代，出家和归隐更多的是读书人自我炒作、自抬身价求官的终南捷径。

所以，古代读书人如果不想蹉跎一生、无所作为，就必须去做官。

士（读书人）和仕（做官）合二为一。儒家宗师孔老夫子就在仕途上孜孜以求，三日见不到君主就有惶惶不可终日之感；亚圣孟子更是大呼帮助君主治乱平天下“舍我其谁”。孟子进一步说明：“士之仕也，犹农夫之耕也。”“士之失位也，犹诸侯之失国也。”（《孟子·滕文公下》）比两位圣人晚些时候的苏秦刻苦学习，留下了“刺股读书”的典故，应该说学识渊博、能力出众，但长期没有官做，生活穷困潦倒，“羸滕履蹻，负书担橐，形容枯槁，面目黧黑”，连父母兄嫂都不理他，真可谓是孟子所说的无地流民、亡国诸侯。待到游说诸侯成功，苏秦身挂六国相印衣锦还乡，父母张乐设饮提前走了三十里地迎接儿子。嫂子更是匍匐在地长跪不起。苏秦问嫂子：“大嫂，你为什么前倨后卑，态度反差这么大?”嫂子回答：“因为小叔子现在做了相国，地位尊贵，有万贯钱财啊。”苏秦不禁感叹：“读书人贫困的时候，父母不把你当儿子看；发达了以后亲戚都来巴结你。人生在世，权势地位的力量真是强大啊!”有没有做相国，并没有影响苏秦的学问才能，但决定了苏秦的生活境遇，决定了他能否实现心中的抱负。秦汉以来，做官更是成为衡量读书人贵贱荣辱和人生价值的唯一标准，成为他人对待读书人最主要的考量因素。

读书人全往仕途上挤，那么什么样的人才能当上官呢?

最初的官位是世袭的。一个人的家庭出身决定了他的政治地位，王公卿士世代垄断官职。平民子弟想要跻身官场就必须付出极大的努力，建立骄人的功绩。西汉之后，征辟制兴起，成为世袭制的补充。朝廷可以征召地方贤才，官员可以荐举孝子廉吏做官。征辟制为官场选取了部分德才出众的官吏。但这样的操作缺乏透明度，征辟的标准操于权贵之手，得官的人数也很少，对改变平民子弟的政治地位帮助不大。征辟制到魏晋时代被九品中正制代替，人才被分为上中下三等九个级别，分别授予官职。权贵家庭把持评定，相互攀附，出现了“上品无寒门，下品无世族”的局面，形成了变相世袭的门阀政治。平民子弟的入仕途径依然窄小，改变社会地位的可能性不大。权力垄断官位分配，导致大批身体羸弱、不识五谷、畏马如虎的世族子弟20岁就能登殿入阁，而普通人家子弟即使才能出众，年过三十也仅可补为刀笔小吏，从底层做起。这是不公平的，也不利于政治体制本身的新陈代谢。

在这样的背景下，隋唐科举制的横空出世，无疑是历史的进步。科举开放了政权，摒弃了种族、出身、地域、年龄、财富等外在因素，只考量个人学识，允许所有人自由竞争①。所有想做官的人，只要能通过统一的考试就能入仕；相反，即便是王侯子弟，通不过考试也只能做一辈子平民百姓。这就排除了权力因素的干扰，限制了既得利益集团，在理论上实现了公平公正。同时，考试剔除了那些不学无术的纨绔子弟和碌碌无为的庸才，能为政治体制补充高质量的官吏。这对政治体制的高效运转和长远发展是有益的。所以，科举制设计秉承的公平公正原则和择才而用的做法，相对之前各项入仕制度有着巨大进步。

从诞生到1905年的一千三百年间，科举制在中国雷打不动。皇帝可以换，王朝可以变，甚至占统治地位的民族也在变，但开科取士的做法几乎没有变过。可见科举有它存在的理由。它以开放的姿态，高举公平公正的旗帜，给予所有人入仕的希望。希望在，梦想就在，就有大批人甘愿困守其中，支持这项制度。

然而，科举制在发展过程中产生了严重的问题，最终将自己逼上了死亡的悬崖。（1905年，科举制被废除了，但公平公正、择才而用的考试用人制度并未废除。）

首先，科举制在历史长河中所附着的越来越多的技术性规定，侵蚀了择才而用的制度内核，日渐偏离选贤用能的初衷。每一项制度设计的理念总需要具体的规章细则去落实，总需要配合时局、人事等各方面的变动而调整。这便产生了种种技术性的规定。这些后生的技术性规定会

---

① 科举是有报考限制的，如娼妓、优伶、皂隶、乞丐等不能报考，家奴或谋逆之人也不能报考。但是，这些人的子孙只要脱离此项身份一定时间，一般是三代，就可以正常报考。所以，科举在理论上是向所有人敞开的。

逐渐摆脱人们的控制，沿着自身的逻辑独立发展下去。几百年后，人们回头看看某项制度，总会发现它和最初的设计并不吻合。具体到科举上，它后来发展出的众多规定中最受人诟病的，对它伤害最深的就是“八股取士”。

早期的科举，考试文章允许自由发挥，并没有固定要求。这就使得评判考生文章优劣的难度增大。考生的观点、行文习惯以及文章体例不同，考官们的标准也不同，总达不到人人满意的效果。总的来说，文辞华丽、行文流畅又有家学积淀的文章比较受欢迎。这种百家争鸣、没有统一标准的局面到明太祖朱元璋时期得到了逆转。朱元璋是从社会最底层打拼上来的草根皇帝，讲究实用且带有较浓厚的平等思想。据说他主持科举考试和听取大臣汇报的时候，总觉得儒生出身的大臣们写的文章华而不实、言之无物，堆砌的文辞和密集的典故让他抓不住重点。于是朱元璋萌发了统一文章体例格式的念头。也有说法是之前的科举考试有利于权贵人家的子弟出头（他们往往熟悉政治话语、家学基础良好），而不利于文笔朴素、不事雕琢的贫寒人家子弟，朱元璋从平等的角度出发，规定了大家必须写同样规格、同样内容的文章，尽可能地去除家庭环境对考生的影响。朱元璋规定的标准文章就是“八股文”。

八股文有很多硬性要求。比如，文章的题目只能出自四书五经，选取其中的句子或者段落为题。考生们也必须根据四书五经的精神作答。朱元璋原来想冒认南宋理学大师朱熹为祖先（他自己的祖先拿不出手），大臣们赶紧劝谏，说朱熹的年代离得太近了，不适宜当王朝的祖先。认祖不行，朱元璋就捧出朱熹对四书五经的解释来，作为全国读书人学习和考试的教科书。朱熹那些并不成熟或者零散的只言片语，摇身一变成了金科玉律。举子们只能运用朱熹之说，联系题义阐述道理。文章的格式也被限制得很死。全文分几个部分，每个部分怎么写，用什么句式，哪一句话亮出观点，哪一句话是引用都有规定。文章的主要部分分为起股、中股、后股、束股四个段落，每个段落要各写两段，因此得名八股文。这八个段落的句法、字数都是有限制的，每一股的内容必须要有一正一反、一虚一实、一浅一深的对比。如此一来，考官的工作量大为降低，一眼就把卷子看得清清楚楚。但如此千篇一律的应试文章能反映出考生的真才实学吗？

朱元璋的出发点是好的，但他高度规范的文章要求遇到现实趋利的中国人就变了样。八股文很快堕落为死板、保守的牢笼。读书人聚精会神地研究八股文的格式、句法，将四书五经和朱熹文章从头背到尾，什么秦歌汉赋、什么唐诗宋词都抛之脑后，更毋论民心国情了。每次考试结束，高中者的文章便被收集汇编起来出版售卖。读书人奉之如宝，逐字逐句研究。因为四书五经中可用来出试题的句段有限，有钱人就在考试前聘请八股高手押题，写文章，然后给子弟们开“辅导班”、“加强班”，让他们专门背诵这些押题文章应考，竟然屡屡有得手考中的。

清朝名人王士禛说过一则沉重的笑话。有个后辈书生在读《史记》，本乡一位前辈进士过来问他：“你在读什么书？”书生说：“《史记》。”进士问：“谁写的？”书生回答：“司马迁。”“司马迁是哪年的进士啊？”“司马迁是西汉太史令，没有功名。”进士不悦，说：“原来没有功名啊。那我拿他的书来看看。”他拿过《史记》翻了几页，扔在一旁说：“此书于科举无益，看它做什么？”由此可想而知，八股取士选择的大多是死背少数几本书，只会写八股文的书呆子。明清笔记留下了许多又呆又木，生活了无情趣，更无动手办事能力的八股高手的形象。朱元璋争取平等和提拔实干人才的本意算是彻底落空了。

徐大椿的《道情》对八股高手有形象的描述：“读书人，最不济。读时文，烂如泥。国家本为求才计，谁知道变作了欺人技。三句承题，两句破题，摆尾摇头，便道是圣门高弟。可知道‘三通’、‘四史’，是何等文章？汉祖、唐宗，是哪一朝皇帝？案头放高头讲章，店里买新科利器。读得来肩背高低，口角嘘唏，甘蔗渣儿嚼了又嚼，有何滋味！辜负光阴，白白昏迷一世。就教骗得富贵，也算是百姓朝廷的晦气！”顾炎武曾愤慨地说："八股盛而六经微，十八房兴而廿一史废。""愚以为八股之害，甚于焚书。"焚书坑儒活埋的只有数百人，而八股取士禁锢的是数百年读书人的智商和精神。

八股文发展到后来，连皇帝本人也看不下去了。光绪皇帝有一次亲阅进士考卷，发现大多数考卷雷同，毫无用处，不禁感叹说："以这种方式录用人才，也难怪学非所用。"（《清稗类钞》）

除了八股文外，还有其他技术性规定与择才而用的本意背道而驰。比如清朝中后期规定科举文章的字数以700字为限，不能超过；又比如科举考试阅卷的时候偏爱卷面整洁、笔迹工整的卷子，带动读书人花大力气去练习楷书和行文布局。清朝中后期历届高中者无不写一手工整规矩的楷书。尤其不应该的是，道光朝后对文字笔画吹毛求疵，一竖没写直、弯钩没提好等细枝末节都能成为落榜的理由。至此，考试沦落为书法游戏，与考生的思想见解无关了。

除技术性规定外，权力因素逐渐攻占了科举的方方面面，也逐渐埋葬了公正、公平原则。

科举兴起，权力因素在理论上被排除在外，但在实践中始终虎视眈眈，一有机会就渗透进来。考虑到科举关系着国家权力要交给何人掌握，关系着王朝的长治久安，历朝历代都将科举制度视为天下政务的"根本"，领导重视、制度严密、奖惩鲜明。科场舞弊却屡治不绝，从未断过。《清稗类钞》的讼狱类开头就是大量的科场舞弊案子，犯案者夺名、杀头、抄家、全家罚作奴仆，可犯案者依旧前赴后继。科举的成功是维系和扩大权力的正途，是获取衍生权力和收益的起点，值得一代代人以身试法、以命相博。

明清科举彻底被权力因素攻陷。《清稗类钞》向我们展示了清朝科举的实际情况：每年五六月间，是确定正副考官、同考官的时候。北京城和各省省城就炸开了锅，有权有势者开始准备，晋谒或贿赂已经及可能成为考官的官员。考生入场的时候，正副考官自己中意要录取的门生亲友，监考官员暗中答应录取的考生，再加上达官贵人们塞条子打招呼要求录取的考生，如麻如粟，占去了大部分的名额。考官们与其说是在阅卷，不如说是在权衡各方关系。关系户很多，录取名额有限，考官们必须反复推敲，比真正按照真才实学来评定高下更加辛苦。他们先按照打招呼的人的官爵高低来录取嘱托的关系户，如果官爵一样高，那就先录取升官潜力大、党羽多的人嘱托的关系户；其次是按照贿赂的多少来录取关系户，如果考生给的钱一样多，那就兼顾一下名声的高低、答卷的优劣。最后的录取名单，在写上那些必须录取的考生之后就没有几个名额了，再挑选几个有真才实学的孤寒考生，列名其上，以塞人口。顺天府的科举，因为地处京师，弊端最深。顺天府科举的正副考官和同考官们，一般是京城里的高官显贵，不用皇帝公布名单人们也能猜个八九不离十。有能力者早早地就有针对地做这些人的工作，“辇金载宝，辐辏都下”，“按图而索”，“万不失一”。

最后，《清稗类钞》的作者徐珂承认：“铨政（指科举取士）纵极清平，能免贿赂，不能免人情。”这里的“人情”指的是中国社会广泛存在的关系网络、泛化的权力关系。人情比赤裸裸的贿赂厉害，考官未必会收贿赂，但他无论怎么样都摆脱不了泛权力的网络——事实上，很多关系户并没有向考官行贿。高官子弟往往不需要向考官行贿就能在考试中受到照顾。而一些富商子弟，即便是送了钱，也不一定能金榜题名。为什么？因为考官也是官，处于权力网络之中，受到种种关系的制约，也需要维系和扩大权力关系，提高地位，“虽未必尽纳财贿，而欲结权贵树党援之心则同”。“人情”不能免，也就意味着权力因素始终影响着科举选官，扼住了官场准入的咽喉。在仕途门口，贫寒子弟和普通人家的孩子们又一次成了弱势群体。

科举的第三个大问题是助长了读书人的利禄之心，只知有举业功名，不知有天下和百姓；只知有官爵品级，不知有人格和善恶。进而连累全社会弥漫着浓郁的“官本位”思想，功名恶化为评判人生价值的唯一标准，腐蚀了社会的道德良知。一部《儒林外史》汇集了许多活生生的例子，书中满是触目惊心的话："有操守的，到底要从甲科出身。""如果有学问，为什么不中了去？""只是有本事进了学，中了举人、进士，即刻荣宗耀祖……人生世上，除了这件事，就没有第二件可以出头。"

先秦时代的读书人就有很功利的思想，将学问和能力作为追求富贵的工具，所谓"学成文武艺，货与帝王家"。有这样的想法，无可厚非，只要它没有充斥于整个脑袋，没有成为言行的主导就行。政府也很早就用高官厚禄来吸引士人。只是，科举制强化了这种做法，放大了读书人的利禄之心。它把科举入仕捧为官场正途，视其他途径都是异途，给予有功名的读书人极大的实利和虚名，让社会错误地在"荣华富贵"、"科举功名"和"读书应试"三者之间画上等号。宋朝的皇帝宋真宗赵恒就是宣传这一思想的急先锋。他写了一首流传甚广、宣传效果很不错的《劝读诗》："富家不用买良田，书中自有千钟粟。安居不用架高楼，书中自有黄金屋。娶妻莫恨无良媒，书中有女颜如玉。出门莫恨无人随，书中车马多如簇。男儿欲遂平生志，六经勤向窗前读。"有了皇帝的提倡，有了金钱车马、良田美眷的现实诱惑，读书人便一头扎进"学而优则仕"的追求中去了。

清代畅销书《儒林外史》第十三回通过一个读书人之口讲述了时人对科举事业（举业）的态度："举业二字，是从古及今人人必要做的。就如孔子生在春秋时候，那时用'言扬行举'做官，故孔子只讲得个'言寡尤，行寡悔，禄在其中'，这便是孔子的举业。到汉朝用'贤良方正'开科，所以公孙弘、董仲舒举贤良方正，这便是汉人的举业。到唐朝用诗赋取士，他们若讲孔孟的话，就没有官做了，所以唐人都会做几句诗，这便是唐人的举业。到宋朝又好了，都用的是些理学的人做官，所以程、朱就讲理学，这便是宋人的举业。到本朝（明朝）用文章取士，这是极好的法则。就是夫子（孔夫子）在而今，也要念文章、做举业，断不讲那‘言寡尤，行寡悔’的话。何也？就日日讲究‘言寡尤，行寡悔’，哪个给你官做？孔子的道也就不行了。”这位读书人几乎把史上所有的读书人与官场的关系都用“举业”二字串起来，什么选拔标准在他看来都是“举业”，读书人适应不断变化的标准只为求得一官半职，仿佛做官就是读书人的使命。话虽然直白，倒也坦诚，把明清社会的逐利之心、读书人的求禄之举暴露无遗。

在这部畅销书中，有一个脍炙人口的人物，叫做周进。他的身上聚结着科举所有的弊端，展现了明清科举已经堕落到了怎样荒诞的地步：

山东汶上县的穷书生周进60多岁了，考了几十年连个秀才，他都没有考上，依然是个老童生①。科场失意的他非但没有得到同情，反而遭到了社会的鄙视和士人阶层的唾弃。周进先是在县城里做了三年教书匠，因为学生考中了秀才，他再无资格继续教下去，便沦落到郊区的观音庵，靠开私塾糊口。本地的秀才梅玖、举人王进经常嘲弄周进，到私塾里大吃大喝，对他吆三喝四。周进连私塾都教不下去了，只好替一伙商人当账房。一天，他进省城参观贡院。触目可及都是考试用的号房，周进人到暮年却连坐号房应考的资格都没有混上。大半生追求功名富贵却满腹心酸；饱受他人侮辱欺凌却无处倾泻。周进不觉眼睛里一阵酸酸的，长叹一声，一头向号房撞去，直僵僵地倒地，不省人事。那伙商人救他醒来后，周进满地打滚，放声大哭。几位商人得知周进的苦楚后，答应每人友情赞助几十两银子，给他捐一个秀才的资格，让他也过一过进贡院考试的瘾。周进忙趴在地上冲着众人磕头，说：“若得如此，你们便是我的再生父母，周进就是变驴做马也要报答各位！”

商人们原本只是让周进过把瘾就走，不想周进这个几十年的“后进生”，突然在当年的乡试中爆发了，高中举人，之后又马不停蹄在会试、殿试中高奏凯歌，中了进士，做了翰林。至此，周进算是鲤鱼跃龙门，

① 童生：读书人在考中最低级的“秀才”功名之前，一律称为童生。

跻身上流社会。整个社会也立刻变得对他笑脸相迎。欺负过他的秀才梅玖冒称是他的学生，辞退他的东家，供奉起了他的“长生禄位”，就连周进随手在私塾中写的一副对联也被恭恭敬敬地揭下来裱好。梅玖前后判若两人。这是否能说明科举取士标准的随意、不靠谱呢？

后来，周进外放做了广东学政，老书生掌管了一省读书人的功名富贵。乡试中，有个考生提前交卷。周进拿起卷子一看，不知道满纸写了些什么，觉得全是荒谬无聊、空洞无物的废话。他叫住交卷者打量起来，只见是一位五十多岁、衣衫褴褛、双目无神的老秀才，名叫范进。周进一问，得知范进考了三十多年始终没有中举，家里穷得叮当响，受尽了亲友乡邻的冷遇羞辱。周进不禁叹了口气，重新拿起范进的卷子看第二遍，突然觉得文章言之有物、条理清楚。这是怎么回事？为了确认，周进第三遍读范进的卷子，读完叹息道：“这样的文字是天地间之至文，真乃一字一珠。”他不仅录取范进为举人，还感叹：“世上糊涂试官不知屈杀了多少英才！”可周进自己何尝不是那“糊涂试官”，能把一篇文章读出前后天差地别的评价来。最大的可能是，周进在范进的身上看到了自己早些年的穷酸落魄相，他录取的不是范进，而是自己的影子。此事更可印证八股取士没有恒定的标准，几同儿戏。

“以名取人”，就是科举儿戏之一。看文章既考验能力又考验精力，远不如看名字定名次来得方便。唐后期郑薰任主考官，取颜标为状元。因为他觉得颜标与名臣颜真卿同宗，如此推断，此人定是差不了。后来一问，颜标与颜真卿压根就没关系。人们称郑薰这种头脑迂腐、目光短浅的人为“冬烘先生”。浙江临海曾出过明朝状元秦明雷。他本不是初拟的状元人选，但喜欢道教、擅长求雨等法术的嘉靖皇帝一看“鸣雷”二字，感到特别合自己的喜好，当即将其定为状元。同样，清末的谭延闿因与“乱臣”谭嗣同同姓同乡，朱汝珍因与革命党人孙中山同乡，与朱明皇帝同姓，所以二人都与状元之名位失之交臂。状元刘春霖因为名字吉利，又来自“肃宁”县，迎合了慈禧的心意，而被提为状元。文天祥是南宋末年状元，也是因为字“宋瑞”太喜庆了，被拔为状元的。

上述种种问题不能不让科举饱受诟病。但探本究源，科举的立意和出发点是无可指摘的。科举的三宗罪（技术误人、权力舞弊和助推“官本位”思潮）并非由它的内核必然衍生而来，也绝非它的本意。在中国的社会环境中，又有哪项制度能摆脱这些问题呢？任何制度都不能保证后生的技术规定不会脱离制度内核，权力始终是飘荡在任何制度头上的一道阴影。而“官本位”思潮早科举而生，科举助长错误思潮的确不应该，可它和其他制度一样，也是这股思潮的受害者。官位的追逐、权力网络的泛滥和人情世故是中国历史发展的顽疾，病因肯定不是科举制。相反，如果科举能够摆脱这些濡染，真正贯彻开放、公平、公正的理念，量才而用，必能吸纳天下贤才，让寒士开颜，让世家子弟奋发。因为它毕竟是古代中国人经过几千年的挑选，试验了多种选才制度后才设计出来的成果。在看到科举流弊的同时，我们也应该发现它提高了社会流动性，选拔出来不少有真才实学的人物。许多人才并没有被科举的弊端打倒，而是走出科举的羁绊，在这套制度中获得了实现价值的平台。

利弊相抵，科举还算是一个好东西。

第二节　科举之难，难于上青天

清朝江苏巡抚恩寿，作风粗暴，对下属要求很严。江苏省司道以下级别的官员，很多人都受过恩寿的当面斥责，甚至被指着鼻子痛骂。恩寿接见下属的时候，总是要大声喝问：“你头上的顶戴是怎么来的?”（意思是询问出身）一天，有一个叫陈季生的下属去拜见恩寿，恩寿一开口也是这么大喝。陈季生胆子小，见到巡抚大人早就吓呆了，现在见巡抚声色俱厉地发问，茫然不知所对，竟然汗如雨下。待了好一会儿，他突然大声说：“卑职的顶戴是在玄妙观的旧货摊上，花了八十文铜板买的!”这呆呆的一句话，反而惹得恩寿和旁人哈哈大笑。

这是一个笑话。在现实生活当中，一个官员的顶戴、乌纱，物质成本有限，但它的无形成本无法度量。说完了古代读书人对官场的追捧，我们就来看看古代官员是如何进入仕途的，需要花费怎样的高额成本。

首先，我们仅仅从程序上来看古代人是如何进入官场的。

隋唐以后，官员选拔的主要途径是科举考试。一个人只要通过了考试，一般都能获得官员身份。

科举取士大规模兴举起于唐朝。唐朝的科举考试由礼部负责，朝廷允许天下读书人自由报考，州县地方官员不得阻拦。相对于之后的层层考试选拔，唐代科举只考一次，最简单，最直接，似乎读书人进入官场程序的成本也最低。但是，唐朝的科举考试与后世不同的一点是，通过科举考试的进士仅仅是获得了一个做官的资格，并不能成为正式的官员。要成为正式的官员，进士们还要通过吏部主持的官员录用考试。官员录用考试并不是看一个人的学问高低、文章好坏，而主要是四个标准，分别是身、言、书、判。“身”指的是长相一表人才；“言”指的是能说一口官话，能端官员的架子；“书”指的是能写一手好字；“判”指的是一个人能写一篇好的判词，在公文写作方面有特长。只有这四项合格了，才能上报皇帝批准，再由吏部授予他正式的官职。通过官员录用考试，唐朝称之为“中式”。一个人只有既通过科举又中式，才能够迈入官场的大门。

由于唐朝科举考试处于草创阶段，规章制度并不像后世那么严格。比如唐朝科举考试之初是不糊名的，试卷上写有考生的姓名、年龄、籍贯等内容。考官在判卷的时候，并不仅仅看考生答卷质量的高低，也要参考考生平时的文章、名声，甚至要看这个人的家庭出身，主观因素很大。武则天当政时，为了防止官员徇私舞弊，开始要求试卷糊名。但是吏部的录用考试，则要进士去面试，申报自己的出身、家世，包括爷爷、爸爸的身份以及有无官职等内容。这样，负责官员暗箱操作的可能性就很大。因此，读书人在唐朝参加科举和官员录用考试，不仅要凭真才实学，还要到处拉名人和达官显贵推荐自己。考生们纷纷奔走于公卿豪门，向他们投递自己的代表作，称为“投卷”。投卷在唐朝是公开允许的，考生向礼部投的叫官卷，向达官贵人投的叫行卷。社会名流、达官显贵如果觉得这个考生真有才华，往往会对其极力称赞，大为荐举。

比如，著名诗人白居易到长安应试的时候，就向前辈诗人顾况投递了自己写的《离离原上草》一诗，受到后者的极力称赞。据说，唐玄宗初期的状元王维是投卷成功的另一个例子。王维未满20岁就已经在文坛崭露头角，文章闻名一时。当时，太平公主在长安势力很大，已经暗示当年科举考试的主考官录取某某人为头名。王维晚到了一步，就向唐玄宗李隆基的弟弟、岐王李隆范求情。李隆范有意抬举王维，就带了他去见了太平公主。王维年轻英俊、风姿优美，站在太平公主面前，太平公主惊为天人，问岐王：“这是什么人啊？”岐王回答说：“知音者也。”太平公主就让王维演奏长安城流行的曲子，王维一曲下来，声调哀切，满座为之动容。太平公主大为惊奇，岐王李隆范趁机说：“这个小后生不但音律精通，而且在文学方面也是独步天下，没有人能出其右。”太平公主更高兴了，就问王维：“你带了写的文章没？”王维赶紧把怀中早已准备好的诗卷呈给太平公主。公主读完，惊叹道：“这些文章都是你写的吗？我们常说古人的佳作，原来都是你的作品啊！”于是，太平公主让王维更衣，引为贵宾，让其坐在自己的旁边。之后太平公主又把当年科举考试的主考官叫到家里来，授意他一定要录取王维为新的状元。于是王维少年及第，一举摘取了科举头名。

当然，像白居易、王维这样投卷一次就大获成功的人毕竟是少数，唐朝的绝大多数读书人为了能做官，不得不低三下四，到处去求人，到处去投递自己的文稿，希望得到赏识和荐举。长安城中，“天下之士，什什伍伍，戴旧帽，骑蹇驴，未到门百步辄下马，奉币刺再拜，以谒于典客者，投其所为之文，名之曰‘求知己’。如是者而不问，则再如前所为者，名之曰‘温卷’。如是而又不问，则有执贽于马前，自赞曰

‘某人上谒者’。”（《文献通考·选举二》）可称得上是斯文扫地。

在这么多失败的读书人中，最典型的可能要属中唐大文学家韩愈。韩愈出身于无名无分的布衣百姓家庭，虽然从小发愤学习，但历经三次挫折才考中进士，考中进士以后连续四次参加吏部录用考试都被淘汰，一度困居长安十年。他曾经自怨自叹地说，我想当个九品芝麻小官都成了奢望，想获得一亩之地的官舍都难以实现。唐朝为像韩愈这样虽然考中进士，但是在吏部录用考试当中屡被淘汰的人准备了另外一条做官的途径，规定：凡是参加三次官员录用考试都没有被录用的进士，可以进入将领和地方官员的幕府做幕僚。做幕僚满规定的年限，可以经聘用他的长官推荐，由中央授予州县地方衙门的参军、主簿、县尉等基层职务，正式获得官员资格。韩愈最后走的就是这么一条道路。他投奔了淮南节度使张建风，最后由张建风向朝廷上奏推荐了他。朝廷根据张建风的推荐，授予韩愈从九品的四门博士，也就是国子监的教员。如此一来，韩愈比正常科举中第然后通过吏部考试做官的人晚了十几年的时间。

所以唐朝读书人做官虽然简便、直接，但是普通人家子弟入仕还是相当困难。整个知识界和官场弥漫着一股请托和攀附权贵的风气。等到韩愈做了大官，又成为文豪以后，他也成了读书人投卷的对象。有一次，有一个考中进士的读书人来找韩愈，希望韩愈推荐自己。韩愈就给他出了一个主意，让他住在长安城里的某个寺庙里，表示自己清贫廉洁，然后在某天早晨出门游玩。这名进士一一照办。到了那一天，韩愈叫上朝廷的另外一位侍郎，一起到庙里去拜访这名进士。此人已经遵照韩愈的嘱托出了门，韩愈和那名侍郎大人当然就扑了个空。于是韩愈提笔在庙门上大书：“侍郎韩愈、侍郎某某，至此访某某进士不遇。”由于这座庙在长安的繁华之地，人来人往，这条标语很快就传遍了整座京城。连两位朝廷高官、当代文豪亲自造访都找不到的进士，自然是名声大振，身价陡增。很快，他在吏部的录用考试当中高中榜首。

唐朝的科举考试也好，吏部录用考试也好，主观性因素实在是太多。

整个过程看上去很严密，但实际上是一个花架子。到了宋朝，统治者采取了一些措施对科举考试进行了改革和完善。比如认真执行了武则天时期就实行的糊名制度，在试卷上不准出现考生的任何个人信息。同时建立了誊录制度，考生用墨笔作答的考试原卷被称为墨卷，为了防止考官辨认考生的笔迹，或者考生和考官串通后在考卷上留下特定的记号，有专门人员将糊名后的墨卷编号，交给抄写人员用红笔重新抄写一份答卷，新卷子叫做朱卷。朱卷抄写完毕以后，又有专门的校对人员将墨卷和朱卷进行校对，确认无误后分别封存。墨卷存入档案，朱卷交给考官审阅。主考官们选定高质量的朱卷后，再根据朱卷上的编号调出墨卷，拆开糊名的封口，查看考生的姓名、籍贯等，这个过程要当众开封，当众填写姓名，当众放榜公布。为了防止这一过程再有纰漏，放榜后，各地的试卷还要调礼部复查，称为磨勘。

宋朝科举考试的主考官是由皇帝在考试之前临时任命的。宋太宗任命翰林学士苏易简负责当年的科举考试。苏易简接受任命以后，为了避嫌，将自己关在贡院里不肯回家，也谢绝与外人往来，以示清白、廉洁、公正。从此，考官接到任命后，都要被锁在贡院里面，称为锁院制。这项制度也成为一项惯例。

唐朝由吏部主持的官员录用考试，在宋朝也被取消了。读书人只要通过科举获得进士身份，也就等同于获得了官职。

宋朝对科举考试的一系列规范和严格要求，大大限制了官僚特权，从效果上来看，基本扭转了唐朝读书人投卷行贿、依附权贵的恶行，这就保证了有才干的平民子弟进入仕途。在宋高宗绍兴十八年（1148 年）中举的 330 名进士当中，姓赵的皇室宗亲有 25 人，城市出身但未必都是官僚子弟的进士有 30 人，其余将近 300 人都是从农村乡间来的普通地主子弟或者干脆就是农民子弟。这就大大保证了科举考试的开放和公正。宋朝的读书人只要有意当官、能够通过科举考试，基本上都能够做官。

明清时期是中国科举制度高度完善的时期，程序完备、制度森严，在社会上影响深广。现代人讲科举一般以明清科举制度为对象。我们来看看明清时期一个读书人是如何一步一步走完科举程序的。

读书人在获得功名之前统一称为童生。童生要想获得功名就得“入学”，参加由政府组织的“童试”。童试每年考一次，因此也被称为“岁试”。童试先由县里组织，主要考一个读书人的文字水平，以及他对四书五经的熟悉程度，难度比较小。县试合格的童生要依次参加更高级的府试（府级）和院试（省级），三试合格才算通过童试。通过童试的人能够获得最初级的功名，被称作生员，俗称秀才，是功名的起点。获得秀才功名以后，读书人就从百姓阶层跃升到士大夫阶层。凡是有功名的读书人可以遇官不拜，遇到诉讼或者刑事案件的时候，官府不能逮捕秀才，而只能传唤他到庭应诉。如果有功名的读书人的确涉及违法乱纪，地方政府要向本省学政申请，剥夺该读书人的功名后才能对他进行审讯并进入司法程序。所以秀才也可算是一个人“鲤鱼跃龙门”的第一步。秀才又分为三种：成绩最好的称为廪生，有一定的名额，入学以后由政府发给一定的粮食；其次是增生，也有一定的名额；童试成绩一般以及新“入学”的读书人被称为附生。

县里的秀才为了能参加省里的考试，要接受本省学政巡回举行的考核。成绩优良的秀才才有资格去省里参加更高级的考试。这级考试被称为“科试”或者“科考”。科试每三年举行一次。

省级的考试在省会举行，称为“乡试”，也是每三年一次，和科试期限相同。乡试又称为“大比”，由于在秋季举行，俗称“秋闱”。乡试考核的内容比童试要严格，除了考核写作水平以外，还要考核对四书五经等儒家经典的理解程度。乡试要连考三场①，每场考两天，对人的体

① 清朝乡试三场，分别考核四书、五经和策问。理论上是考察考生的全面的知识，兼顾时务，但在实践中主要看头场。头场考四书相关内容，试以八股文，被认为考核的是儒学的精髓。头场试卷先阅，优异者即便后两场考的极差也能直接中举，而头场成绩平平的考生，即便后两场成绩优异也会落榜。这就使考生偏重四书和八股文，视后两场为具数。

力要求很高。考中乡试的秀才被称为举人，头名举人被称为解元。历史上最著名的解元可能就是明朝的唐伯虎了。唐伯虎当初考中了江苏省的解元。举人是科举功名的第二个等级，获得了举人资格以后，读书人就获得了做官的资格，可以参加官府举办的官员挑选。

从录取比例上看，乡试是竞争最激烈的一级考试，清朝规定了各省乡试的录取比例。大省的录取比例大约为80:1，小省的大约是50:1。这就导致竞争激烈省份的读书人“移民”到西北、西南等竞争相对平和的省份参加考试。合法的手段是“寄籍”（改变籍贯），不合法的手段是“冒籍”（冒充籍贯）。有资料显示，清代江浙一带考中进士的比例为20:1，于是许多江浙富家子弟纷纷移民顺天。康熙十六年（1677年），顺天考中进士36人，70%为寄籍或冒籍，纯北京土著考中的才11人。被发现是冒籍的考生要接受严惩，剥夺功名，禁止参加考试。清末状元张謇曾冒籍参加考试，后来被人敲竹杠骚扰，不胜其烦。更有冒籍者事后案发，名利全无。

乡试结束后的第二年春天，一般是农历三月，由礼部在首都举行“会试”。会试又称为“礼闱”，或者称为“春闱”。参加会试的人是各省举人。会试考的内容除了对四书五经的理解和一个人的写作水平外，还涉及政策研究的内容，要求考生了解朝野关注的政策、时事，根据儒家经典提出相应的对策。通过会试的举人一般称为贡士，贡士的第一名称为会元。贡士就相当于候补进士了。

会试的录取也不是全看学问和才识。软的标准，比如运气，比如以名取士等就不说了，单说硬的定额制。据说如果所有考卷统一评判，势必造成文教基础落后的地区中榜者少，江浙等文教大省垄断金榜。皇帝都很“讲政治”、“顾大局”，从巩固统治的角度，明确了各地的进士名额。明朝洪武初期，进士多是南方人，引起北方各省不满。朱元璋疑心有黑幕，怕掀起血雨腥风，就压迫南方读书人，多录取北方人。从明仁宗开始，将全国划分为南、北、中三大区，规定每科在每区的录取总额。

清朝沿用定额制，以各省土地多少、人才多寡确定额度。因此，假定某试浙江省名额为30人，结果发现初拟录取的贡士中有40名浙江人，那么，很不幸，后10人将直接被刷下，替补上没有录满名额的省份的读书人。

再高一级的考试是“殿试”。殿试由皇帝亲自主试，一般在会试的第二个月，也就是农历四月举行。殿试一般在皇宫内举行。清初殿试在紫禁城的正殿太和殿，后移至保和殿。考试的内容主要是很现实的政策。参加殿试的贡士不被淘汰，所有人都能中进士。皇帝亲自将殿试的贡士分为三甲录取。第一甲赐进士及第，一般只有三个人：第一名俗称状元，第二名俗称榜眼，第三名俗称探花。如果一个人在乡试、会试、殿试当中全都考中了第一名，也就是连得解元、会元、状元三个荣誉，他就可以被称为“连中三元”。在古代，参加科举的读书人连中三元的情况极少。从隋唐时期一直到清朝末年，连中三元的读书人据说只有十个左右。第二甲一般录取几十个进士，他们被赐进士出身，第二甲的第一名俗称传胪。没有进入第一甲和第二甲的贡士，全都被归为第三甲进士，他们被赐同进士出身。

至此，考试还没有结束。为了真正获得官职，读书人还要参加最后一轮，也就是第六轮的考试。除了第一甲三人之外的其他进士在清朝还要参加“朝考”。朝考本是清朝初期皇帝为了防止科举考试作弊，对所有已经被录取的进士再次进行考核。后来逐渐成为惯例。朝考内容多有变化，一般包括两方面。一方面是论、疏，主要是考一个人的政策研究能力和公文书写能力；另一方面是考一个人的诗文，也就是文学、书法和文艺水平。朝考优秀的人可以进入翰林院，被称为庶吉士。其余进士则直接进入官场，被分别授予主事、知县等职务（后期多为候补官），其中成绩最差的则被分配到地方各省任县丞等辅官。

一个读书人经过从童试、科试、乡试、会试、殿试到朝考的六轮考试，如果每一轮都顺利过关，就算是正式端上了铁饭碗，跻身于官僚阶层了。

至于那些在之前各轮考试中被淘汰的读书人，他们也有一定的进入官场的机会。一个人只要获得了举人功名，如果在会试中屡试不第，就可以直接到吏部注册，申请获得地方官职。朝廷每次分配给举人的职位很少，大概是40到100个左右。直接去吏部申请官职的举人要参加一轮考试，被称为“大挑”或者“拣选”。考试内容跟一个人的文字水平或者政治能力无关，主要是看一个人的面貌，即此人长得有没有官相，有没有官员的架子，有没有官员的气场。一般情况是，如果一个人脸长得方方正正、身材修长、行止端庄稳重，即可通过“大挑”，直接获得低级官职。优等生授以知县试用，次者授以地方教职候补。在清朝，考中举人的读书人能进入官场的比例大约为一半，另一半人终生做乡绅，老于乡间。(《中国古代的士人生活》)

在没有考中举人的秀才当中，也有一定比例的秀才可以进入官场。明清时期，官府会挑选秀才当中成绩或表现优异的人进入京城的国子监读书。国子监的学生被称为“监生”，也被称为“贡生”。贡生的意思是把人才贡献给皇帝，相当于举人的副榜。在实际操作中，各个地方通常过个两三年就推荐一批资格老、年纪大的秀才到国子监读书，称为岁贡。因为贡生一般都是按照资历和年龄，依次升入国子监读书，所以民间又将贡生称为“挨贡”。清朝大文学家蒲松龄就是“挨贡”出身。他由于考中秀才后长期考不中举人，后来凭着年纪长，排队挨上了贡生。地方上推荐的监生也好，贡生也好，其实并不需要真到首都国子监认真读书，秀才们更多的是争一个身份。因为贡生在理论上也可以当官，比如蒲松龄就得了一个“儒学训导”的虚衔。儒学训导是什么官职呢？科举时代的官办学校分好几级，最高级的称为国子监，地方上有府学、县学。蒲松龄的儒学训导就是县里官办学校的副长官。不管怎么说，蒲松龄考了几十年的科举，总算是在年老的时候混得了一官半职。

挤入官场的举人、秀才虽然功名逊色于进士，但日后的发展不一定逊色于进士。在实践当中，一个人的机遇和能力很重要。清朝初期的朝廷重臣、曾经担任兵部尚书兼两江总督的于成龙就出身秀才。他是明朝末期崇祯年间的秀才，由于清朝初期地方官吏人员紧缺，朝廷在明朝的秀才当中挑选了一批人出任地方官职。其中，于成龙就在44岁那一年被选往广西担任了一个知县。于成龙在百废待举的情况下，任劳任怨，表现出众，从一个只有秀才功名的知县照样做到了封疆大吏。

通过进士、举人和贡生资格进入仕途的，在科举时代都被称为正途。出身正途的官员在仕途上有优势。非正途官员，不能担任翰林院、都察院、给事中、詹事府等清要官职，不能担任吏部、礼部的肥缺。可以说，读书和功名是极重的仕途资本。但一个读书人要按照一定的年限要求，要通过以上的六层考试，并不是一件容易的事情。有很多读书人考了一辈子，都没有完成这六个程序。历朝历代都给我们留下了很多这样的例子。

比如，晚唐时期，读书人曹松一辈子热衷于当官，遗憾的是屡次参加科举考试都没有及第。唐昭宗天复元年（901年），曹松71岁高龄还参加科举。朝廷念其年老，特地“放水”让他进士及第。当年和曹松一起上榜的，还有王希羽、刘象、柯崇、郑希颜四位年逾古稀的老人，社会上戏称这一榜为“五老榜”。曹松中进士时已经是须发雪白，满面萧然，风烛残年了。这样的老人虽然有了做官的资格，也仅仅被授予校书郎等虚职。两年以后曹松就病逝了。

宋神宗元丰年间，也有一个老书生，年年参加考试，年年落第。在他七旬的时候，被朝廷特别准许参加进士考试。这名老书生在考试时只提笔写了一句话：“臣老矣，不能为文也，伏愿陛下万岁，万岁，万万岁。”这一句肉麻的拍马屁的话，竟然让宋神宗大为感慨，特意下旨赏给此人官员身份，让他食俸终身。

清朝时期，参加科举考试的人就更多了，其中的科场失败者也更多。广东顺德人黄章，14岁开始读书，20岁开始参加科举考试，到40多岁的时候才通过了最初的童试，取得秀才功名。康熙三十八年（1699 年），他参加广东省的乡试，也就是第三级的考试，当时已经 99 岁了。进考场的时候，他让自己的曾孙子提着写有“百岁观场”四个大字的灯笼，引导入场，轰动一时。在当年，黄章没有考中举人，而考中的举人当中年纪最小的是广州潮州的考生吴日炎，只有 14 岁。道光五年（1825 年）广东又一次乡试，当年年纪最大的考生是广州府三水县的考生陆云从，已经 102 岁了，再一次刷新了参加乡试的年龄纪录。朝廷闻讯后，道光皇帝钦赐陆云从举人身份。第二年，陆云从兴高采烈地赶到北京参加会试，轰动京城，人们纷纷前往观看 103 岁的举人考生。道光帝认为此举是天下吉祥的象征，认为陆云从是“人瑞”，特别恩准陆云从可以免考，赐予他“国子监司业”的官职①。

以上说的是科举考试程序漫长。其次，科举考试对一个人及其家庭的经济要求也很高。

清朝中期以后，江南地区一个普通私塾老师的工资一个月大约为四五两银子，一年则有五六十两。虽然科举考试规定，一个人考中秀才后就可以进入县学、府学等公家学堂读书，但在实践当中，县学、府学等公家学堂并没有成为教育当地读书人的学校，而成为了科举管理的衙门。所以读书人还得自己请老师教学。假设一个读书人 10 岁入学，到 25 岁考中举人，这 15 年间他都得自掏腰包请老师教书，若每年的教师工资为 50 两白银，则他 15 年要付出 750 两白银的教师工资。此外，我们假设他每年的笔墨书本以及参加童试、科试、乡试等各级考试的盘缠和考试费用平均下来 10 两，这 15 年就是 150 两。两项相加，就是 900 两白银。考中举人以后，读书人一般就可以自学，不需要再聘请老师了（客观上也没有老师敢教举人）。再假设此人参加三次会试才获得进士功名，则他还需要 9 年时间。在这 9 年时间中，假设他每年花在学习和考

① 乾隆皇帝给 70 岁以上的落第举人直接授予编修、检讨、学正等衔，以示嘉奖。之后这成为惯例，70 岁以上举人参加会试都有官做。

试上的成本为 10 两，这又是 100 两白银的开支。至此，一个人从 10 岁入学到 34 岁考中进士，一共花费 1000 两白银的成本——这还不包括和师友交际、考中各级功名后的赏赐和庆祝的费用，更排除了他在科举考试当中的磕磕绊绊和挫折。事实上，一个读书人能花 24 年就通过六级考试、获得官职已经是非常顺利了。

1000 两银子对于一个普通家庭来说，无疑是一笔非常沉重的负担。清末著名思想家严复，出生于东南沿海的富裕之地福州。他父亲是一位中医，家境尚可。但在严复 12 岁的时候，父亲不幸逝世，这个普通人家就承担不起严复参加科举考试的成本了。已经读了好几年私塾的严复不得不放弃科举当官的梦想，进入了福州船政学堂。当时社会上仍然将科举考试视为一个人成材的正途，而把船政学堂里面那些西方知识称为“奇技淫巧”，只有承担不起科举成本的家庭才将孩子送入西式学堂。

鉴于科举考试昂贵的成本和漫长的时间要求，很多人对科场望而却步。但是他们又想当官，怎么办呢？好在每朝每代都有卖官的口子开在那里。清朝中后期，卖官的规模越来越大，卖出的官帽越来越多，卖官的价格则直线下降。一个百姓可以买到的最高官衔是道台，嘉庆年间道台的价格需要 18000 两左右，到光绪十年（1884 年）就已经降至 9400 多两，到光绪二十六年（1900 年）更是降至 4700 多两。而一个县令的售价则降到了 100 两以下，已经远远低于读书人通过正常的科举程序获得县令的成本了。于是，富裕家庭，甚至是一般的人家，都愿意掏出这笔钱直接获得官职。相比科举，这是更直接、更保险、更稳妥的做法。《清稗类钞》就记载：“捐纳，到同治光绪年间，流品益杂。早晨交钱，晚上就换上了顶戴花翎，根本不管买官者是贩夫走卒还是富家小厮。小康人家的子弟，不读诗书，只想着积累资金捐职，作为将来吃饭谋食的工具，美其名曰‘讨饭碗’。至于富商巨室家财万贯的人家，即便是襁褓中的乳臭小儿，都有红顶翠翎，家长给捐了候补道台，又给加捐了二品顶戴花翎（省长、部长级别）。”

第三节　别有一番苦滋味

科举考试的漫长过程和经济方面的压力，对读书人来说还是外在的考验。读书和科举本身的苦则是内在的考验，尤其考验一个人的毅力、能力乃至体力。

白居易曾经述说自己读书的辛苦："二十已来，昼课赋，夜课书，间又课诗，不遑寝息矣。以至于口舌成疮，手肘成胝，既壮而肤革不丰盈，未老而齿发早衰白，瞀瞀然如飞蝇垂珠在眸子中也，动以万数。盖以苦学力文所致，又自悲矣！"二十年来日夜读书不得休息，头昏脑涨、未老先衰，凡是苦读过的人都知道这种疲劳过度，乃至悬梁刺股的艰辛。

对于科举考试的苦，北宋的苏洵曾经回忆自己应考的辛苦。"自思少年尝举茂才，中夜起坐，裹饭携饼，待晓东华门外，逐队而入，屈膝就席，俯首据案。其后每思至此，即为寒心。"苏洵用了"寒心"二字，让后来者读来寒心。而把科举考试描述得最悲惨也最详细直接的莫过于明朝末年江西人艾南英的文章。他说：

"考试一般都喜欢选在秋冬季节或者是初春的时候举行。当时正是一年当中最冷的时候。考试都是在凌晨入场，到了考试那一天的时候，虽然地上还结着冰，瓦上还挂着霜，天寒地冻，甚至寒风刺骨，参加考试的考生们都得早早地准备好，在考场门口等着。开始入场的时候，考生们看到负责的官员穿大红颜色的官袍，坐在堂上。厅堂里灯烛辉煌，官员们围着火炉烤着火，而各个考生不得不脱掉衣服、鞋子、袜子，接受兵丁的检查。所有考生都得左手拿着笔砚，右手拿着脱下来的衣服，几乎是赤身裸体地站在庭院里等候接受检查。如果运气好，负责的人先喊到你的名字，你就可以先接受检查，少挨一会儿冻。如果运气不好，最后才叫到你的名字，你站在露天中挨冻一两个时辰都是有可能的。检查的时候，两名兵士负责一个考生。上至考生的头发，下至考生的脚指头，兵丁都会一一检查过去，不会有任何遗漏。就算一个人再身强体壮，在秋冬季节这样裸露在外面，走完整个程序也会牙齿打战、浑身发抖，腰以下部位几乎冻得没有感觉了。”

“有时候，童试或者科试会遇到烈日炎炎的酷暑。省里的学政和州县负责的官员们，一般都穿着轻便的衣服坐在树荫底下纳凉，喝着茶，旁边还有人给他们扇扇子。而应考的考生们则排着整齐的队，挤在庭院里，既不能够带扇子，又要穿戴整齐，坐在考场上答卷。因为应考的人很多，而考场是固定的，常常是几百个人挤在一间酷热的房子里，一起挥汗如雨地答着卷。整个房间弥漫着汗臭味、腥味。为了照顾考生，考场也准备了饮用水，也有专门的负责倒水的差役，但是没有一个考生敢去饮水。因为一旦有人离座去饮水，考官就要在他的考卷上做上记号，怀疑他有作弊情形。那样的话，考生即便是答得再好、字写得再工整，也要降一等录用。所以，所有的考生宁愿忍饥挨饿，冒着酷暑，也要正儿八经地坐在那儿答卷。”

“考试正式开始。考官先公布题目，题目由一个教官在上面宣读。为了照顾一些听力或视力弱的考生，题目会写在一块牌上，由专人拿着到考场四周巡视一遍。即便如此，因为一天会出好几道题目，而又不可能巡视到所有地方，总是会有人听不清题目或者是看不见题牌，但是又不敢去问旁边的考生——因为一旦和旁边的考生交头接耳，考官又会在你的试卷上做上标记。考试开始后，考场四周都有负责的兵丁，所有的考生都不能仰视，更不能四处张目，也不能伸腰打哈欠，更不能靠在桌上或者侧着身子。有以上任何情形，都会被监考官怀疑作弊。结果常常是有些考生腰酸背疼，或者憋着尿，甚至手脚都麻了也不敢动一下身子。考生们坐的席子是官府采购的，经办人员常常侵贪采购经费，买来的席子又薄又窄小，质量差。身材稍微胖一点的考生都不够坐，坐久了身体也很不舒服。一排考生坐一条长席，只要有一个人动，所有的考生都能感觉得到。考试所用的砚台，也是由官府负责采购的。同样，采购来的砚台，质量差，做工粗劣，常常磨不出墨来，有些考生把大量时间都花在了磨墨上，手都磨酸了也磨不出好墨。如果一个人非常不幸坐在了屋檐下，又偏偏遇到了下雨，他就只能用自己的衣服小心地遮住试卷，快速写完，快速交卷了事。”所以艾南英感叹，科举考试“盖受困于胥吏之不谨者又如此”。

“等到阅卷的时候，主考官和从考官每人要看几千份考卷，每个人写的文章有平奇虚实、繁简浓淡，而考官又有自己的偏爱喜好，并没有固定的、统一的、让所有人都信服的评卷标准（评判带有很大的偶然性和不确定性），即使一些饱学之士也不一定能被录取。被录取的人常常要感谢上天的恩惠。”对于落第试卷，考官一般要附上批条，扼要说明淘汰的理由。批条总是笼统地写两三个字敷衍，比如“欠妥”、“欠稳”之类。有一个士子领到落第试卷，发现批条为“欠利”二字，于是题诗：“已去本洋三十圆，利钱还要欠三年。”他将批条上的“利”曲解为了“利息”，大约他为本科考试借贷了30块银元，需要还上三年的本息了。还有一个落第考生的批条只有“粗”一个字，他题道：“自怜拙作同嫪毐，一入卿房便觉粗。”大约他觉得文章粗糙与否，与阅卷考官的品位息息相关。而另一张试卷竟然贴着“猪肉一斤，鸡蛋三十枚”的批条！原来，批条都不是考官自己亲自动手贴上去的，而是命仆人代劳。仆人或者不识字，或者随手粘之，误将考官要采办的物品清单当作批条贴上去了。

“等试卷评定以后，主考官端坐堂上，地方政府相关官员站立一旁。所有的考生都要低头哈腰走到考官面前，跪地接受考官的教诲，不敢发出声音。得到自己的名次，接受教诲以后，各个考生从角门出去，等回到家里以后早已是面目全非，说不出话来了。”

艾南英所说的考试还仅仅是初级考试，到了乡试、会试的时候，考场的环境更差，搜查防弊更严格。清代乡试的考场检查极严，考试之前、考试之后、场内、场外都有严格的规定。对于考生夹带纸条的防范尤甚，考生进场的时候要全身进行搜查。为防止夹带，还规定考生必须要穿可以拆缝的衣服，鞋和袜必须是单层的，皮衣不能有面，毡毯不能有里；禁止携带木柜、木盒、双层板凳；被褥里面不能装棉，砚台不许过厚，笔管须镂空，蜡台须空心通底，糕饼饽饽都要切开；严禁交通嘱托，贿买关节，严禁士子与员役协同作弊，违禁者严处。

从唐代开始，首都建造贡院，作为会试场所。明清两代贡院承担顺天乡试和全国会试的重任，位置在今北京建国门中国社会科学院附近。临近有条胡同，因赶考进士在此聚集住宿，所以出了不少“鲤鱼跳龙门”的故事，为讨彩头，人们干脆将其改名为“鲤鱼胡同”。中国最后一个科举探花商衍鎏在《清代科举考试述录》中描述顺天（北京）贡院的内部情形：大门前有一座“天开文运”的牌坊，其他与各省贡院基本相同。各省贡院均建于省城东南，贡院大门上正中悬“贡院”墨字匾额，大门东、西建立两坊，分别书“明经取士”和“为国求贤”。贡院大门外为东、西两座辕门，进大门后为龙门，龙门直进为至公堂，是监临和外帘官的办公处所。在龙门和至公堂中间，有一楼高耸，名曰明远楼，居高临下，全闱内外形势一览无余。监临等官员可登楼眺望稽查士子有无私相往来，执役人员有无代为传递之弊。龙门、明远楼两侧是士子考试的号舍，号舍自南而北若干排，每排数十间乃至近百间，顺天和某些大省贡院的号舍总数可达万余间，中小省也有数千间①。（号舍是三面围墙，一面敞开，仅有一肩宽；左右两面围墙上下各有一道凹槽，各嵌一块活动木板，考生将下面的木板后挪，权当坐椅，将上面的木板前挪，伏在上面答卷。夜里，考生将上面凹槽中的木板移至下面，可搭成一张“硬板床”，蜷缩在上面睡觉。考试期间，考生终日禁锢其中，写

---

① 《行素斋杂记》描述：“京师贡院号舍一万两千余间，每遇乡试人多，需添棚号。光绪丙戌以后，经言官陈奏，扩地增建三千间，较旧舍加大。”通常在大考时，京城各衙门的官员几乎倾巢而出，充当考试相关环节各种差官。如此盛况，可见科举的影响力之大。

作、饮食、休息都在狭小的空间内完成。号舍不仅狭小，还有光线昏暗、漏风漏雨、夏热冬寒等等特点，远比童试、科试时的席地答卷辛苦。）贡院四面围墙遍插荆棘，四角各有一楼，以为瞭望。考试期间，贡院四周派军队分段驻守巡逻。

考生们要蓬头垢面地参加几天几场的考试，其中的艰苦更是难以诉说——难怪人们对年过古稀还坚持奋战在考场上的举子要深表钦佩了。

南宋福建莆田人方翥，在绍兴八年（1138 年）参加进士考试的时候，曾经遇到过这么一件异事。会试要考三场，方翥在第三场考试的时候，准备交卷了，突然发现脚边有个东西，拿起来一看，是一张卷子，上面只写了本场考试的前三篇文章且文辞通顺。但是，方翥很不理解这个考生为什么不答完后面的题目就扔下考卷出场了。方翥自己答完了，觉得还有剩余的精力，就把捡到的这张卷子也帮他答完。答完后把自己的和他的卷子一同交了上去。此后，方翥也就忘了帮忙答卷的那个考生叫什么名字。后来方翥中了进士，在秘书省当正字。一次，他偶然想起了这件考场奇事，就和自己的几个同僚和宾客谈了。宾客当中有一个人和方翥是同年中的进士，听的时候默然无语。第二天，这名宾客穿戴整齐，非常隆重地来拜见方翥，说："我当日考试的时候，突然身体不舒服，不能支撑，就摇摇晃晃地出去了，都不知道自己的试卷放在了什么地方。出来的时候，我已经满心绝望，谁想放榜时发现自己的名字也在榜上，恍然间还以为是跟我同名同姓的。如果不是方大人这一席话，我还不知道自己的恩人是谁呢。"这名宾客的运气真是好，遇到了像方翥这样既热心又有能力帮他答卷的考生。多数情况下考生在答卷的时候遇到天灾人祸，以致身体不支的时候就只能自己承担了。更糟糕的是，考场就是战场，考生和考生之间的倾轧、钩心斗角，让人更是心力俱疲。

来看些极端的考场悲剧：光绪二十八年（1902 年）福建乡试时，由于天气酷热，考生中暑生病，头场就有四个人死在考场，第二场又有三个考生还没有考完就病死在号舍中。咸丰年间某次浙江乡试，一名山阴考生突然发疯。他不答题，只在试卷上题了两首绝句，其中一首是："黄土丛深白骨眠，凄凉情事渺秋烟。何须更作登科记，修到鸳鸯便是仙。"署名是"山阴胡细娘"。"胡细娘"回到寓所便死了。光绪十一年浙江乡试第二场即将开始的黎明，一个考生用小刀在自己的腹部猛划了十几下，被抬出了贡院。光绪壬寅科（1902 年）浙江乡试，有的考生不堪忍受考场的巨大压力，直接在考场中自杀。"场中考生死者三人。一死于蛇，一以烛签自刺，一自碎其睾丸。"那得是多么巨大的苦楚和压力，才让后两位考生选择了那般痛苦的死法啊！

第四节 考试定终身，悲喜两重天

对于平民子弟来说，科举考试几乎是实现人生跨越，进入官场的唯一渠道。对于绝大多数希望在官场有所作为的人来说，科举考试是唯一的正途。所有人都对科举考试倾注了过分的关注。蒲松龄在《聊斋志异·王子安》中向我们讲述了在科举考试结束之后发榜之前考生们的紧张和滑稽情形：

秀才入闱考试有"七似"：初入时，白足提篮似丐；点名时，官呵隶骂似囚；坐在号舍答卷的时候，孔孔伸头，房房露脚，似秋末之冷蜂；走出考场的时候，神情惝恍，天地异色，似出笼之病鸟。考完后，考生都盼望着结果发布，内心是草木皆惊、胡思乱想。一想到自己能高中，就仿佛顷刻间出现了海市蜃楼、荣华富贵扑面而来；一想到自己要落榜，就瞬间身体冰凉、灵魂出窍。真的是坐立难安，似乎被蜜蜂叮咬了一样。忽然，有差役快马过来传送喜报，考生们的神经一下子绷到了极限。如果没有自己的喜报，考生神色猝变，嗒然若死，就像中了毒的蝇虫，打他都没有感觉。落榜的考生，最初的时候心灰意冷，大骂考官瞎了眼睛，笔墨无灵，发誓要将案头的书本、文具都烧了；烧了还不解恨，还要把灰烬碎踏成泥；踩踏了还不解恨，更要将灰烬倒到阴沟里去。他们往往还发誓从此要披发入山，面向石壁，做一名隐者或者苦行僧。谁胆敢再和自己谈八股文，定当和他动刀子。过了几天后，落榜者的怒气渐渐平了，又对科举考试心痒痒，又开始像破卵之鸟衔木重新营巢，再次投入科举鏖战之中。每次科举发榜的时候，此情此景都一再重现，当局者痛苦欲死，旁观者看来却非常可笑。

落榜者如此反响，正是因为科举高中能带来巨大的荣耀和现实利益。它的吸引力太大了，大到能改变考生的命运。一个人一旦科举成功，马上门庭若市，全家风光起来，同乡、同学乃至七大姑八大姨都来了。有来祝贺的，有来请吃饭的，有来乞讨旧衣旧笔旧书的，有来求新诗的，有来求你写对联的，甚至有书商找你把往常做的文章、写的诗句，结集出版的。如果是未婚的青年才俊，上门提亲的媒婆会蜂拥而来，女方的条件一个赛一个地出色。女方家庭也不再考虑什么门当户对、财力婚房等硬性条件了，只要是新科举人、进士，哪怕是出身佃农家庭，地主也愿意将女儿嫁过去。

考中进士以后，进士名录会向全国发布，名列其中者会全国知名。康熙八年（1669 年）的冬天，浙江德清的举人蔡启僔到北京去赶考，路过江苏山阳县（今江苏淮安）的时候，知道该县县令邵某人是同乡，于是就前往拜访。他把自己的名片递进去以后，邵某人却在上面批道："查明回报"，还以为蔡启僔是前来打秋风、揩油的人。蔡启僔受到这种侮辱当即掉头拂袖而去。第二年朝廷公布了本年科举高中的金榜，榜发到山阳县，邵县令赫然看到状元正是同乡蔡启僔，马上后悔不已，重金谢过。一次考试、一张金榜就这么改变了蔡启僔的命运。这就是科举考试对一个人"登龙门"般的作用。

洪州（今南昌）人施肩吾在唐宪宗元和十年（815 年）考中进士，衣锦还乡途中写了《及第后过扬子江》，用考试前后心态的对比真实地反映了科举对读书人"登龙门"的作用：

忆昔将贡年，抱愁此江边。鱼龙互闪烁，黑浪高于天。

今日步春草，复来经此道。江神也世情，为我风色好。

为了鼓励天下读书人安心读书，为了鼓励天下的士子都迷恋科举考试，政府刻意营造了科举高中的隆重和尊贵，朝廷用各种方式来显示科举的荣耀。比如皇帝要亲自召见所有的进士，依照科举名次唱名传呼，叫做“传胪”。对于读书人来说，由皇帝金口叫你的名字，是人生莫大的荣耀。到了清朝，“传胪”发展成为一个盛大的典礼，在紫禁城的正殿太和殿举行。除了有新科进士全体亮相以外，王公百官也要整齐排列，在鼓乐和鞭炮声中注视着新科进士接受皇帝的恩赐和检阅。第一名进士，也就是状元，最为光彩夺目，他的名字首先被皇帝叫出来，听到名字后，状元要向前站到太和殿丹陛下的中间处。此处的巨石上雕刻着飞龙，是只有御驾才能经过的地方。状元站在御驾所经的地方，身上左右两边交叉披着两条红绸带，帽子上插着两只用薄铜叶制成的金花，美其名曰“十字披红双插花”。在皇帝的打量和众人的羡慕中，状元的独享殊荣可想而知①。

“传胪”之后，还有大规模的庆贺宴会。唐朝进士的“曲江唱和”，本质就是庆祝宴会。从宋朝以后，进士的庆祝宴会被称为“恩荣宴”，由政府出资举办。赴宴的除了新科进士还有此次科举考试的所有负责官员以及礼部尚书、侍郎等众多的官员。皇帝会派皇亲国戚来赐进士酒宴、衣物、果品，在恩荣宴上进士们都会吃到御膳，喝到御酒。一甲的三位进士用的是金碗，随其量尽醉无算。从唐代开始，新科进士一般在曲江

---

① 据统计，江苏、浙江两省读书人长期雄踞进士榜的前茅。有清一朝，江苏省出了40多位状元，浙江省出了20多位状元，将其他各省远远甩在后面。就连不是浙江人文重地的台州，在历史上也出过6位状元，200多位进士。而其他省份在清朝时几乎没有出过状元，或仅出过一两位。

宴会之后到雁塔题名。宋朝以后，题名改为立碑。国子监会立下每一届进士的碑。到清朝，工部拨出专门的建碑银两，交国子监为进士及第者刻碑留名，给天下读书人做垂范。北京城的热闹还没有结束，在进士的故乡，喜报早已传到，相关部门会竖起彩旗，敲锣打鼓、轰轰烈烈地把捷报送到进士的家里去。于是，世态炎凉、人情冷暖都可以从科举考试中得到体现。

对于高中者来说，之前的所有付出都是值得的，都得到了回报。那么那些科举落第的失败者呢？他们怎么办？

落榜考生们不仅面临从头再来的问题，还会受到社会的鄙视。比如忠厚无用的好人范进，考到50多岁还不曾进学，当时已经是面黄肌瘦、花白胡子了，戴着一顶破毡帽，穿着一件破旧的麻布直裰，在十二月的寒风里冻得抖抖索索，一副失意潦倒的可怜样。同乡们都去庆祝考中的人了，没有人知道50多岁、不名一文的老范进是如何踉踉跄跄、蹒跚地回到自己的茅草屋里去的。这不是《儒林外史》的虚构，现实情形的确如此，而且有过之而无不及。

清朝嘉庆年间举人李贻德，年过五旬，屡次会考不中。有一年，他的一个同年中举，之后同样屡试屡败的朋友死在了北京。李贻德写诗哀悼："故鬼未还新鬼续，怜人犹自恋长安。"道尽了科场辛酸。不久，李贻德也病死京城。

唐朝元和十年，举子廖有方落第之后前往四川旅游散心。他走到宝鸡西边的时候，住在一个旅馆里，突然听到有呻吟之声。他循声找去，在一个阴暗的角落发现了一位贫病交加的青年。廖有方问他的来历，那青年回答说："我在长安赶考数年，至今未遇知音。"弥留之际，那青年挣扎着给廖有方磕了一个头，托廖有方在他死后一定要为他收尸安葬，说完那青年就死了。廖有方感慨自己与他同命相怜，把鞍马、行李全都贱卖给村民，备了一口薄木棺，安葬了此人。廖有方临行时不胜悲凉，既不知道这位死者的名字，也不知他家在何处，只能作了一首诗作为留念："嗟君殁世委空囊，几度劳心翰墨场。半面为君申一恸，不知何处是家乡。"

以上两个都是因多年科举不第而死的例子。还有一些考生因为屡次科举不第而精神恍惚乃至精神失常。唐朝赵璘在《因话录》中记录了这么一个例子：当时有个读书人叫陈存，写了一手好古文，可惜就是不擅长考试。也许是心理压力过大、过于紧张，每一次考试来临的时候，陈存都会"突发状况"，要么身体不适，要么发挥失常，老是考不中进士，礼部尚书许孟容知道陈存有真才实学，在他主持科举考试的时候，决定多方为陈存提供方便，一定要让陈存考中进士。陈存知道后千恩万谢。临试的前一夜，陈存的心情依然万分紧张，同伴就给他准备了食物，安慰他要舒缓情绪，抓紧休息。第二天五更了，陈存还没有起床去参加考试，同伴就进来叫他，叫不应，仔细一看，陈存已经中风瘫痪了。南唐时期，读书人齐愈考中进士。得知喜讯后，齐愈骑马在街上走，走着走着，突然大笑不止，从马上摔了下来。旁人将他扶起，许久才把他救活过来。

陈存也好，齐愈也好，都是因为对科举考试过于关注，乃至于精神有所失常。乾隆时期，宁波有个秀才叫金法，屡次考试不中，得了疯病，被家人锁起来已经有好多年了。乾隆三十年（1765 年）浙江乡试，金法的病突然好了，就进场参加了考试，竟然一举考中举人。中举后赴宴的时候，金法突然想起自己在考卷中有一个问题没有答，深恐被考官发现以后会取消自己参加会试的资格，于是疯病复发，再次被家人锁禁起来，不让外出，几年后不治身亡。

也有一些人对于屡试不第，进行了自己的反抗。大诗人温庭筠的儿子温宪应考，有关部门因为他父亲的文章多讥刺时政，又嘲讽大臣，怀恨在心，特意压制温宪，不让他及第。温宪郁郁不乐，就写了一首绝句在寺庙的墙壁上，其诗曰："十口沟隍待一身，半年千里绝音尘。鬓毛如雪心如死，犹作长安下第人。"唐朝末期，秀才黄巢考试不中之后采取的对策更为极端。他在考场失利以后写了一首菊花诗："待到秋来九月八，我花开后百花杀。冲天香气透长安，满城尽带黄金甲。"意思是我不陪你玩儿了。他直接就走到了政权的对立面去，后来成了农民起义的首领。类似的还有清末的洪秀全，乡试不中，愤怒地说："改天，我自己开科取士！"果然，在他建立太平天国之后，真在南京办起了科举。

浙江省贡院门口有一副对联，是清代著名学者阮元在担任浙江巡抚的时候写的。这副对联的上联是"下笔千言，正桂子香时，槐花黄后"，下联是"出门一笑，看西湖月满，东浙来潮"。它用文学的语言表现出了考生的自信，突出了科举考试阳光的一面。只要考生有本事，大可笑傲考场。然而，科举考试的成功与否，并不是取决于一个考生的真才实学，其中有很多偶然性的因素。考试就是紧张、激烈的竞争。自有据可考的唐高祖武德五年（622 年）的第一位状元孙伏伽开始，到清光绪三十年（1904 年）最后一位状元刘春霖为止，在 1283 年间中国只产生了 504 名状元。而参加考试的考生，数以百万甚至可能千万计。并不是所有的人都能在科场成功，绝大多数人注定要像范进那样穷困潦倒，或者是像陈存那样过于紧张而精神失常，甚至像金法那样得了精神病以后，不治身亡。当然也有少数人像黄巢那样，看破科举，走到了政权的对立面。

第五节　金榜题名只是万里长征第一步

北宋年间，宰相王钦若罢相后出守杭州。某日属县官员全来参衙。王钦若看到钱塘县尉（县令的辅官，负责治安）是个苍髯白发的老头，步履踉跄，颤颤巍巍艰难地走了进来。王钦若觉得很不成体统。人都如此老迈了，能干什么政务，还恋栈不去，不是误国误己吗？所以，他打算找个借口责备钱塘老县尉几句，然后让其辞职了事。谁知开口一问答，王钦若大吃一惊。这老头竟然是自己的同年进士，年轻得志却辗转几十年还只是个县尉小官。王钦若感觉凄然，转而同情起老县尉来，表示要向朝廷荐举他。老县尉写了首诗谢绝了王钦若的好意：

当年同试大明宫，文字虽同命不同。
我作尉曹君作相，东君原没两般风。

想当年，老县尉和王钦若都是金銮殿上的佼佼者，科举高中，骑马披花，不免踌躇满志。几十年后，当年的进士才俊，有的出将入相飞黄腾达，更多的人则是沉溺下僚，陷于州县衙门的文山会海中变成了白发人。人人都羡慕进士的好处，却不知中国历史上的多数进士都在州县佐贰小官的级别上徘徊，部分人晚年能以中级官员身份退休，只有少数人才能跃升为显达贵臣。有多少当年的青年才俊，被仕途坎坷消磨了指点江山的激情与抱负，最后变成像钱塘老县尉那样处理琐碎事务，机械地支取俸禄养家糊口的冗官小吏。

新科进士看似风头正劲、光彩夺目，实际上距离当大官做大事还有遥远的距离。考中了进士，你又能怎么样呢？正如在《孽海花》这部讽刺小说中，一个宰相府的家丁嘲讽一名赶考的举子说："你们这样的读书人我看多了，即使你考中了进士，最多也就是朝廷部委当中一个普通的办事员或者在地方上沉溺于州县衙门，一辈子出不了头。你要想出头，还得找关系，攀附权贵，不还得求到我们宰相府来，不还得求我吗？所以你不要以为自己是举子，甚至中了进士就有什么了不起。"这名家丁的话虽然糙，但是道出了残酷的现实：金榜题名仅仅是一个人迈出了官场生涯的第一步而已。

我们来看看历朝历代新科进士是如何初入官场获得官职的。

在唐朝，通过科举考试的进士还得通过吏部的正式官员录用考试才能做官。到了宋朝，读书人只要科举及第，马上就获得了官员资格，发给官服。但是这些进士仅仅是有了官员资格而已，除了考中一甲的三名马上得到任用之外，其他官员并没有实权，全部被发送到地方上去担任州县辅助官员，进行历练。其中，发榜时名列前茅的少数进士被特许先在中央挂名，再到地方上去担任州县职务，类似于现在的“挂职下基层”。他们比绝大多数名次不高的进士权限要大，可以亲自签署公文。而名次居于中下游的进士就只是进入地方“领导班子”而已，不能在任何公文上签字、做出决策。即便如此，宋朝还是被称为文人的天堂。毕竟，一旦考中进士，就能够正儿八经地当官了。

明清时期，从考中进士到正式当官之间还有一段漫长的过渡期。客观上，官职是有限的，远远接纳不了源源不断涌入的进士。比如清代会试人数一般为百余名或二三百名，最多一科为406名，最少一科为96名（此外还有通过其他途径获得官员资格的人）。而退出官场的人数要低于进入官场的人数。于是，明清朝廷演化出了完备的进士分流、安置办法。

首先，选拔进士中的优异者进入翰林院“重点培养”。

一甲三名进士立即安排进入翰林院。《明会典》卷五记载：“凡进士选除，洪武年间定，第一甲第一名除翰林院修撰，第二名第三名除编修，其余分送各衙门内办事，内外以次兼除。”这种做法后来沿袭成为一项制度。状元马上授予修撰（从六品），探花和榜眼是编修（正七品），他们算是获得了正式官职。进士中也只有他们三个人，才能一考完就有正式官职。

清朝的“朝考”程序会选拔一批进士进入翰林院，担任庶吉士。庶吉士并非正式官职，而相当于翰林院的实习生，在翰林院里自学或者跟从前辈翰林深造，此举俗称“选馆”。庶吉士可看作进一步的学业考查，翰林院长官会定期督导、考试庶吉士。等到一定期限（一般是三年）后，翰林院会留下其中学业突出的人，授予编修或者检讨等职；其他庶吉士则心有不甘地被请出翰林院，等待重新安排工作，此举俗称“散馆”。

留在翰林院是进士最好的出路，能获得较高的起点。不同的官职，与个人的发展和利益息息相关。这里就要插叙一下不同官职的特点和分类。比如官职可以分为“大小”，也可以分为“忙闲”、“冷热”等等，但最重要的两个分类是“清浊”和“肥瘦”。“清”官和“浊”官是相对于政治前途来说的。就好像清水上升、浊水下沉一样，清官的位置比较清高、显贵，上升的空间和几率很大；而浊官的位置比较低沉，上升的空间和几率比较小。“肥”官和“瘦”官是根据收益来说的。肥官所处的位置收益大，瘦官自然收益小，手头拮据。对于初入官场的人来说，自然希望能得个清要的官职，图谋日后的大发展。

翰林院的官员俗称“翰林”，正是中国古代官场颇为清贵的职官。因为亲近帝王，有大把的机会给帝王讲课、做文学侍从和接受特殊任务，翰林们不仅可能在最高层面前展现自己，还能开阔眼界、锻炼能力。翰林的提升很快。帝王对翰林也很优待，入宫办事的翰林参加宫廷内宴，往往和一品高官同坐；更重要的是，朝廷将翰林当作高级官员的预备人选。唐宋以来，由翰林转任高级官职的人很多。明朝更是在人事制度上规定：“非进士不入翰林，非翰林不入内阁。南北礼部尚书、侍郎及吏部右侍郎，非翰林不任。”明朝内阁大臣，90% 以上都是出身翰林的进士。因此，翰林为历代朝臣所重、文士所荣。新科进士入翰林院是最好的仕途方向，称得上是“正途中的正途”。

其次，没能进入翰林院的进士要分发到中央各部和地方州县。这些人包括朝考成绩不佳、没能当上庶吉士的进士，也包括散馆后没能在翰林院“转正”的庶吉士。

这些人一般都希望“留京”，被分配到中央各部、府、院、监台等处当京官。毕竟京官比地方官还是要“清”。明朝时期，“人中进士，上者期翰林，次期给事，次期御史，又次期主事，得之则忻。”可见翰林是最佳选择，给事（有监察各部、驳回圣旨的特权）是第二选择，当御史是第三选择，实在不行也要挤入中央各部当主事。至于去地方上当个知县、县丞之类的，明代进士视如畏途，“若鹓鸾之视腐鼠”。谁要是被分配到地方去当知县（新人一般被分往偏僻、贫困的小县），则“魂耗魄丧，对妻子失色，甚至昏夜乞哀以求免”。主要原因还是知县的工作内容繁杂，对个人实际办事能力要求较高，升迁竞争激烈，弄不好就像钱塘县的那位老县尉一样，一辈子在地方官职上转来转去了。

如果进士先从中央做起，前途就不一样了。譬如某名进士先做御史，一定期限后转任地方官，官运就不同了。一方面，他熟悉中央工作，又积累了不少人脉，以后跑部找人都方便；另一方面，资深御史到地方往往从知府甚至道台做起，即便是调任知县，也是地处要冲、市井繁荣的大县。

其实，地方政府对进士知县还是相当欢迎和优待的。第一，明朝隆庆年间吏科给事中贾三近说：“封疆大吏们对待州县长官，都要看出身，如果县官是进士出身则优容礼遇，不然就轻视怠慢。同样是为政宽松，进士知县就能得到‘善于抚民’的评价；而举人知县或者杂途知县则被斥为‘姑息养奸’；同样是为政严苛，进士知县则为‘精明’，其他知县则被斥为‘苛戾’。”天启年间，吏部尚书赵南星也承认：“现在各省对地方官的考核，只要是进士出身的，都‘大贤’；举人或者秀才出身的，等级都一般；至于杂途出身的，考核都垫底。”如此看来，进士身份在地方官府还是相当吃香的。比如，张之洞担任湖广总督的时候，一次接见一位候补知府，张之洞翻阅他的履历，知道是监生出身（当时许多监生是买的功名），就命左右取纸和笔来，写了“锡茶壶”三个字问他：“做官必须识字，你认得此三字否?”那候补知府回答：“此锡茶壶也。”张之洞大笑送客，第二天就将他遣送回原籍，还在公文中写道：“该官能识‘锡茶壶’三字，孺子可教，可以让他继续读书五年，再来当官。”这个笑话表明，当时社会对非进士出身的地方长官是轻视的。第二，在清朝进士分配地方任职还可以免去候补之苦。清代官多职少，任官要按照先后、资历候补。但是进士下来后，被称为“老虎班”，“遇缺即补”，直接插队排到队首，出任实职的时间大大缩短。

因此，到了王朝末期，政治风气败坏，许多新科进士反而希望能担任地方官。他们冲的不是“清浊”，而是“肥瘦”和实权。毕竟在黑暗的王朝末期，实权和金钱更实在。晚清时，庶吉士们宁愿三四年书白念，放着翰林职位不要，而要去地方做知县。而“不幸”转正为翰林的庶吉士则愁眉苦脸。

第三，到各处实习的进士都有一个或长或短的实习期，期满后才能授予正式官职。

清朝对进士要考察一段时间，进行甄别，才实授官职。留在京师供职的，叫分衙门“学习行走”。如乾隆二十八年（1763 年）进士费淳，分发刑部学习，乾隆三十二年（1767 年）才实任主事，见习期是四年；乾隆三十四年（1769 年）进士张诚基，分到户部学习，乾隆三十七年（1772 年）才担任主事，见习期是三年。如果被分配做外官的，就叫发省“差委试用”。如乾隆二十八年（1763 年）武进士柴大纪，分发福建试用，乾隆三十六年（1771 年）九月补授福建水师提标左营守备，见习期达八年；举人荆道乾通过“大挑”获知县任职资格，乾隆三十一年（1763 年）分配湖南，到乾隆四十二年（1774 年）才出任麻阳知县，见习期长达十一年。

实习期间，衙门的领导会分派一些具体工作。衙门机关里事务繁忙，实习进士们如果比较能干，就可以和正式官员一样处理政务，却不能在公文上签字画押——也就没有实权。实习生只领取俸禄，没有其他各种实际收益，但是官场的应酬支出却一样也不能少。这就造成实习的进士们生活困难，要借债度日。对于实习时间较长而又老实办事的官员，上司会设法安排一些“差遣”（临时任务）帮他们增加收入。所谓差遣，在刑部就可能是外出查办案件或巡狱录囚，在户部就可能是清理漕运盐务，在都察院就可能是出巡按察，虽然实习生依然要跟在长官和前辈的后面，却可以谋取俸禄之外的收益。比如，各省乡试需要大批阅卷的官员，这些人往往由实习进士担任。他们去阅卷，既有一份“加班费”，又可能收受考生的贽敬（被录取者送给考官的礼金），聊缓一时之困。

实习期有长有短，表面上来看决定性因素是所在衙门的编制有无出缺，也取决于实习生办事能力的大小。实际上，决定性因素是实习生与衙门长官的关系好坏，能否快速融入所在的官场环境中去。实习期内，新人们学习的不仅仅是行政办公事务，更要学习为官技巧、官场规律和处世之道。只有那些在后一方面学习优异的实习生，才能为官场真正接纳。至于那些在实习期间表现木讷、清高、强硬、胡闹的实习生，自然实习期就长，即便通过实习获得了官职，也是冷板凳。可以说，一个人尚在实习期间，官僚体制就已经对他进行甄别了。

道光年间，安徽宿松人段光清，三次会试落第，于道光二十四年（1844 年）通过大挑，分发为浙江省的知县候补。他在省府实习，精明好学，很快于道光二十六年（1846 年）秋署理了杭州府建德县知县。而很多比他出身好的“老虎班”进士，甚至候补时间更长的新人们还在实习呢！段光清能在两年时间就得到不错的实职（建德县是好县份），据说是得到了时任巡抚、藩台的一致好评。后来因段光清的个人原因，再加上太平天国的战乱，他的官职止步于按察使，但在闽、浙各地历任县、府、道多职，有“青天”美誉，又有官场口碑。可见，当初提拔他的各位大人并没看走眼。

实习的环境和要学习的内容，和读书人之前的经历完全不同。如果说充满竞争和狡诈的衙门是正常场所的话，那么之前的书斋就是“温室”和“无菌房”了。从无菌房中走出来的官场新人们，必须尽快在实习期间适应现实，才能迈好官场的第一步。

第二章 职责：古代官吏的职场生活

唐代文豪柳宗元在柳州当太守的时候，书写当官的不易：“郡城南下接通津，异服殊音不可亲。……愁向公庭问重译，欲投章甫作文身。”他说的是一个异乡官员到任后的尴尬，人生地不熟，语言又不通，只能“愁向公庭问重译”。柳宗元是山西人，听不懂部属差役们的广西话，人们也听不懂柳老爷的满口山西话，于是衙门里就必须有翻译。如果本地恰好没有懂柳宗元家乡方言的人，就得再多找一个翻译，多一层翻译了。回避制是古代官员任职的基本原则，官员不得在祖籍、家乡或者有近亲的地方任职（清朝又增加了广东、福建特定地区的人不能去台湾任职的规定），而中国又往往十里不同音。官员上任，找翻译就必不可免了。

另一个故事说的是乾隆嘉庆年间，河北巨鹿知县禀复直隶总督的公文。他在草稿中凡是引用总督公文原话的，都只写“云云”二字，想让誊写的书吏补入。这是官场惯例，官员们每天埋首文山会海，为了节约时间和精力，文书草稿常常简写。幕僚在审读草稿的时候没注明，就交给了书吏。结果书吏竟忘记补誊，只照抄写作“督宪云云”。直隶总督拿到回文后，批道：“吏云云，幕云云，官亦云云，速将该承办书吏提解来辕，仰候本部堂当堂云云。”幸好时任直隶总督比较大度，没有上纲上线地追究，如果遇到一个刻薄、严厉的长官，估计巨鹿知县和经手书吏都要撤职了。

以上两个故事只是展现了古代衙门生活的一角而已。古代官员在衙门中工作、交际，如果是地方官，衙门还是他们的家。古代官员的衙门世界丰富多彩，又因为年代的久远而沾染了太多的尘埃，让人看不清楚。本部分就梳理古代官吏的工作情况，包括新官上任、收入待遇、工作内容、同僚吏役们的情况等等，希望能向读者展示一个比较清晰、生动的古代官吏职场生活图景。

第一节 走马赴任和身份证明

一个古代官员获得了任命，要去赴任了，那么他怎么证明身份呢？要知道，中国古代官员采取严格的回避制度，不得在本省或者有亲属的地区任职，没有旁人可以替他证明，那么新官来到一个不熟的地方，怎么证明自己就是新到任的父母官呢？

现代技术的发展，使得人事档案的传递、调阅非常简单，人们很容易确认官员身份。古代并不存在完备的人事档案，仅有的简单文件又都存储在京师，传递起来异常困难，验证起来也不确凿。所以，古代官员上任，主要凭借两样东西自我证明：一是委任状，一是身份证明，合称官凭。前者用来证明官职变更，后者用来证明自己就是那个新官（至于象征权力的官印，是新官到任后与原任官员交接获得的，并非新官随身携带，读者千万不要被山寨影视剧迷惑）。

这两件东西的具体名称历朝各有不同。委任状的名称有“敕牒”、“旨授”或“判补”等；身份证的名称有“告身”、“出身”或“官照”等。隋唐后，委任状由吏部颁发，官员上任手持一份，中央备案一份。一般是纸质或者帛质的，上面注明委任某人为某衙某官，具有时效性。身份证则由中央统一制作，通常在官员取得官员身份的时候（比如考中进士）授予，由官员自己保存，没有时效性。一些朝代的官员身份证死后也不收回，可以传给子孙作为纪念。在宋朝，官员身份证“告身”除抄录任命某人某品级官员的文件全文外，还要写明他的祖、父、己三代和籍贯、出身，最后，授予的长官及承办人员还要签名、盖印，程序复杂郑重。古代官员即便没有担任实职，也可以凭身份证享受相关的待遇。

因此，官员的身份证比委任状更重要。我们就来详细说说古代官员的身份证。它除了是享受待遇的凭证外，还可以凭此获得衍生收益。比如宋朝官员可以定期获得提升，即便退休了也能循例升迁。浙江缙云人汤举做了一辈子官，最后以从七品的承议郎退休回乡养病，在家逝世。其实汤举逝世前，朝廷刚好已经循例将他升为正七品的员外郎了，只是正式文件还没下来。由于宋朝官员升迁要换新告身，告身到手了，事情才算是板上钉钉，缙云县令王令洙提前知道了，忙通知汤家秘不发丧，赶紧花钱去京城先把老爷子的新告身办下来。汤家人忙派人进京花钱，不到一个月就把汤举的新告身办下来了，然后发丧。七品是一道槛，七品及以上的官员可以荫庇子弟免试当官。新告身让汤举的儿子汤思退可以荫袭入仕——虽然汤思退后来成了“奸邪误国”之臣。

告身的形状各有不同，隋唐时朝廷发给官员“鱼符”作为身份证，随身携带，出入宫廷、官府的时候验证用。鱼符用木头或者金属精制而成，形状像鱼，分左右两片，上凿小孔，以便系佩。鱼符上刻有官员的姓名、任职衙门及官居品级等。当时，凡亲王和三品以上官员的鱼符以黄金铸制，五品以上官员的鱼符为银质，六品以下的官员的则为铜质。唐朝官员们都在腰间悬挂鱼符，旁人远看材质就知道他的大概品级，近前一看就知道他的具体情况，类似于现代的胸牌，相当方便。武则天称帝期间，一度将鱼符改为龟符，三品以上高官佩金龟袋（装龟符用）。李商隐《为有》诗云：“无端嫁得金龟婿，辜负香衾事早朝。”因为挂金龟袋的人都是三品以上，每天要早起上朝，后人将条件优越的新郎称作“金龟婿”，典故就出在这里。宋代，身份证不再是鱼符，但仍随身携带。明代，官府用象牙、兽骨、木材、金属等制成片状的身份证，称为“牙牌”，上面刻有官员的姓名、职务、履历以及所在的衙门。到了清朝，官员告身可能还是片状的，类似许多官员出入宫廷用的“腰牌”。

不过后期，官员的身份证可能变为了纸质的，称为“官照”。

为了防止伪造身份证，从五代开始，官员身份证明描述官员的岁数、相貌，比如“长身品紫棠（肤色），有髭须，大眼，面有若干痕”，或说“短小无髭，眼小，面无斑痕”之类。但是这样的描述毕竟比不上照片，且符合简单相貌描述的人可能很多。比如老舍的父亲当年在紫禁城里给皇上当差，做禁军军官。他出入宫门全凭一张写着“面黄无须”字样的腰牌，核对一下就让进去了。但是，面色发黄、没有胡须的男子应该很多。因此，尽管有身份证，古代验证官员真伪依然很难。往往是，一个年轻人拿着官凭，就说自己是某某某，新任某某官。对方最多看看凭证上的朝廷大印是不是真的，上面有没有错别字，对这个年轻人是否就是某某某则无法当场验证。如果有怀疑，他可以跑到京城的吏部去查证，可吏部见过某某某的相关人等也只能给他描述该人大致长相。如果冒充者不是体形相貌明显不对或者真人有特殊长相（比如身高两米、左手七个手指头、脑门有个“官”字之类），骗局很难被揭穿。

历朝历代都有假冒官员的案子，从中透露古代官员的身份证明制度存在诸多纰漏。

唐朝贞观初年，苏北考生陈光蕊高中状元，后被授予江州刺史之职，坐船赴任。船夫刘洪动了谋财害命霸占娇妻的歹念。刘洪将陈光蕊杀害推入江中，霸占了陈光蕊的妻子，拿着陈光蕊的官凭、官服赴任江州刺史，并没有被人识破。江州来了一位新刺史，水照流，生意照做，一切照旧。刘洪连续 18 年都在江州为官。到第 19 年，刘洪被揭穿了。原来陈光蕊的妻子到江州后产下一个遗腹子。为了孩子不落入恶棍刘洪之手，她把男孩抛到江中，写血书说明身世。这孩子后来被金山寺的长老搭救，长大后剃度为僧。他知道身世后，回江州找到母亲，报仇雪恨。陈光蕊儿子出家后的法号是玄奘，他就是大名鼎鼎的唐僧。

《警世通言》第十一卷“苏知县罗衫再合”讲了一个更曲折的故事，说的是明朝永乐年间苏云赴任浙江兰溪知县，半路上遭强盗徐能抢劫。

苏云同样被抛入大江，苏夫人则侥幸逃脱，但是刚生下的婴儿被徐能养为己子，取名徐继祖。19年后，徐继祖中了进士，当了监察御史，这才报仇雪恨。

《清朝野史大观》记载康熙初年新任池州知府郭某在赴任途中被强盗杀害，妻儿被强盗掳掠。强盗发现官凭后，也冒名到池州上任。冒牌官的日子过得舒服，可就是不断有“亲朋好友”来池州拜访或者投奔。这些老郭家的亲友进了知府衙门就没有出来过——全被强盗杀死在内衙了。在外面，这强盗可能长相威严，地方上挺信服他的。重要的是，人家把池州治理得井井有条，训起话、办起事情来头头是道，辖区没有恶性案件发生，百业兴旺发达，人民安居乐业。年终考核的时候，上级给假知府评了“政理精明”。唯一让上级官员有点不满的是，池州府的钱粮收齐了，也看着存放在府衙里了，可就是迟迟不愿解送到省里来。后来，老郭的一个小舅子发现身边的亲友一去池州不复返，觉得蹊跷，也跑到池州了。他比较精细，没有直接去见姐夫，而是在路上观察知府模样。见池州知府竟然不是姐夫，肯定是假冒的。小舅子就寻机混入知府衙门，从被羁押的姐姐那里得知真相，赶紧跑到省里报案。安徽省衙高度重视，调集重兵杀入池州，围住知府衙门，抓获了假知府真强盗。调查发现，池州府衙内存有白银8万两。据强盗交代，他准备收齐10万两税银后，卷款潜逃，过逍遥日子去，可惜在成功的前夜功亏一篑了。最后，这个很有行政能力的强盗被处决了。

古代读书人，尤其是科举制后的读书人，绝大多数都没有全面发展。那时候也不兴什么素质教育，读书人光知道读书，不知道实践，光知道往上头跑，不知道下面的基本情况，捧着子曰诗云乱侃，花拳绣腿的多，真才实学的少。一旦遇到问题了，从书斋里出来的新官们还真不能解决好。强盗们就不一样了，他们毕业于社会大学，做强盗前做过贩夫走卒，知道社会实情，做了强盗后走南闯北，眼界大开，冒充起官员来把政务处理得好好的。

到了晚清，拜大规模卖官鬻爵所赐，官员队伍大肆扩充。很多人都是拿着官照、没有实职的候补官。他们当中的很多人一辈子都得不到实职。逐渐地，官照恶化为可以买卖的商品。比如有人早期捐了官，把手持官照当作期货，一边享受官员待遇，一边伺机寻找合适价格将它售卖。又比如在《近二十年目睹之怪现状》中就有一位名叫伊金庸的官员用官照作抵押向妓女借钱的描写："这'伊金庸'，便是我的名字；这'三十五岁'，便是我捐官那年的岁数；这'身中、面白、无须'，便是说我的相貌；这一颗紫花色的，便是户部的印。""凡我们做官的人，都是靠了这一张照做凭据，倘使没有这张照，你也说是官，我也说是官，有什么凭据呢？"其实，当官员身份可以被如此作践的时候，官照乃至官职本身都没有什么意义了。

此外，官员赴任是有时间限制的，过了一定期限还未到的官员，要受到行政处分甚至是撤职处分。清朝规定了赴任的具体天数，比如某新科进士出任江苏吴县（苏州）知县，必须在50天内到任。如果他在赴任途中生病，需要有当地官府的证明，到任后需要逐级向上呈文备案直至吏部，不然都有相应的处分等着他。

新官赴任，旧官须派书吏、差役数人到边界处等候，向新官介绍基本情况并将其迎接到治所。但不许大搞排场，如果有官员、军、民等大肆迎接新官，而旧官不加查禁，则罚旧官半年俸禄。如果是新官授意安排或坦然接受迎接，则罚新官一年俸禄。但是在实践中，新官上任，各地无不大张旗鼓迎接，不仅有"头接"，还有"二接"、"三接"之说，新旧官员都泰然处之。有一个带有地域攻击性的词叫"怀砖之心"，说的是有一个山东人，他在袖子里藏块砖，在太守上任之初，给太守磕头时发出"嘭嘭"声，显得他很虔诚。等太守离任时，他又在袖子里藏了块砖——想砸旧官一个痛快！如此势力的怀砖之心，我们还是不要有为好。

第二节　古代官吏的具体工作

到任后，官员们就要正式开始工作了。那么，古代官员都做些什么日常工作，怎么工作，有什么作息规定？本文就以地方县令的工作为主，兼及中央与地方各层官和吏，来讨论古代官员的工作情况。

县令（宋以后多改称知县）可能是每个朝代人数最多的官职了，在清末，全国共有1700多名实职知县，远远超过了其他的职位。同时，县级政权是古代的基层政权，故有“君权不下县”之说。朝廷的政令最终都需要县级政权去贯彻落实，老百姓们直接打交道的也是县级官吏们。县政的好坏程度对于整个政权来说关系重大，故又有“天下事莫不起于州县，州县理则天下无不理”之说。

县令直接治民，为民之父母，“父母官”说的就是他们。清代州县署衙常有县官自撰的衙联，比如：“眼前百姓即儿孙，莫言百姓可欺，当留下儿孙地步；堂上一官称父母，漫说一官易做，还尽些父母恩情”；“民不可欺，常愁自折儿孙福；官非易做，怕听人呼父母名”；“到处皆称父母官，要对得自家父母，方可为人父母；此中易作子孙孽，须顾全百姓子孙，以能保我子孙”；“人人论功名，功有实功，名有实名，存一点掩耳盗铃之私心，终为无益；官官称父母，父必真父，母必真母，做几件悬羊卖狗的假事，总不相干”。这些对联的中心意思都是说要爱民抚民，无私为民。县官工作的首要内容就是抚慰百姓、教化百姓。

后人看史书，其中名臣良守们的传记中总是离不开教化百姓的内容，要么是发展教育、督促学业，要么是杜绝淫祀、帮助百姓树立正确的世界观、人生观和价值观，要么是招揽流民、安顿贫弱困苦之人，要么就是巡视乡里、倾听百姓疾苦。似乎一个文官没有爱民教民方面的成绩，就称不上是一个好官。在这样的氛围中，历朝地方官都要做些体恤民情的事情，比如不定期地去官学中对秀才学子们训训话，有表现欲的官员就来个“微服私访”。不过这些“亲民之举”多是表面文章，鲜有实效。一个地方的人文水平不是县令训话能提高的，百姓的疾苦也不是微服私访能根治的——事实上，官员的“微服私访”常常是做给别人看的“高调访问”。

清朝时，县官的亲民教民之举逐渐固定为“说善书”、“讲圣谕”。县里根据皇上圣旨的意思，结合古今和县内外的好人好事，用通俗的形式向聚集的百姓宣教，就算是尽到了教民之责。郭沫若在《少年时代》里对此有生动的描述：“我们乡下人每每有‘圣谕’的先生来讲些忠孝节义的善书。这些善书大抵都是我们民间的传说。”“在街门口由三张方桌品字形搭成一个高台，台上点着香烛，供着一道‘圣谕’的牌位。在下边的右手边桌上放着一张靠椅，如果是两人合演的时候，便在左右各放一张。”宣讲者“朝衣朝冠的向着‘圣谕’牌磕四个响头，再立着拖长声音念出十条‘圣谕’，然后再登上座位说起书来，说法是照本宣科，十分单纯的；凡是唱口的地方总要拖长声音唱，特别是悲哀的时候要带着哭声”。“这种很单纯的说书在乡下人是很喜欢听的一种娱乐。他们立在圣谕台前要听三两个钟头，讲得好的可以把人的眼泪讲出来。”这样的活动在大街口有，但更多的时候还是在官衙门口举行。“八字衙门朝南开”，这“八字”就是描写两面用来贴各种告示的高墙。县官们常常在墙壁上贴些教民的内容，比如“农闲时不许赌博，农忙时不要游荡”、“人人亲善，家庭和睦”等。人们习惯将衙门口当作消息总汇和聚会谈话场所，正好方便县官组织“说善书”、“讲圣谕”的活动。有时衙门口会唱大戏，县官高兴了，也会上台对百姓们讲讲“官民一家亲”、遵纪守法的道理。

其实，每个官员也都知道，亲民、教民都是表面文章，可以作为仕途点缀，却不能让自己加官晋爵。你看历史上，有几个官员是因为下乡巡视、和百姓谈心或者给学生训话而升官的？上级最看重的、决定晋升的关键因素是钱粮赋税的征收情况。毕竟经济基础决定上层建筑，收不上财富来，整个体制就被釜底抽薪了，意识形态和方针政策将都是空谈。

古代官员无不将钱粮当作日常工作的重中之重来做。这有点类似如今地方官员双眼紧盯着GDP看。新官到任后就迫不及待地“查问钱漕、粮米、地丁、屯粮、渔租、杂税若干，前任已征若干，已解若干，务要查明批回”，这是在了解本地钱粮租税的基本情况；“问每年可有多少契税，现在有无瞒税者，问明详叙，回官出示，严禁瞒税；查问前任现在契尾存余有若干”，“查问常平、社仓积谷额数若干，现存仓中若干，查明斗级甘结、前官有无亏欠谷项，问现存何处，务要开呈清单”，这是在了解本地征收钱粮的惯例和家底；“此地有无请帖承充牙行，杂税额规每年征收若干，此地有无领帖承充者，并问盐店当规若干”，这是在问之前当地钱粮是如何征收的（其中的“牙行”类似于官府和百姓之间的中间人，收税“承包商”）；“前官签点银匠何人，如妥送规礼，可回官另点别人”，“有无民欠，有民欠即回官出票催追”，“有无正副镶丁军家，务要查明，防备上宪提丁追费”，这就涉及财政开支情况，新官开始要“清欠”催款了。

此后，官员把钱粮征收时刻挂在心头。以下材料是从随从角度说的日常钱粮工作，可以看出此项工作之繁琐：“平日钱粮柜上征收之钱，签差下乡；追收之钱，必严令每日缴进。钱粮、地丁、屯粮、渔租、随漕杂款等项额征多少，而上下两忙批解，必须要户粮房开一清单折，安放办公之处。平常至钱谷处商叙解者，总宜唤经承同去商叙”；“遇比较之日，送、必得早晨传户粮房送比簿比差，即令传其管头、总头差役，催追欠数；午间传齐站班人等，如有欠差，实意不下去者，喊伺候，如齐者请官坐堂”；“申报上宪委员承催，或催漕、催征、催钱粮、催交代、催契税、催挪垫，或提费，或提经承银匠，或踏看水灾，或看旱灾，或散赈抚恤等事文件，呈官判阅日期，……此总出进由签稿处经过”；“春季劝农，务须力备办花炮、酒、葵扇等项赏号，回官标牌定日期下乡”。遇到收不上钱粮时，县官常常免不了带上一大帮衙役，亲自下乡催逼，搅得乡间鸡飞狗跳，既遭人忌恨，自己内心也老大不忍。此外钱粮工作还包括缴送钱粮到上级部门、管理库房等。如果当地处在漕运、海运沿途，县官还要花大量精力协助办理漕运事宜。亲民教民的表面文章还可以糊弄一下，钱粮征收则是白纸黑字、实实在在的，如果动手脚事情败露那就要革职罢官了，甚至追究刑责。

县官的第三大日常工作就是听讼审案。我们常在影视作品上看到百姓拦轿喊冤、击鼓报案的场景，说的就是县官的司法工作。古代县官要定期开放衙门，听任百姓上门诉讼。遇到突发案件，县官则要出门办案。他集勘查、审讯和初判等工作于一身，任务很重。而历朝历代对司法工作又非常重视，将之提高到关系社会稳定、体现皇恩的高度，容不得丝毫的冤假错案。所以，听讼审案的重要性仅次于钱粮征收。

后人以为县官审案的时候很威风，动不动就打人家板子。实际上，清朝县官的司法权力很小，也就局限在杖、笞等直接的身体惩罚，至于流放、徒刑、死刑等判决权都在上级衙门，县官只能提出处理意见。他对所有案子都不敢马虎，务求精确，因为所有案卷都要上交府、省复查。中央的刑部还可能随时抽查任何一个案子。对于死刑判决，不仅府、省要重审，案卷（有时还包括犯人、证人和证物）要报送刑部终审。对重要的、认为有疑点的重案（往往是死刑判决），中央还会组织三法司（刑部、大理寺、都察院）会审。所有死刑，都要等到刑部确认后，才能执行。王朝还为老百姓设计了一整套信访、申诉的程序。当事人觉得县官初判有冤，可以到上级衙门上访，甚至直接去告御状。出现冤假错案肯定会影响初审县官的仕途，稍微严重一点的就要革职罢官。复审的府、省官员如果没有发现冤错，也要被追究责任。比如晚清的浙江官场官官相护，酿成杨乃武、小白菜冤案。此案经过事主家人一再上诉申辩，最终平反，浙江北部府县官员几乎为之裁撤一空。

这一切都造成县官审判的时候战战兢兢，刑讯慎重。官吏们不仅直接与嫌犯打交道、勘查现场，就是用刑时也亲自随时查看伤痕，不漏过任何一个细节。按现代法律知识评判，古代官员集刑侦、司法、检察官角色于一身，责任繁重，与权力不成正比。

以上就是古代县官的三项主要工作：教抚百姓、征收钱粮、司法审讯。还有其他一些工作内容，比如辖区内出现了土匪强盗，又没有闹到需要正规军来剿灭的程度，就需要县官带着县里的衙役捕快们去剿灭了；比如辖区出现了水旱灾害或者地震海啸等，县官有救灾济民的责任；还有一些特殊事例需要县官打理，如诏书过境要迎送、藩属朝贡使团过境要招待、正规军过境要安排、上级交办案件“异地审理”等。

需要指出的是，许多政务最后都落实到文件案牍之上，文字工作在古代官吏工作中占据很重要的分量。“衙门公事，全凭文案。”地方官埋首“文山”之中，花费大量时间来写作、批阅文案。他们往往聘请一整套文字班子，协助工作。所以文字水平的高低，对古代官员的仕途影响很大。乾隆年间，新疆准噶尔部发生叛乱。军情急报传到北京时，已是夜里。乾隆皇帝急命太监将值夜班的军机章京巴延三叫来，“立降机宜，凡数百语”，然后让巴延三速速拟旨。不料巴延三是个龌龊无能的庸才，文字水平极差。他的军机章京是钻营来的，平日混在同僚中滥竽充数，为人不齿。这回遇到了真正的考验，巴延三吓得浑身战栗，汗流满面，回到军机处提着笔一个字也写不出来。在一旁等着取稿的小太监鄂罗里发急了，干脆代他拟稿，凭着记忆将乾隆的意思整理了出来。不想，乾隆读稿后非常满意，过几天向军机大臣傅恒专门夸奖巴延三：“汝军机有若等良材，奚不早登荐牍?”皇帝夸奖了一个人，这个人不行也得行。傅恒自然不敢将巴延三的实情相告，相反马上推荐他外放道员。巴延三最终做到了两广总督。所以，无论在唐朝针对新科进士的吏部选官考试中，还是在明清时期的举人“大挑”中，都有考核公文写作的内容。

与“文山”相对的是“会海”，许多政务被习惯性地通过开会解决，许多官员也习惯用开会来贯彻落实上级指示。于是，中央有朝会、百官大会、宰相会议、部院会议。明清时代，因相权被限，百官大会和宰相会议不复存在，变成皇帝动不动就召见大臣开会商讨政务，然后命令相关部门开会提出决策建议来，比如“下部议处”、“着某部拟条陈上奏”等都是皇帝要相关部门开会讨论的意思。一定品秩以上的京官或者特定职务的京官，每天都得参加皇帝亲自主持的最高会议，通称“朝会”。许多京官每天上班的第一道程序，便是“上朝”。朝会是很严肃的事情，皇帝派太监在宫门口仔细检查，对官员的上朝和散朝情况逐一登记。官员因病、因事早退，必须将缘由告知管门太监，以便核查。所以，京官每天的工作很辛苦，深更半夜就要起床，打着灯笼，穿越半个北京城，走向紫禁城。凌晨三点，上朝的官员们就都聚集在午门外，准备上朝。进入宫门后，官员在广场整队，准备上朝。若有咳嗽、吐痰或者步履不稳重的，都会被御史纠察弹劾，听候处理。很多人每天都过得战战兢兢。朝会开始后，一般四品以上的官员才有资格回答皇上的问话。不管讨论的事情是否与自己有关，官员们都要垂首肃立，不能有丝毫的怠慢和倦态。明朝正德年间的一天，一大帮朝臣在紫禁城广场上站了差不多一天，等着皇帝上朝。到了下午，正德皇帝才宣布：今日取消朝会。又饥又渴又累的大臣们急于回家，蜂拥而出，一位将军在午门竟然被活活挤死。可见，上朝开会不是一件轻松的事情。

地方各级衙门也有种种会议。日常的属员向上司请示定夺叫“衙参”，需要讨论的叫“衙会”，就类似于每天例会，参加者是本地的所有官员，由主官，也就是一把手主持。虽然地方政府中的官员都是朝廷命官，是平等的同事关系，但主官位尊权重，基本上由他说了算。下属官员唯一把手马首是瞻。

古代衙门的上班时间也比较严格。京官朝会就不再说了，地方官因为就居住在官衙之中，所以在事实上没有上下班之分，不论昼夜，来了政务就要处理。一年之中，元旦、元宵和冬至等一般是历朝历代都承认的节假日①，此外各朝都有上朝五天休息一天或者上朝十天休息一天的规定，或者干脆就没有日常休息日（比如朱元璋时期）。在上班时间内，官员不得接待与公务无关的来访。宋朝还规定在大理寺等审判机关任职的官员平日禁止请假。当然了，在王朝的末期，官员作息时间往往就形同虚设了。比如晚清，官员们每天点卯形同虚设，有事不打招呼拔腿就走。

以上说了这么多，其实还漏掉了官吏们最主要的工作内容：交际应酬。大文豪袁枚在苏州任职的时候，就特别烦迎来送往、应酬上司的苦况，常因此无暇问政治民。他觉得自己起早贪黑，在风霜寒露中奔忙的“不过台参耳，迎送耳，为大官作奴耳”。常常是迎送了东边，误了西边；本以为已准备齐全了待客物品，却往往缺少某些上司想要的东西。如果不奔忙张罗，屈膝逢迎，就要受到上司的斥责。每次送往迎来，都是身虽去而心不随，边迎送边生气。一天下来，百姓们又牵衣呼号要求解决他们的问题，于是只好秉烛办理。理毕又要批阅堆积如山的文书簿册。公事都办完了，刚一躺下休息，又接到驿站报告说某官到了，于是只好马上又去迎接。（《清代官场图记》）

唐代大诗人白居易作过多首《自咏》诗，抒发官场烦恼，对官场工作有过全面的描写：“公私颇多事，衰惫殊少观。迎送宾客懒，鞭笞黎庶难。老耳倦声乐，病口厌杯盘。既无可恋者，何以不休官？”

最后需要交代的是古代官员的“班子”情况。后文有专门写“班子团结”重要性的，这里先简单介绍一下清朝地方各级衙门的班子配备情况。

清朝省级政府一般有巡抚、布政使、按察使，巡抚总揽一省政务，布政使负责民政、钱粮和人事，按察使负责司法审讯。此外还有负责教

---

① 这三天是明清时期的三大法定节假日，放假三五天到十几天不等。此外还有皇帝的生日“万寿节”也是节假日，不过仅限于当天。同时皇帝还有以各种理由取消节假的特权。

育和科举事务的学政和负责军事的将军、提督。清朝八旗军队分为禁旅八旗和驻防八旗。禁旅八旗拱卫京师，后者驻防九州要害之处，如江宁、杭州、广州等地，由当地将军指挥。提督则管理汉族军队——绿营或水师。在清朝，学政、将军还被视为中央派驻地方的干部，同时又参与省级事务。在这套班子中，自然是巡抚说了算。不过清朝有总督一职，负责一省或几省政务，地位在巡抚之上，两者职责没有明确的区分。如果总督和巡抚同城，就有好戏看了。比如清末，游百川担任广东布政使时，遇到潮州知府出缺。巡抚给他递了一张条子，举荐某某人，游百川就上报拟任命某某人为潮州知府。可是，广州还驻扎着两广总督。时任两广总督的张之洞也给游百川递了一张条子，举荐另一个人担任潮州知府。因为已经许诺了巡抚，所以游百川就把张之洞的条子压了下来，不办。张之洞知道后大怒，即日传见游百川，厉声责备："你竟敢藐视我而献媚巡抚，难道是有恃无恐？"游百川回答："卑职何恃之有？只因为旧制规定总督负责军事、巡抚负责行政，卑职这是按制办理。"张之洞更生气了："巡抚也归总督管，你难道不知道吗？你说的旧制，哪来的？赶紧找来告诉我，我从此也好不问行政，安心军事。"游百川害怕了，赶回衙门就翻阅《会典》等制度档案。遗憾的是，总督和巡抚的职权划分原本不明晰，也就没有留下白纸黑字了。虽然游百川说的确实是通行的惯例，但他找不出明确根据来。强悍的张之洞步步紧逼，不依不饶，天天派人催问游百川的"旧制"。游百川最后忧郁吐血，只好因病辞官。从此，广东的政务张之洞事事都过问，广东巡抚形同虚设①。

省以下是道，设置有道台。但道台与地方的关系并不紧密，且常常负责特定事务，并没有形成固定的一级政体。相反，省里常常直接向府

---

① 多数总督在辖区内某省省会常驻，如湖广总督驻武昌，闽浙总督驻福州，两江总督驻江宁，两广总督驻广州。但江苏巡抚驻苏州，不驻省会江宁，避开与总督同城。有一些省份（四川、直隶）仅有总督而无巡抚，还有一些省份（山东、河南）只有巡抚而没有总督。督抚同城闹矛盾的毕竟是少数。

一级发号施令①。

府一级的政府，一把手是知府。大府或者位置重要的府，都设有同知，作为知府的副手，或者专门负责特定事务，比如御盗、守备。此外，明清各府置通判，分掌粮运、水利、屯田、牧马、江海防务等事；置儒学教授等学官，负责教育和科举。省级官员一般级别是二、三品，道府级别为四、五品，他们都不直接治民。

直接治民的基层政权就是县了。一把手是知县，七品官。知县以下有县丞，作为副手分掌粮马、巡捕。如知县一职空缺，县丞便可代理知县。唐宋时期，县丞、县尉、主簿等官也从进士里选拔。明清后，县丞主要从监生中选拔，一律是正八品。县里的"三把手"是主簿，负责户籍、赋税等，明清主簿是正九品。"四把手"是典史，主管一县治安。典史在明清之前叫做"县尉"。刘备当年因镇压黄巾起义有功，就在安喜县当过这官。唐宋时，人们将主簿与县尉并称，通呼作"簿尉"。白居易、柳宗元、贾岛、温庭筠、蔡京、宗泽等人就是从县尉起步的。明朝将县尉取消了，以典史和巡检来代替。清朝的典史常常名不副实，在实践中常常充任县衙门里的事务官角色，又被叫做"吏目"，意思是胥吏的头儿。典史没有品级，连从九品都没有够上，因此被叫做"未入流"。虽然没有品级，但典史也算是官，也是县级领导班子的成员，依然可以升迁。至于能否升为主簿、县丞乃至知县，就要看个人的能力和机遇了。

此外，县级衙门还有巡检，一般在集镇、要冲、关隘等处设巡检司，职掌缉捕盗贼、盘诘奸伪、警备不虞。明清时巡检有的也是"未入流"，有的则是九品官。乾隆皇帝巡行热河时，某太监自恃是天子扈从，沿途滋扰。当地巡检张若瀛劝了他几句，太监非但不理会，还将张若瀛痛骂

---

① 清朝道台的本官是布政使属下的参政或按察使属下的参议等官，在理论上属于"省里的干部"。布政使属下的道台为分守道，偏钱粮民政。按察使属下的道台为分巡道，偏司法军政。在实践中，二者并不细分。

一顿。张若瀛大怒，将太监捆起来痛加大杖。直隶总督听说后差点没昏倒，惊呼“张某疯矣！”马上写奏折弹劾张若瀛，免得引火烧身。不想乾隆皇帝认为张若瀛尽忠职守，下旨将他越级提拔为知县。不过在实践中，像张若瀛这样从巡检提升为知县的，寥若晨星。

县级衙门的另一个序列是与学政、教授相对应的训导、教谕等，有的是八品，有的是九品官。学官大多是正途出身，不少人还是进士，所以地位在县级衙门中比较尊贵，知县和其他班子成员都要尊称一声老师。学官们平日工作也很单纯，教育管理与教学相长，在县务中比较超脱。

最后，还有一些最基层的、未入流的小官。比如河泊所官，专门管征收渔税；闸官、坝官，专门管水闸水坝的启、闭、蓄、浅；税课局大使，专管商贾、侩屠、杂市类常税征收；批验所大使、副使，专管茶叶和食盐专卖。这些小官负责具体事务，都没有品秩，但也是官。在这类尾巴尖的小官中，最知名的可能要算驿官了。中国古代有发达的驿站网络，负责的官员就是驿官，类似于官办招待所所长兼邮局局长。这是一个很繁琐、很辛苦的活，通常被过往官员当作用人使唤。明朝正统年间，陕西右参政郝敬过华清驿，驿丞张耕野刚巧不在驿馆，郝敬大发雷霆，派随从去他家里将其捆绑来，殴打至死。理学大师王阳明得罪了权宦刘谨，被“降五级使用”。他原本只是七品官，降五级能当什么呢？贵州龙场驿的驿丞。王阳明既受到了惩罚，又留在了“官”的范围内。

上面所说的人员都是地方官，在州县衙门中还有一大帮的“吏”在协助工作。比如县里遵照中央的六部，设置了六房，分别是吏房、户房、刑房、兵房、礼房、工房，在业务上和中央六部成系统、相对应。许多县里还有额外的粮房，这是因为钱粮征收工作非常重要，分离出来成为一个专门机构，负责亏空填补、收粮事例。这些房中的办事员，叫做书吏、书办、曹吏等，也有正式编制，可以吃到一份微薄的“皇粮”。不过，吏的合法收入肯定不足以让他们养家糊口，加上官吏有别，吏上升为官的可能性极小，所以地方小吏们也就破罐子破摔，贪赃枉法，上下其手以自肥了。他们的肮脏勾当，在下文《难缠的衙门小鬼》中有详细介绍。

第三节　难缠的衙门小鬼

民谣说："官不恶衙役恶"，"大官好办，小鬼难缠！"说的是衙门里的小角色长袖善舞：舞弊长官，刁难百姓，谋取私利。

这些小角色，都不是官，除了州县衙门各房中的书吏，还有衙役等人。衙役本质上是"役"，是官府征发到衙门里当差服役的百姓，包括门子、皂隶、听差、捕快、禁卒、仵作等。他们所做的事情，都是政府公务。不过，官和吏都有编制，有俸禄，但是衙役们是没有编制，也没有俸禄的。这就逼着他们去营私舞弊，赚取外快。

宋人说小吏和衙役们"少谙刀笔老尤工，旧贯新条问更通"。他们中的很多人从小就吃衙门饭，几十年下来老到稳重，对行政事务、条例和惯例等一清二楚。长官们要开展政务，还真离不开他们。而历代朝廷的规章制度、司法判例、惯例流俗层层累积，导致政务越来越复杂，非皓首穷经，花十数年时间钻研不能精通。这在客观上要求政务处理专业化。久而久之，小吏和衙役成了一种职业，不用再挑选、征发了。很多家庭垄断了吏和役，父子相传，以当差为生了。当官要回避，不能在本乡本土为官，但吏和役不需回避，家里几代人都是衙门里的地头蛇，可谓"铁打的差人，流水的长官"。《旧京琐记》载北京土著居民，"士族工商以外，有数种人，皆食于官者，曰书吏，世世相袭，以长子孙。其原籍贯以浙绍为多，率拥厚资，起居甚奢。夏必凉棚，院必列瓷缸以养文鱼，排巨盆以栽石榴。无子弟读书，亦必延一西席，以示阔绰。讥者为之联云：'天棚鱼缸石榴树，先生肥狗胖丫头。'其习然也。"这些人就是吏，此外还有“库丁”、“长班”等差役。他们的特点是“皆食于官”，就是吃衙门饭，靠经手政务牟利的。他们既把政务当作生意，老百姓自然要“出血”了。比如，老百姓去衙门打官司，衙役就可以向当事人索要“鞋袜钱”、“酒饭钱”、“车船钱”、“招结费”、“解锁费”、“带堂费”等等；书吏可以向当事人索要“纸笔费”、“挂号费”、“传呈费”、“买批费”、“出票费”、“到案费”、“铺堂费”、“踏勘费”、“结案费”、“和息费”等等。总之每个细微的环节都要向老百姓索要贿赂。

衙门小鬼强大的后果是挟制长官、为害政治，这样的例子自古就有。《宋史》记载：陈诂在祥符县当知县，因为严治贪吏，胥吏们集体罢工，弄得陈诂无法正常办公，全县行政机构陷入瘫痪，朝廷要拿陈诂问罪。幸亏有人挺身而出，慷慨陈词：“罪诂，则奸吏得计，后谁敢复绳吏者?”这才打破了阴谋，同时也明确将官和吏放在了对立面上。《明史》的案例更惊人：曹县知县范希正抓到了胥吏受贿的确凿证据，将他判罪械送京师。但是全县胥吏联合起来，诬告范希正“犯罪”！永康县衙的胥吏更厉害，七任县令都因胥吏诬告罢了官。沈括《梦溪笔谈》记载铁面无私的包公也曾中过胥吏奸计。开封府的一个被告按法律规定应受“脊杖”之刑，他为免受惩罚，就向胥吏行贿求计。有个胥吏终于想出了妙计，告诉被告说：“包公对胥吏干预案件极为反感，对你用刑前，按程序应由我写用刑文书‘责状’，这时你就大喊冤枉，我自有办法解救你。”果然，包公过堂审判后，被告就按受贿胥吏教的办法大喊冤枉，反复辩解。那胥吏一反常态，破口大骂被告！包公见胥吏触犯了他严禁胥吏涉案的规矩，就把胥吏训斥一顿，竟把那被告从轻发落了。沈括说：“包拯‘以抑吏势’虽然正确，但结果仍然是‘为吏所卖’!”

顾炎武分析胥吏以权谋私的弊端说：“州县之弊，吏胥窟穴其中。父以是传子，兄以是传弟，而其尤桀黠者，则进而为院司之书吏，以掣州县之权，上之人明知其为天下之大害而不能去也。”雍正皇帝也对胥吏作弊无可奈何：“各部之弊，多由于书吏之作奸。外省有事到部，必遣人与书吏讲求。能饱其欲，则援例准行；不遂其欲，则借端驳诘。司官庸懦者，往往为其所愚；而不肖者，则不免从中染指。至于堂官，事务繁多，一时难以觉察。县既见驳稿，亦遂不复生疑，以致事之成否，悉操书吏之手，而若辈肆无忌惮矣！”为解决胥吏蒙蔽主官的弊端，从明代中叶开始，各级官员只好自掏腰包聘请幕僚、随从一起上任。这些人由长官聘请，拿长官的工资，与长官共荣辱、同命运，算是“自家人”。明清的长官们就试图通过用自家人代替衙门中的胥吏、差役们，达到控制衙门、贯彻政令的目的。比如原来衙门中有看门人，县官上任后加派自己人当门卫；衙门中原来有管理仓库的差人，县官又加派了看守，这样“一盯一”严密控制了胥吏群体，等于是长官们又招聘了一整套地方官吏系统，另起炉灶了。

在明清时期，地方官员带自己的班子上任，是合法的。比如康熙二十五年（1686 年）朝廷规定：“外任官员，除携带兄弟、妻子外，汉督抚带家人五十名，藩臬带家人四十名，道府带三十名，同知、通判、州县带二十名，州同、县丞以下官员带十名；……（旗人）司道以下等官所带家口，照汉官加一倍……至旗员有边疆差遣之事，非民官可比，督抚所带家口，不许过五百名。”这里的“家人”绝大多数不是照顾官员家庭事务的，而是处理地方衙门的政务，平日在衙门中对地方胥吏指手画脚颐指气使。虽然朝廷对官员携带“家人”的数量有规定，但在实践中一再被超越。一般知县上任，随行的队伍都有百人之多了，这些随从就成了新的“衙门小鬼”。

长官随从们的来源有哪些呢？

第一类人是长官的家人亲友们。家人和亲友是长官最可信赖的人群，用他们既放心，又可以解决亲戚们的生计问题，何乐而不为？清朝官场中有“三爷当道”的说法，这三爷指的就是少爷、姑爷和舅爷。他们往往狐假虎威，在父亲、岳父或姐夫、妹夫的辖区内作威作福。下属、胥吏和百姓们忌惮长官，又不敢得罪他们。

第二类人因为一时生活困难或其他原因，暂时屈尊给人做幕僚或者随从。这类人不是官宦人家出身，就是读书人出身，后来因为家贫或者科举不利，生计困难，就曲线救国，进入幕府做事。一来解决生活问题，再积累点小钱；二来可以提前熟悉政务，积累政治阅历。他们最终还是奔着自己当官去的，等到时来运转的时候，或者被他人荐举，出任官职；或者科举考试成功，进入仕途；或者用当幕僚、随从时赚的钱捐班出仕，仍可荣宗耀祖。这类人因为不是以服侍长官为职业，所以被称为“暂随”。长官对他们也比较客气。

林则徐年轻时就给本地海防同知当书记。时任福建巡抚张师诚对林则徐代理的春节贺札大为赞赏，考察后发现林则徐才 21 岁，有举人功名，聪明肯干，是可塑之才。于是张师诚将林则徐收入幕府，刻意培养。林则徐在巡抚幕府中提前熟悉了官场流程和规则，积累了各项政务经验，又过了几年后才去考的进士。对于他这样“家无半亩之田，居无半寸之地”的孤寒子弟来说，要想科举从政，早入高官幕府是不错的、务实的选择。后来，林则徐的官位、成就远在张师诚之上，但林则徐对张师诚仍以恩师事之，这类雇主与幕僚的关系近似师友关系。

第三类人是在社会上磨炼多年，精明强干之人。这类人有的经商多年，生意萧条；有的懒于辛苦劳作；有的自幼奔走江湖，历练老成；有的遭到挫折，命运乖张，但都是能言善辩、会说话办事的人。长官发现了他们的才能，聘为助手。这些人因为一时困顿，或者盛情难却，就同意做了幕僚和随从，但不愿终身为他人干活，所以得名“且随”。

第四类人是职业做随从的。这些人没有一技之长，不会营业，专喜结交朋友，吹弹歌舞，嫖赌逍遥；或者父母亡故，家产荡尽，无所可依，就想跟着长官混口饭吃，所以奔走他乡，充当随从。这些人久惯风月，眼界开阔，有手腕会权变，在衙门阅历多年后，进退有据，长官见他勤劳能干，委以大事，从此发迹。他们一辈子吃衙门饭，往往积蓄丰厚，为子孙留下不错的根基。子孙也倾向重走父辈的老路，于是当随从就成了一种职业。这些人事无常主，哪儿有赚钱的机会、哪儿缺随从就往哪儿去，以此为业，是长官随从队伍的主力。比如浙江绍兴地区，百姓有游幕四方，给长官当师爷的习惯，所以清朝衙门的师爷多数是绍兴人，人称“绍兴师爷”。其他地区的人想打进去吃这口饭，还比较困难。

清朝时，一个官员得到州县实职或者差使的时候，往往亲友嘱托、同僚推荐，一大帮子人争着来给他当随从。官员碍于情面，不得不聘请。段光清在《镜湖自撰年谱》中记述他在浙江做知县时的情况说：“浙省弊俗，一奉委牌，荐家丁，荐幕友，不能计数。”他署理建德知县时，有一次去拜访上司杭州知府。知府问他是否需要聘请一位师爷，段光清说自己已经请了钱谷、刑名两位师爷。知府不悦道：“你的师爷是自请的，当年我初入官场，师爷都是上司推荐的。”段光清忙说自己新官上任，不懂规矩，知府如果肯再推荐师爷帮忙，必定有益施政。于是杭州知府就顺势推荐了一人，段光清只好将其聘为第三位师爷。清代官场手册《知府须知》“酌带家丁”一节中则说：“此一事最难。每遇缺分一露消息，荐者纷纭，竟有万难摆脱之势，而多年旧仆无不愿往。若辈存心所为此去发财耳。”

清朝中期后，卖官鬻爵盛行，官员情况变得错综复杂。官员队伍庞杂，得到实职越来越不容易，候补的官员越来越多。很多人从候补到实任，往往遥遥无期，生活无着，只好靠借贷过日子。于是就产生了第五类随从的来源：借贷者。放贷者被称为“赌子”。为什么叫“赌”呢？因为他们放贷给生活无着的候补官员，对方没有资产可以抵押，而且放贷者的收益也是不明确的，类似于赌博。谁都不能保证候补官员什么时候能得到实缺，得到的是肥缺还是瘦缺。一般赌子的做法是，先对候补官员进行考察，探听候补的顺序，顺序靠前的就给予银子；如果顺序不靠前，但候补者有其他关系的（比如有亲缘权力、地缘权力），也贷给银两。放贷的时候，赌子和候补官员签订合同，注明候补官员一旦得到实职后，要“聘请”自己当随从，并且说明掌管衙门某事。他们就靠做随从的预期收入，来弥补借贷的成本和风险。社会上将聘请这类随从上任的官员叫做“带肚子”或“带赌子”。

赌子行当的行情是：“有放银三、四百两，议为稿案门上，管一县讼狱者；议为钱漕门上，管一县征税者。其次放银一、二百两，议为签押门上，管一县案卷者；议为办差门上，管一县杂役者。”还有一些赌子为了降低“投资”风险，宁愿多花几百两，帮候补官员将候补顺序向前挪，争取他早日获得实职，收回投资。这类随从在晚清时期特别普遍。江苏巡抚丁日昌于同治年间承认：“即如江苏一省言之，道员可由外补之缺，不过二、三员；府、州、县、同、通可由外补之缺，亦不过十余员，而候补道约有六、七十人，候补同、通、州、县约有一千余人。夫以千余人补数十员之缺，固已遥遥无期，即循资格而求署事，亦非十数年不能得一年。”残酷的竞争迫使候补官非借贷不可，到任后赌子如约而来。如果该名官员候补时间长，借债多，则衙门中几乎全是赌子。

说完官员自带随从队伍的来源，我们来看看这些人的执掌分类。按照工作内容的不同，长官的随从们可以分为六类：师爷、门上、签押、管事、办差、跟班。

师爷，是州县长官的谋主、军师甚至是助手，直接帮助长官处理政务，为长官的仕途出谋划策。师爷的文化水平较高，一般由“绍兴师爷”或者第二类人出任。按照工作内容不同，师爷主要有钱粮（钱谷）师爷与刑名师爷，前者负责处理钱粮征收和民政事务，后者负责处理司法审判事务，这两类分别是州县衙门最主要的工作内容。此外，一些衙门还有“书启师爷”，主要处理官府公文，帮助长官处理交际应酬。书启师爷要将长官的各级上司、各位同僚、地方绅士的姓名、品级、履历、字号、生日等了然于胸，其中重要人物的家人情况，包括太太、姨太太、老太爷、老太太、少爷小姐的年纪、生日、喜好也要了解清楚。

门上，又叫门房、门丁、司阍等，负责看管衙门大门和内衙（官员居所）宅门，稽查出入。此外，门上还负责：一、接收来往的公私文件，登记后送签押房处理。二、对于本衙门外送的公私文件也要登记、发出。三、接待访客。对于拜访、自荐的要问清住址来历，以茶酒相待，然后持帖禀报长官，请示见或不见；辞行的要问清何日起程，至何地方，有何公事，做好登记，告诉长官；如果是上级官府或者同级官府派来公干的官人，门上要请至花厅，问明情况，再执帖禀报长官，并知会厨房，备办饭菜，唤茶房伺候，预备房间等。四、处理门口的报案和击鼓鸣冤事项，禀报案件，传集吏役，维持衙署秩序，接待过往人犯。五、筹备官员出门事宜。官员拜会请客、朔望行香、寻常祭祀、踏勘相验、考试观风和迎接差事等等，都由门上安排有关夫役、轿马、执事、礼物、食物和银两等。六、门上还经管茶房、壮役、站夫、轿夫、差役、仵作、禁卒、更夫等工食银米的给发。可见，门上的职责着实不少，比衙门原设的门房的职责要多得多。古代官员没有电话，官员和百姓要联系他，只能通过门上。门上就类似长官的电话，类似现代单位中的办公室主任，非心思缜密、眼尖嘴快的人干不好。

既然门上的角色如此重要，他能获得的灰色收入也相当可观。几乎所有进入衙门的公私事件的事主都得塞红包（又名规费、使费、规礼等）给门上。就是县丞、主簿、典史等官员来找知县，也得塞红包。这是门上的主要收入。同时，书吏、属官办事支取银两，门上也照例按一定比例克扣（称为“例扣”），比例大约为十分之一二不等。不过，门上不能一人独吞例扣，而要在所有“家人”中予以分配——因为这笔收入有孝顺整个衙门中人的意思。不管怎么说，门上在官员随从中是收入最高的人。《官场现形记》中，蕲州的典史蓝某因为几块钱和同僚发生争执，吵闹到县衙门口，被门上一顿冷嘲热讽。他说：“我平常玩一局牌，输赢都不止这个数。亏你还是皇上的官呢!”因为收入高，赌子们以充门上为优先选择。

由于事务繁杂，门上往往有正副二人，多的甚至有十数人。这么多人又根据工作内容分类，有的专门负责案件，有的专门负责呈词，有的专门负责差务，有的专门给长官执帖传话等等。

第三类随从是签押。所谓“签押”，指在签押房佐理公事的随从。签押房是签发、批阅公文的地方，类似于如今机关中的秘书处。不过在清朝的说法是，“签押房如同军机处也”。任何体制下，公文处理都很重要。单单就印章一事来说，用印的格式、对象、内容、形式、规则都有讲究，盖章已从一种权力行为变成为一项琐屑繁杂的工作①。掌印长官本人难以确定，于是就有了专门的“执印之人”。又比如档案处理，需要分出种类，掂出轻重缓急，使日常公务前后相接、缓急有序。此外还有公文编辑、校对、签发等等工作。门上以传达为主，签押则是真正与官、幕接触，处理政务，“签押则不然，一切限额，应催应办，或奉或报，或先或后，以及填格对读，皆其任也。”所以，当时有谚云：“假门上，真签押”。

因为事务繁多，签押也有多人，分工进行，包括：稿签（就是签发文书的人）、审读、用印、值班、收发、传禀等。其中由“稿签”总理签押之职。稿签收到文书后，首先要将其登记挂号，然后根据内容分送长官、师爷或者各房书吏处理。对于各处来文，稿签要先送长官批阅，再分别送师爷办理，办成回来之后稿签再登记签发，交给门上送出。

第四类和第五类随从是管事和办差。管事是负责具体事务的随从，比如管仓、管库、管监、管号、管厨等；办差则是没有固定差使的“家人”。

管仓和管库分别管理粮食仓库和银钱仓库。管监管理监牢，明清州县衙门分内外二监：内监在官署，是监禁已定罪的犯人之所，即常说的“监狱”或“监牢”；外监是差役们临时羁押嫌疑人的地方，即常说的

---

① 《大清律例》卷七，《吏律·公式·漏使印信》：“凡各衙门行移出外文书漏使印信者，当该吏典、对同首领官并承发，各杖六十。全不用印者，各杖八十。若漏印及全不用印之公文，干碍调拨军马、供给边方军需钱粮者，各杖一百。因其漏使不用，所司疑虑，不即调拨供给而失误军机者，斩监候。亦以当该吏为首，经管首领官并承发，止坐杖一百，流三千里。若倒用印信者，照漏用律杖六十。”

“班房”[1]。管号是管理驿站的马房。管厨就是负责管理厨房。这些地方，本来是有书吏、差役在办事的，如仓有仓书、斗级，库有库子，监牢有禁卒、更夫，驿号有马夫，厨房有厨子、煮饭、打杂、伙夫等役。州县长官到任后，加派随从管理其事。

办差则处理一些机动性强的事务，比如伺候长官出门；迎接上级和办事员；接送过境差事；府到省投文、送礼，批解煤炭、粮米、地丁、人犯等事。这些事情原本就有官吏、兵丁护送押解，州县长官派随从护送，即以随从管理官吏差役。此外，为了探听上级衙门情况，窥探上级喜好以及做好长官的出差接待，县级衙门还有派到省、府驻地专门探听上司衙门关于本州县事务、上司及官亲生辰寿诞等情况的随从。长年在省会探听公私事务的随从称为“坐省”，在府里的称为“坐府”。各上司三节两寿水乾礼物，以及喜庆大事，一得确信，要预为禀报；本官长有升迁降调之信，按十日一次旬报。也负责照料本官在本省做官亲属的生活。为了管理所有办差的随从，地方官往往设置一名“差总”总管这些事。

最后一类随从是跟班。跟班才是真正意义上的随从，只管长官的日常生活，服侍长官的饮食起居、服饰穿戴、日常办公等。虽然跟班也跟随长官坐堂、出门，料理拜会应酬事宜，但不管长官的行政事务。这类随从因为和实权事务离得最远，实际收入也最低。

归总起来，随从数量的多少，与当地政务的繁简有关，也与官员的志趣有关。有人就喜欢亲力亲为，聘用的随从自然就少。省会所在的县（称为“首县”），因为政务繁复，衙门林立，比其他州县责任更大压力更重，知县的随从自然就多。比如首县衙门需要承担上司衙门委办的公事。尤其是按察使遇到疑难杂案，一般委发首县复审或会审，首县知县

---

① 犯罪嫌疑人一般由衙役拘捕到衙。衙役当班的地方即班房，嫌疑人未判罪前就关押在此。于是“班房”一词又多了“牢房”这层意思。一些衙役利用班房关押的临时性与随意性，巧立名目，故意抓人，勒索钱财。

就需要多聘刑名师爷，或者专设“发审”来承审案件。

更有趣的是，清朝随从们因为自身事务繁重或者懒惰，又聘请了自己的随从。这些人是随从的随从，听从随从的差遣，除照顾聘主日常生活外，也代替聘主在衙门内外跑腿、办差。他们被称为“三小子”或者“三爷”。比如《官场现形记》中的那个蕲州典史蓝某，到任后拜访衙门，对门房里端茶倒水的“三小子”也客客气气地道了声谢。可见，这些随从的随从也不可小看，机缘巧合也可能对你产生实质影响。

由胥吏、差役和随从组成的非官员集团，构成了庞大的“衙门小鬼”群体。他们经手具体政务，和老百姓打交道，也直接榨取民脂民膏。老百姓们不常见到县官，倒是经常与这些小鬼打交道，深知衙门小鬼最难缠。后来，连皇帝也知道了这支额外的队伍的危害。农民出身的皇帝朱元璋即位不久，惊奇地发现自己竟然要给许多并不在员工名册里的“闲人”发工资，大发雷霆。比如朱元璋发现衙门里的役吏皂隶，依附官威，不务正业，一意害民，仅松江府就有1350名“编外官吏”，苏州府有1521名。朱元璋痛心地看到自己精挑细选雇用的官员们坐了位子后，一心享受政府的阳光，另外雇用了大批衙役胥吏来办事，把繁杂的政务都推给他们。而这些编外的临时工坐稳位置之后，接着雇用“二等临时工”，把脏活累活又推给他们做，坐享其成。这样，政府机构越来越庞杂，吃衙门饭的人越来越多。“若必欲搜索其尽，每府不下二千人。”道光年间，四川巴县吃衙役饭的约有7000人，而朝廷给该县额定的官吏编制是70个，也就是说帮闲之人和法定官吏的比例是100∶1。

最后，以一则笑话结束本文。《旧京琐记》卷四写道：宫中太监多无赖，但是佞佛，又好行小恩小惠。内府果商蒋氏专门负责向朝廷提供果品，各宫太监都要分“例钱”。清末，蒋家因为内务府领款不易（估计是缺钱，恶性拖欠），家道中落，给太监们的“例钱”往往拖欠。一天，某太监气势汹汹来到蒋家“讨债”，蒋家男子仓皇逃避，妇女出来接应。太监入门，如狼似虎般拍着桌子，扬言今日如果再不给钱就要以性命相搏。蒋家妇女屏息听他作威，不一会儿奉上茶水。接下来，蒋家妇女哭声响起，边哭边诉说领款如何艰难，外欠如何急迫，没办法付给公公们例钱，只能以死谢罪了。太监一开始是静听，接着抹眼泪，继而婉劝，最后说："我们多年交谊，宁忍坐视？"他从怀中取出数金："区区相助，度此数日，勿过伤也。"蒋家妇女收下银子，哭泣道谢。太监则殷勤劝慰，最后告别。蒋家对别人说："这是成文的演戏，如此搪塞已近十年。我们就是有钱也不能给他们，一旦给了一个人，几百人就蜂拥上来了，贪得无厌。我们只能用苦肉计了。"此处，讨要例钱的太监，也算那衙门的小鬼了。

清朝仅有一处衙门没有任何衙门小鬼，只用官员。那就是军机处！由于朝廷看到胥吏亲随等人乱政，同时鉴于军机处是中枢要地，整个衙门便只用军机大臣和军机章京。军机大臣主持政务，军机章京处理文案与杂务，干"小鬼"们的活儿。军机章京都从中央各部衙门的郎中、主事中抽调。这样的衙门在清朝独此一家！

第四节　官员也有难念的经

看到这个题目，很多读者可能会有疑问：做官有什么苦，有什么累的？尤其是拜当今影视剧和才子佳人戏所赐，古代官员给人的感觉都是工作安逸悠闲，私生活多姿多彩，如果连他们都叫苦喊累了，那普通老百姓还怎么活啊？

且慢下结论，中国古代还真有不少人一边当着官一边叫苦不迭，甚至要死要活、哭着喊着申请辞官的。

晚明文豪袁宏道就是个典型。年轻的时候，袁宏道满腔热情地追求进步，一门心思要踏入仕途，是个"有志青年"。他自称"少时望官如望仙，朝冰暮热"，后来在万历二十年（1592 年）中了进士，三年以后出任江南富庶之地吴县县令，相当于现在江苏省苏州市的一把手，可算是得偿所愿了。但是官位一到手，袁宏道很快就后悔了，向朋友抱怨“作吴令，备诸苦趣”，哭喊：“人生苦短，外面春光灿烂、草长莺飞，我不知道哪根筋搭错了，哪里不能去偏偏自苦来当官！”（原话是“人生几日耳，长林丰草，何所不适，而自苦若是！”）

是什么让袁宏道得出如此令人跌破眼镜的看法呢？

按照他自己的说法，做官“备极丑态，不可名状。大约遇上官则奴，候过客则妓，治钱谷则仓老人，谕百姓则保山婆”。意思是说，做官如同奴仆、如同妓女，见过的官吏，不论大小全不敢得罪，说不定哪天再碰上了；又像守官仓的小吏一样，整天算计着铜板钱粮，老是絮絮叨叨，快成祥林嫂了。而且，当官的事务很多，常常是“一日之间，百暖百寒，乍阴乍阳，人间恶趣，令一身尝尽矣”。因此，袁宏道留下了许多大叫“苦哉！毒哉！”的书信。

让袁宏道苦恼异常的四项内容，分别是接待上级、迎送过客、收支钱谷、教谕百姓。其中，前两项属于官场交际的范畴，后两项是官员的法定工作。我们来分析这两部分工作是怎么把古代官员逼入苦境的。

官场交际是仕途的润滑剂，衙门中人都难以避免。礼多人不怪，毕竟大家都要在官场中混，吃这口饭，搞好关系有利于工作，搞不好关系人家逮着机会就给你使绊儿。袁宏道也知道这个道理。他并不是不知人情世故的儿童，更不是愣头青。他苦恼的是“上官如云，过客如雨”，也就是应酬太多了。

袁宏道在一封信中毫不客气地指出“过客积如蚊虫，官长尊如阎老”，这些人全都是来打秋风、吃拿卡要的，几乎没有一个人是来办正经事的。大家都知苏州是人间天堂，是鱼米之乡，于是有官职在身的或者曾经有官职在身的甚至即将有官职在身的，办事路过苏州的或者不路过但专门绕道苏州的甚至为了“路过”苏州而专门找事情去办的，各路神仙都来了。既然来了就是客，袁宏道作为地方长官就要出面接待。即便不需要袁宏道吃饭作陪和闲聊，就是迎来送往，也要耗费大量的时间和精力。

应酬是一件苦差事。除了掏钱，袁宏道还要随时强打精神，堆满虚假的笑容，“上官直消一副贱皮骨，过客直消一副笑嘴脸”。主客之间都知道是怎么一回事，但相互还要说那些言不由衷或者漫无边际的话。对于袁宏道这样之前饱读圣贤书的书生来说，官场应酬无疑是一项既感到生疏又和内心有所抵触的工作内容。

比袁宏道晚得多的张集馨在清朝中期担任陕西粮道。他的主要工作就是陪客，而且陪的不是陕西粮道衙门的客人。因为陕西粮道掌管西北军粮，是有名的“肥缺”，陕西官场的惯例是凡有饭局和迎来送往的事，都拉陕西粮道去当冤大头掏钱。掏钱还是小事——反正不是张集馨自己的钱，让张集馨受不了的是西安城每天都有客，而且还不止一拨客人，常常是开流水席，随来随开，随开随走。张集馨变成了“钉”在那儿的一个钱包，始终挂着笑容坐在饭局上。觥筹交错、山珍海味之间，他常常产生不知昼夜、不知身在何处的幻觉——这应该也算是一种职业病吧？

和袁宏道、张集馨一样，晚清的孙宝瑄也是书生气很重的官员，不一样的是，他长期担任京官。京官虽然不如地方官实惠，可应酬的压力一点也不小。孙宝瑄在日记中说到新年拜客的情景：新年时节，京城里到处是官员们拜客的轿子。轿子里并不一定有人，往往是个空轿子，在长安街、东城、西城行进，每到一处官员府邸就由仆人上前将主人的名帖递上去，就算是“拜访”到了。此所谓“望门投刺”，官员之间并不见面，也不问是否认识。孙宝瑄对这种行为深恶痛绝，但“为社会之惯习，必不可废”。春节如此，其他节日乃至平常时节也类似。孙宝瑄一次检查门房记录簿，发现有许多官员、准官员来拜访自己，其中绝大多数都不认识，而且一些人居住地极远。他不禁叫苦不迭，因为他脸皮比较薄，老觉得有客来访就要回访，来客住所越远就意味着他回访的路程越远、越辛苦。

京官的应酬比地方官更让人叫苦的一点是：京官没有直接的财权，不像地方官那样能让公家埋单，只能自掏腰包承担应酬成本。那些收入不高又没有丰厚家产的普通京官，他们把有限的俸禄都投进无限的应酬中去了，生活再拮据，同僚、同门、同乡的饭局也不能不去，权贵、上司、长官身边红人的礼金也不能不送；去了怎么也得坐车，再不济也得雇辆驴车；怎么也得有个跟班替自己拿名帖、通禀传达，再不济临时找个兼职的小后生也得充场面。所有这些都是要花钱的，以致大多数京官频繁进出当铺，连累全家人忍饥挨饿。三四品的官员在地方上算是高级干部了，但在京城里依然免不了当了棉衣凑份子钱，和一群官员挤在会馆、客栈中对着几盘小凉菜“对月小酌”——穷京官不像地方官那样能吃得起山珍海味。

清朝州县长官一般要聘请刑名、钱谷两位师爷，分别帮他处理司法和财政事务，但很多官员还会聘请书启师爷。书启师爷名义上帮助雇主处理文件档案，实际上负责官场应酬文书和迎来送往事务。清朝文学家蒲松龄就干过这活。康熙九年（1670年），蒲松龄到江苏扬州给担任宝应县县令的同乡孙惠做书启师爷，这个职务让他叫苦连连。某次宝应县大灾，民不聊生，孙惠同僚即吴县的韩县令就写信来，拜托孙惠帮忙低价购买当地少女做自己的侍婢。蒲松龄受命处理此事，他以孙惠的名义写了一封信回绝韩县令：“（买婢女一事）反是老年台遣人觅之，无所往而不可。弟忝居一隅，救荒拯溺，且愧无术，何敢教之鬻子女耶？”他用冠冕堂皇的忙于救荒赈灾的理由堵了韩县令的口，想必也影响了雇主的官场人情①。在《答李乐陵》中，蒲松龄大倒当书启师爷的苦楚：“况送往迎来，则贱如声伎；婢膝奴颜，则状同伏鼠。……参揭之票，积案如山；呵斥之声，聒耳为聋。”对他这样衙门中的低级阶层来说，官场应酬就只有被人呼来喝去、挨骂遭批的份儿，不觉得苦才怪呢！

---

① 在清朝，江苏巡抚驻扎吴县，吴县县令就成了“首县”，位居江苏全省县令之首。所以，孙惠得罪韩县令，是件比较严重的事情。

倒完官场应酬的苦水，古代官员对于正常的公务也有满腹苦水。

袁宏道就哭诉“簿书如山，钱谷如海”，埋怨工作量太大了。所谓“簿书”就是文件案牍。明清官场有个坏作风，就是用文件来落实文件，用通知来落实通知，用训示来落实训示，袁宏道很大一部分工作就是把自己埋在文山会海之中。用他自己的话来说就是“直消一副强精神”，硬撑着去批示公文。到了清朝，被文山会海搞得苦不堪言的州县长官们纷纷自掏腰包设立“签押房”，雇了一套秘书班子专门负责公文运转。

所谓的“钱谷”就是从老百姓那儿征收钱粮赋税，然后交送上级衙门。这是地方官员最基本的工作内容，也是巩固王朝统治的基础工作。钱谷事务既琐碎又繁重，袁宏道抱怨“钱谷多如牛毛，人情茫如风影”。这里的“人情”指的是民心民情，是让袁宏道这样从书斋中走出来的官员头疼的事情。他们和劳动人民比较生疏，对任职地方的居民实际情况并不熟悉，也不了解乡村结构和七拐八绕的人际关系。袁宏道说征收钱粮赋税的时候打交道的都是“鹑衣百结之粮长，簧口利舌之刁民，及虮虱满身之囚徒耳”。他往往需要声嘶力竭地和他们讲道理、说政策，还要恩威并施，少不了威胁恐吓等等，“直消一副狠心肠”。至于那些从农村走出来的，与劳动人民感情亲近的官员又不愿意压迫苛征。唐朝诗人高适在封丘做县尉的时候曾写道：“只言小邑无所为，公门百事皆有期。拜迎官长心欲碎，鞭挞黎庶令人悲。”官员们初入官场，多少想建功立业、有所作为，没料到每天就是“鞭挞黎庶”、欺负老百姓，难怪高适要大发牢骚了。

无论是案牍劳形还是钱粮琐碎，官员们都要遵守像蜘蛛网一样的规章制度，不能触犯。高适去做官的时候，好朋友杜甫就提醒他：“脱身簿尉中，始与捶楚辞。”（《赠高适》）意思是说做官和做文人不同，做官有做官的规矩，触犯了就要挨训。杜牧也在《寄侄阿宜》诗中说：“参军与簿尉，尘土惊皇皇。一语不中治，鞭捶身满疮。”意思是说基层官员（参军、主簿、县尉等）过着惶惶不可终日的生活，在官场一说错话就会遭到鞭打、捶打。官员犯错有这么严重吗？有。如果真的“依法办事”的话，官员们的日子会很难过。唐代官员还算幸运的，因为唐朝的清规戒律还算少的，之后历代相沿袭，条条框框越增越多。官员们经常被上级或者仇家穿小鞋、打屁股（专业术语是“笞杖”），理由包括超编制用吏，执行公务延误，值班迟到或者早退，没有及时赴任，越级办事或不请示办事等等，甚至上司觉得你的建议、公函或者言行有“违制”就可以打你屁股。北宋时，徐州学官陈后山听说著名作家、社会活动家苏东坡去杭州赴任太守经过江苏，没有请假就跑到南京找苏东坡交流写作去了。马上就有人弹劾他“擅离职守”，陈后山的前途就这么没了。

说完地方官，京官的职业生涯也不好挨。比如南齐时，东昏侯萧宝卷生活作息十分奇特，喜欢昼伏夜出，通宵达旦地玩“挖洞抓老鼠”的游戏，害得大臣们天天清晨准时赶到朝堂等皇帝上朝，皇帝不来，大家又不能走，都那么空等着。到了清朝，历代皇帝都相当勤勉，即使去城外圆明园休养的时候也坚持批阅奏章、接见大臣。圆明园离北京城有四十多里地，“阁员奉事者夜半即起，乘骑达园，鸡犹未鸣耳。阁臣省其事具奏，奉谕毕，阁员驰回城，日尚未午。每日如是，亦可谓不惮烦矣。”（《十叶野闻》）可想阁员们每天后半夜奔波四十多里地去圆明园，一个上午都在汇报工作接受指示，又要在中午之前赶回城内，下午还要处理皇帝交办的政务，没有好的体魄还真受不了。

人们总是羡慕那些在皇帝身边的红人、近臣。一般京官也想方设法要到皇帝身边当值，“京朝各官，以僳直内廷为荣”，但局外人不会知道其中的辛苦。首先，长期对着皇帝垂首肃立，“气血下注，十指欲肿”，老是低头弯腰脊椎也不太好。其次，如果奉命去草拟圣旨、制定规章或者编辑书籍，“则终日伏案而坐，两脚不得屈伸”。康熙年间，王图炳入选南书房，奉命抄写全部《华严经》。他抱怨说：“伺候时立得手痛，钞录时写得脚痛，此苦岂外廷所知?”曾国藩当京官的时候，长期在宫中面圣，或垂首听训，或跪地接旨，百无聊赖之余竟然把宫中痰盂上的刻字都记住了。这段子虽然夸的是曾国藩“有心”，实际也反映了在皇帝身边的无聊与辛苦。

应酬之多、公务之重让官员们的生活异常紧张。袁宏道“朝夕趋承检点，尚恐不及”，“七尺之躯，疲于奔命，十围之腰，绵于弱柳”，完全是一个没日没夜扑在工作上，累坏了身体的“劳模”。他担任的吴县县令是个肥缺、要职，因此应酬更多，公务更重。袁宏道常常是在深更半夜刚刚应酬完，头昏脑涨之余又要开始处理公务，睡不了几个时辰又忙乱地爬起来去赶下一场应酬。袁宏道也和张集馨一样，“几不知有昏朝寒暑”。日子稍长，他感觉做官“渐入苦境”，“膝欲穿，腰欲断，项欲落”，大叫“人生作吏甚苦，而作令尤苦，若作吴令，则苦万万倍，直牛马不如矣”。既然官场生活连牛马都不如，那还有什么值得留恋的呢？袁宏道“去志已如离弓之箭，入海之水，山岭之云，落地之雪”，一连写了七道辞职报告递上去，毅然决然地辞官回家去了。

袁宏道是在官场走了一遭，受不了官场的苦和累，最终挂冠而去的。比他早一千多年的嵇康站在官场之外就看到了其中的苦和累，主动与官场绝缘。在《与山巨源绝交书》里，嵇康列举了自己不适宜做官的“必不堪者七，甚不可者二”。所谓“七不堪”是指不堪早起，不堪被人跟踪，不堪端坐公堂，不堪文牍，不堪吊丧，不堪交接俗人，不堪琐务，大抵是说自己受不了衙门的规矩和各种人情往来。所谓的“二不可”则涉及精神层面，一是嵇康“非汤、武而薄周、孔”，思想为世教所不容；二是嵇康“刚肠疾恶，轻肆直言，遇事而发”，个性不适合当官。虽然绝大多数人不像嵇康那样坦白，但官场对人的精神的压抑甚至是扭曲，比起客观的应酬与公务，更让人受不了。

袁宏道还算坦白，用了比较隐晦的词语来表达当官时精神的压抑：“文雅都尽”。我们就来看看官场怎么就让人丧尽文雅了。

官场有其运作逻辑和一整套或明或暗的规矩，它们和官员入仕前的思想观念不尽相同。比如官场高度的科层结构决定每个职位的主次尊卑，一个官员的地位取决于他的屁股坐在什么位置上，而不看他的脑袋里装了什么东西。这让那些初入官场的进士们有些接受不了。比如，唐代进士张象出任华阴县主簿，担任县令的助手，县令老拿一把手的权势压他，张象感叹："大丈夫有凌云盖世之志，而拘于下位，若立身矮屋之下，使人抬头不得！"最后辞官而去。宋朝进士司马池的官场起点也是主簿，知县大人也老拿权势压他。一次，司马池去找知县办公事，知县南面傲坐，连礼也不还。司马池大为光火，走到知县面前，一把将上司的身体揪正了，让他好好办公事。不过，并非所有官场新人都有司马池这样的魄力，他们只能慑于职位、资历、背景等等淫威，小心翼翼地过着压抑的生活。

又比如，官员和官场的关系不能用"付出和收获"的思路来衡量，不是说官员工作努力，有政绩就能提拔的。理论上，官员们从低级做起，好好工作就能循级而上，人人都有可能升迁至高层。但绝大多数认真工作的官员们最后都沉积在基层，被压制在低级职位上。州县衙门、部委机关不知道挤了多少之前披红戴绿，如今目光呆滞的进士们。当年意气风发、指点江山的新官们经过几十年的壅滞沉沦，不得升转，如果没有主动辞官，最后无不成为"沉稳干练"、低调中庸的老官僚。遥望当年的理想抱负，得失、冷暖只有他们自己知道。

更让官员们精神紧张、内心难受的是官场险恶，不知道怎么的就可能掀起万丈波澜，刚才还趾高气扬的高官显贵转眼间就可能沦为阶下囚或者千夫所指的批判对象。袁宏道就坦陈应酬和公务"苦则苦矣，而不难"，让他犯难的是官场的明枪暗箭、窝里斗。"惟有一段没证见的是非，无形影的风波，青岑可浪，碧海可尘，往往令人趋避不及，逃遁无地。难矣，难矣。"其中的艰难困苦，一言难尽。

南齐的时候，陈显达打了半个多世纪的仗，又侥幸在历次权力斗争中都站对了队伍，还帮南齐三代君主杀了无数的人，最后才在年近古稀之时当上了太尉。位极人臣后，陈显达"高处不胜寒"，一味谦逊退让，禁止子孙过豪华生活，乘坐的车驾轱辘腐朽了也不换，自家的侍从警卫都用年老病弱的人。一次宫廷酒宴，陈显达趁着酒兴向齐明帝萧鸾索要枕头。萧鸾很痛快地就给了，陈显达抚摸着枕头说："臣年已老，富贵已足，就少一个枕头枕着去死了，所以乞求陛下将这个枕头赐予我。"这话说得嗜杀成性的萧鸾心中都悲凉不已，含糊地对陈显达说："你醉了。"但是，陈显达最终还是脱不了满门抄斩的厄运。陈显达的同僚沈文秀是尚书仆射，为了避祸，请病假长期躲在家里不问政务，最终还是全家被"赐死"。死前，子侄们都埋怨沈文秀："你既然当了尚书仆射，就不可能全身而退。"在这里，当官就不仅仅是苦和累的问题了，全家人的生命都时刻受到威胁。

总的来说，古代官员是压力很大、很苦很累的。虽然看似生活稳定、收益丰厚，但是需要官员们拿着身体、精力、人格尊严甚至是生命安全去交换。

第三章　官魅：全民狂热的原动力

清朝乾隆、嘉庆年间的内阁大学士刘墉，也就是被当今的影视剧捧红的那个“刘罗锅”，一次到金山寺游玩，寺里的接客僧见他穿着“布衣芒履”，瞟了一眼，冷冰冰地说：“坐。”对小和尚说：“茶。”冷场了一会儿，接客僧问刘墉是干什么的。刘墉回答：“为官。”接客僧马上热情起来，说：“请坐。”并吩咐小和尚“泡茶”。刘墉坐下一会儿，接客僧又问：“阁下官居何职?”刘墉慢吞吞地说：“大学士。”接客僧大惊失色，连忙改容恭敬地说：“请上坐!”又忙着再吩咐小和尚“泡好茶”。接客僧请刘墉为寺院题词，刘墉写下一副对联，上联是：“坐，请坐，请上坐。”下联是：“茶，泡茶，泡好茶。”（〔清〕丁柔克《柳弧》卷一）

这幕似曾相识的情景，充分显露了中国人热衷官场的原因：当了官之后，可以获得巨大的荣耀与福利。到寺院里，小老百姓只能喝白开水，官员就能喝上龙井。从“茶”到“泡好茶”的变化，还只是有形的，可以用钱财衡量的福利。而“请上坐”的待遇可不是一般人可以享受的，即便是腰缠万贯的富翁，也不一定能享受如此的优待。我们如果再仔细想象一下，金山寺的接客僧观察刘墉的眼神，极可能经历了从冷淡的漠视到正常的平视，再到最后的献媚般的仰视。而这后一种无形的福利，可能更吸引中国人。凡此种种，就是当官的好处。

现在各地还保留有名为“迎官亭”或者称“接官亭”之类的古迹。古代有官员过境，地方官吏就在迎官亭迎来送往。遥想当年，官员过境，人头攒动、旗帜招展、鼓乐声声，场面隆重而热烈，与一般百姓的孤独行路和商家的匆忙赶路形成鲜明对比。每当此时，总会有大批百姓围观，对着各位官员及其随行人员、对着大箱小箱的馈赠礼物、对着官场的仪仗与做派指指点点，羡慕不已。其中大多数是跑前跑后的小孩子。官场的气派让这些孩子们从小就知道当官的好处，让其中天资聪颖的小脑袋顿生“大丈夫当如是也”的感慨。于是，又一批热衷官场的人产生了。

第一节 当官的经济账

俗语有言：“千里为官只为财。”古代有许多官吏做官是冲着钱财去的。那么，古代官吏到底能拿到多少工资呢？

先秦时期，大多数官吏都有爵位、封地，他们从封地能获得大额固定收入，而封地就是君主给他们的工作报酬。进入汉代以后，官和爵逐渐分离，绝大多数官吏并没有封爵，只能靠工资生活了。汉代以“石”来衡量官吏的级别和领取俸禄的多少。以石论秩，是因为战国时候有用谷衡量取酬的做法，石是最大的量器（1 石大约有 120 斤），所以用石表示官员的等级。比如，太守是 2000 石，县令、县长有 800 石、600 石不等，普通小吏可能也就 100 石。这既是官员的级别，又是官员每年能领取的俸禄。不过在发放的时候，朝廷不可能让官员去搬一麻袋一麻袋的谷物回家，还是要折合成钱发放。比如东汉官员的俸禄就是“半钱半谷”。应该说，百石级别的小吏的工资收入是相当低微的，如果仅靠工资生活，温饱都成问题。汉宣帝就承认：“今小吏皆勤事，而俸禄薄，欲使其毋侵渔百姓，难矣。”为了不让官吏贪赃枉法，同时又解决他们的生活困难，朝廷对中低级官员多有照顾。比如汉明帝有一晚看到值夜班的中书官员只能带糟糠充饥，大为感慨，从此规定值班官员一律享受免费餐饮。此外，汉代官员还有免费住宅、公车和服装待遇等。

西晋时，官府给官员制定了授田和荫福的制度。授田，是指官员根据品级高低可以占据一定数额的、不用纳税的田地。最低级官员的授田数也有 10 顷，即 1000 亩地，而当时普通人家能有几十亩地就算是小康人家了。荫福，是指官员及其家人可以免除劳役，多者扩大到九族范围，小的也有三世。此外，许多人投靠官员，自愿为门客、奴仆，也可以免除差役。授田和荫福两项制度，后世的具体规定有所不同，但惠及官员的实质一直保留了下来。后代官员可以正大光明地兼并土地，不交粮纳税和服劳役。

唐代官吏的工资大为提高，包括禄米、俸钱和职分田等。其中职分田是根据品级，给官员分配一定数量的良田；俸钱又称月俸，最为丰厚，不但有生活费，还包括办公费，而且金额不断提高。唐玄宗年间，月俸增加了杂用、防阁和庶仆等内容。防阁是卫士的一种，相当于后世的警卫员，五品以上的官员可以配置；庶仆是一般的用人，配给六品以下的官员。此外，各项免费待遇照旧。唐朝官员的待遇比汉代大为提高，但和宋朝的同行相比还是望尘莫及。

宋朝被称为读书人的天堂，除了政府对读书人的尊崇优容外，还因为官员们待遇极高，是历朝中最优厚的，大小官员锦衣美食，生活奢华。宋朝官员俸禄丰厚，朝廷变着法子地给官员发钱、发东西。禄米、俸钱是基本的收入，正一品官月领禄米 150 石，俸钱 12 万文，外加每年绫 20 匹、罗 1 匹、绵 50 两；从九品官月禄米 5 石，俸钱 8000 文，外加每年绵 12 两。官员们还领取职钱（俸钱类似基本工资，职钱类似于岗位工资），享受免费住房、食宿和随扈。朝廷给每个官员配备免费仆人，最低的官员配给 1 名仆人，宰相可配给 100 人。此外，官员可享受名目繁多的福利补贴，比如茶酒钱、厨料钱、薪炭钱、马料钱等等。"有茶酒厨料之给、薪蒿炭盐诸物之给、饲马刍粟之给、米面羊口之给。其官于外者，别有公用钱，自节度使兼使相以下，二万贯至七千贯，凡四等；节度使自万贯至三千贯，凡四等。观察防团以下，以是为差。公用钱之外，又有职田之制，两京、大藩府四十顷；次藩镇三十五顷；防团以下，各按品级为差。选人、使臣无职田者，别有茶汤钱。”（赵翼《廿二史札记·宋制禄之厚》）这些福利补贴合起来蔚为壮观，比月薪高多了。即便如此，皇帝似乎还觉得过意不去，动不动就赏赐大臣。“李沆病，赐银五千两。王旦、冯拯、王钦若之卒，皆赐银五千两。”“戴兴为定国军节度使，赐银万两，岁加给钱千万。王汉忠出知襄州，常俸外增岁给钱二百万。”“杨徽之迁侍御史，赐钱三十万；魏廷式为转运使，赐钱五十万；宋搏为国子博士，赐钱三十万。班仅庶僚，非有殊绩，亦被横赐。”甚至“魏震因温州进瑞木，作赋以献，遂赐银二千两”。（赵翼《廿二史札记·宋恩赏之厚》）遇到一次这样的赏赐，胜过好几年甚至十几年的工资。更让人羡慕的是，宋朝官员还有许多“默认”的收入。官府用公家钱借贷的利息大部分进了部门“小金库”，隔三差五在官吏们中间均分；官员凭朝廷发的“给卷”在全国各地可以白吃白住，甚至领用粮食、衣服等；宋朝官员还有定期免费疗养的待遇，称为“祠禄之制”。所以，在宋朝做官就意味着荣华富贵。宋朝政权开放，多数高官都是出身贫寒的读书人，比如宰相吕蒙正和范仲淹，尽管为官廉洁，生活却都富足奢华。吕蒙正退休后，在洛阳建有“园亭花木，日与亲旧宴会”；范仲淹捐钱在家乡修建“义庄”，赡养族人。

北宋名臣苏轼，很会哭穷，说自己“为穷之冠”，但事实上他收入颇丰，生活优裕。以他在仕途低谷，任黄州团练副使时期为例。当时，苏轼穷得要自己割猪肉做“东坡肉”，自酿蜜酒，一副自己动手解决温饱的模样，可同时却在倒卖房屋牟利。他的一个同乡劝他在许州买房，因为那个地方房价低。苏轼回信说，他有现金“数百千”，他的儿子刚买了一座庄园，他自己在京师还有一些产业，变卖后凑钱“八百余千”，问他的同乡这些钱能在许州买多少房。同时，苏轼对京师一幢在售的豪宅——荆南头湖庄子也表示感兴趣。听说首付只要二百来千，便自己盘算“不知可信否？”所以，苏轼的穷，是与达官显贵的豪奢生活相比的穷，比起平头老百姓来，他已经是大富翁了。

宋朝一灭亡，官吏们的工资就每况愈下。元朝官员的工资绝对值并不算低，而且朝廷一再加俸，无奈元朝的俸禄是全部用纸钞支付的。恰恰元代是通货膨胀最严重的朝代，官吏加俸的速度远远赶不上物价上涨的速度，他们的实际收入很低。

明朝的开国皇帝朱元璋是个严厉而吝啬的老农民，给明朝官员制定了低俸制。后来历任皇帝虽然有所增加，但无奈基数太低，明朝官员的工资始终在低水平徘徊。明朝正一品高官每年禄米1000石，俸钞300贯；从九品官员禄米60石，俸钞30贯。其中多数是折合成钱支付的。收入本就不高，加上朝廷折算的时候比率不合理，明代官员的实际工资很低，要供养全家、送往迎来、维持体面生活，着实非常困难。最典型的一个例子就是海瑞。他是完全靠合法工资生活的，穷到要亲自种地、老婆纺纱的地步，去街上买了半斤肉给老母亲过寿就在官场传为“爆炸性新闻”了。

清朝继承了明朝的低工资制度，官员的俸禄很少。京官无论文武，年薪分别是一品180两，二品155两，三品130两，四品105两，五品80两，六品60两，七品45两，八品40两，正九品33.1两，从九品31.5两，另根据俸银多少发俸米若干。地方官员则只有银子，没有俸米，文官的年薪与京官相同，武官减半。这个标准是相当低的。康熙时御史赵璟以七品知县为例说明了官员生活的困难。知县每年合法收入只有45两银子，每月3两多，但是一户人家就是粗茶淡饭，加喂养马匹，每天也得花银子五六钱。知县每天工资只能支持五六日，剩下的二十多天都将忍饥挨饿。官员“不取之百姓，势必饥寒”。到了雍正时期，雍正皇帝为了解决低收入和高贪污之间的难题，设立了“养廉银”制度。之前，地方官员都私自征收火耗银；现在，雍正规定火耗银由省级政府统一管理，分配给地方官，作为生活和办公补助。养廉银的数目大大超过各级官员的俸银。比如地方总督可达到15000两，远远超过了一品官的年薪；知县的养廉银也有上千两，基本能满足他的支出了。京官也能拿到一笔养廉银，不过金额要远小于地方官。

有人可能要提出异议了：“你说了这么多，说的都是官吏们的法定工资，但是当官的都不靠工资活着。他们有名目繁多、金额巨大的灰色收入。”的确，古代官员还有大量非法定的但不算非法的收入，可称之为“灰色收入”。《官场现形记》曾生动描述地方官吏的灰色收入：“向来州、县衙门，凡遇过年、过节以及督、抚、藩、臬、道、府六重上司或有喜庆等事，做属员的孝敬都有一定数目，什么缺应该多少，一任任相沿下来，都不敢增减毫分。此外还有上司衙门里的幕宾，以及什么监印、文案、文武巡捕，或是年节，或是到任，应得应酬的地方，亦都有一定尺寸。至于门敬、跟敬，更是各种衙门所不能免。另外府考、院考办差，总督大阅办差，钦差过境办差，还有查驿站的委员，查地丁的委员，查钱粮的委员，查监狱的委员，重重叠叠，一时也说他不尽。”

这灰色收入又是一件说不清道不明的事情，没有统一的标准或者明确的数据。大抵上，一个官吏灰色收入的多少，主要决定于他官职的“肥瘦”、为官地的贫富、经手政务的轻重和个人的作为。这里说一下清朝官员一项重要的灰色收入：火耗。官府征收皇粮官税，在储存、运输的时候难免有损耗，因此朝廷允许各地“酌情”提高一点税率来弥补这部分损耗。明朝之后，各种赋税折合成银两征收。老百姓交上来的散碎银子需要官府熔铸成官银，由于成色不同和制作有差，难免造成损耗，朝廷也允许各地适当加征银两。额外征收的部分，完全由地方官说了算，征多少、用多少、怎么用都是不违法的且是缺乏监督的。清朝中期，各地方税银每两加征四至五钱不等，官粮 1 石加征 2 升到一斗几升不等，除了弥补正常损耗之外（正常损耗率不会高达百分之四五十），剩余银粮全都进入了州县官员的私囊，成为包括清官在内整个官场公开的灰色收入。贪婪之徒，往往到任即提高耗羡标准，甚至有加征比例超过正税本身的。此外，清朝官员的胆子最大了，敢把国家的正式税收扣留迟交一两个月，放在票号里吃利息。这些钱都入了私囊。

合法的、非法的、白色的、灰色的各项收入合计，一个官员一年能赚多少呢？一个清朝知府，不贪不占，一年收入稳超10000两，而且还能获得百姓赞誉。所谓“三年清知府，十万雪花银”，并非虚言。在西部小县城，典史的年收入超过1000两白银，一般差役年收入也在1000两左右。这是什么概念呢？北京城的1套平常四合院，售价在200两银子左右，这还算是高房价（京城地段好，买的人非富即贵）；南方1亩农田的售价在四五两银子之间，这还得是良田。一个典史如果不吃不喝不应酬（当然这是不可能的），一年下来可以在北京买五套宅院，或在南方置办百亩良田。

官员的收入虽然复杂、模糊，但收入总额和两个因素息息相关。第一大因素是品级。古代官员的收入是和品级联系在一起的，中低级官员收入低微，高层官员收入高、待遇好。唐代大臣裴冕原先是个小小的行军司马，在安史之乱中靠劝进唐肃宗起家，很快被提升为副宰相。他第一次见到自己的工资表（俸钱文簿），喜形于色，对着子弟大呼。因为副宰相的工资，完全超出了习惯于领行军司马工资的裴冕的意料。清朝的吴鼐在当儒学训导小官的时候，写诗评价教官的穷：“诸公莫说教官穷，说起穷来不算穷。中轿居然安七尺，上台也只打三躬。老夫子叫人人是，外翰林称个个同。日上三竿犹未起，胜他多少磕头虫。”“百无一事可言教，十有九分不像官。”“教无可教偏称教，官不成官却是官。”吴鼐心态好，所以能安贫乐道。不过像他这样的人，官场上毕竟少，为了谋取更大的收益，官吏是挤破了脑门往上冲。

影响收入的第二大因素就是实际权力了。实际收入和实际权力紧密相关，地方官的实际收益大于京官，因为前者直接治民，在辖区内说一不二；掌握核心权力的吏部、户部官员的收益大于其他部门的同僚，因为吏部管人，户部管钱，都是核心权力。六部中刑部最清苦（因为没有掌握财权，也很少有工程），刑部官吏自然不能靠俸禄生活，就在刑罚上打主意。清朝，刑部以废黜严刑峻法的名义，取消笞杖，改作罚金摊派给地方州县，规定每县每年向刑部上缴200两银子。这笔银子就是刑部诸官的法定之外的衍生收益了。翰林院为了改善满院文人的经济情况也开发“收费项目”，比如奉旨撰拟册立嫔妃的册宝文、册封王公贝勒贝子的册诰文、悼念大臣亲贵的谕祭文等，都要受封对象或受祭者的家属交纳一笔钱“润笔”。再比如钦天监比刑部、翰林院更清苦，人家只管天文历法，和官员百姓没有直接关系。不过钦天监依然能靠“摊派皇历”赚钱，每年颁发皇历以每本2两银子的高价摊派给地方州县。虽然收益只有刑部同僚的百分之一，钦天监官员们也总算有笔衍生收益——现实中似乎没有纯粹的“清水衙门”。

湖南善化黄氏对族中任官者应向家族事业的捐款有数额规定。同样是官居七品，知县的定额是100两，京部的主事却是20两，品级依次递升的员外郎、郎中、科道京卿等分别为30两、40两、60两，直到侍郎才达到知县水平的100两。这基本上能反映京官和地方官的实际权力大小和实际收益多少。

从黄氏家族的捐款规定中，我们也能看出，京官要远比地方官穷。清朝专门有“穷京官”一说。例如咸丰二年（1852年），曾国藩出任江西乡试正考官，赴任途中接到了母亲病逝的讣闻，竟然没钱回家奔丧。曾国藩当时42岁，历任朝廷各部侍郎，依然穷得叮当响。出京前，北京家里已经一个铜板都没有了，全靠友人资助勉强支撑。江西官员和各地朋友凑了1000两份儿钱才解了他的燃眉之急。“久旱逢甘霖”，曾国藩赶紧拿出300两托人捎回京城还债，又拿出200多两送到省城还债，拿着剩下不到400两银子回家给母亲操办丧事。

七品的翰林院编修一职是无数读书人梦想的岗位，可他一年的收入只有45两俸禄再加几斤禄米。这样的收入根本就不能支持他在北京维持体面的生活。有京官写曲抱怨说：“淡饭儿才一饱，破被儿将一觉，奈有个枕边人却把家常道。道只道，非唠叨，你清俸无多用度饶，房主的租银促早，家人的工钱怪少，这一只空锅儿等米淘，那一座冷炉儿待炭烧，且莫管小儿索食傍门号，眼看这哑巴牲口无麸草，况明朝几家分子，典当没分毫。”一句“一只空锅儿等米淘”说出了多少京官的心酸，他们每月月底发愁房租，店铺里赊了许多账却又不得不经常应酬随份子，为此不知多少官员低头遮脸跑当铺。明清时期，许多京官外放外地做知府、藩臬甚至巡抚，第一件事情就是筹钱去当铺赎出家当。

中央各部委官员高高在上，为什么穷到这步田地呢？主要还是实际权力小导致实际收益低，根本承担不起高额支出。

京官的支出有多少呢？第一笔支出是生活消费，包括正常的吃穿住行。北京本地的官员还好，如果是外地来京为官的，怎么也得租个像样的房子住，怎么也得养一两个用人，那每个月起码要二三两银子，大半的月薪就没有了，这还不算吃饭、穿衣、坐轿的钱。第二笔支出是家庭支出，父母需要供养，弟弟需要资助，老婆要买胭脂，儿子要上私塾，处处都得花钱。一个家族出一个在北京当官的人不容易啊，亲戚们都指望着他接济呢。如果再纳几房小妾，每个月剩余的那一小半收入不管怎么掰成两瓣花都是不够的。第三笔支出是应酬支出，官场讲人脉，不去衙门坐班没关系，不去应酬却是万万不能的。你不应哪部分人的约，你就被排除在那个圈子之外了。随着人脉越来越广，应酬也越来越多。这些应酬可都是自掏腰包的。即使快成乞丐了，朋友、同僚有难或者邀请，再困难也得不落人后。

京城中众多的中低级官员，实权有限，实际收入还不如一些部委办经手琐事，管手续后勤的胥吏。一方面是僧多粥少、竞争激烈，另一方面是待遇低微、生活艰难。要平步青云，要熬出头，自古都是要付出代价的。如果说有外快，也就是业余兼职打工赚辛苦钱。民国大总统徐世昌就做过晚清的翰林院编修。徐世昌家境普通，科举费用还是妻家资助的，好在他教过私塾，以翰林编修之尊“重操旧业”在北京城里给达官贵人当家庭教师，补贴家用。老母和妻儿则长期留在河南老家，没钱接到北京来团聚。徐世昌就这样一个人在北京苦苦熬了10年。多数京官的情况和徐世昌相似，一些年纪大的连到有钱人家当家庭教师的工作机会都得不到。

京官普遍有的一项收入是“打秋风”。“法定”的打秋风收入在夏天有“冰敬”，冬天有“炭敬”，过年过节的时候还会有零散收入，都是下属衙门和地方官府“孝敬”的。如果运气好，交际面足够广，地方官员来京都会拉你去赴宴。大快朵颐之余，京官们少不了拿点土特产和红包。另外，商业发达的地区在京城里建有会馆，比如湖广会馆、绍兴会馆等等。会馆由商人修建并运转，却和商业关系不大。会馆主要目的是为本地举子和单身官员提供免费食宿，也任由囊中羞涩的京官来蹭吃蹭喝。穷京官可以解决部分应酬压力，讨得回乡的盘缠，想发财是不可能的。剩下的就是等着外放或者主持乡试的时候，贪赃舞弊，狠赚一笔，改善财政窘境了。

许多京官四五十岁了，比如曾国藩、徐世昌，还在北京四九城里过着既要体面（当官的必需）又缺钱少粮（客观情况使然）的窘迫生活，做着升官掌权、封疆治国的美梦。绝大多数人不像曾、徐那么幸运，做了一辈子梦也没能美梦成真。

清末学问家李慈铭是进士出身的京官，最喜欢骂人，常常和也是进士出身的同乡周介孚（鲁迅的爷爷）一起骂人，骂官场陋习，骂俸禄太少。除了骂人，李慈铭就写书信、日记，喋喋不休地诉说生活的困窘。李慈铭担任户部江南司郎中的实职，能享受到户部的灰色收入，尽管李慈铭不太热衷交际，但是每年支付给各个酒店的饭钱也达到 160 两。清朝末期，北京饭馆一顿上等酒席的价格不过二三两银子。照此算来，李慈铭平均五天要自掏腰包应酬一次。光绪十一年（1885 年），李慈铭应酬的资金达到顶峰：681 两 8 钱。而在光绪初年李慈铭的亲弟弟在老家去世，李慈铭大为悲痛，他认为弟弟是“饥寒而死”的，自己这个哥哥当官后累计才寄给弟弟不到 10 两银子，连自己一年在京城的“酒食声色之费”的零头都不到。不是他不想接济弟弟，而是实在手头拮据，拿不出再多的钱了。即便如此，李慈铭的财政情况也比周介孚要好很多，后者长期在翰林院当官，后来又担任内阁中书的虚衔，收入更少，不过支出却少不到哪里去。难怪周介孚也养成了骂人的习惯，动不动就骂昏太后（慈禧）、呆皇帝（光绪）了。

问题来了，既然生活这么困难，那么多官员为什么还死守在官场不退却呢？因为当官的好处不能只用硬性的收入来衡量，还有许多软性的好处。而后者才是官吏们关心和追求的。

中国社会弥漫着“泛权力”的风气。权力因素渗入到社会各个领域，导致其他领域唯官府马首是瞻。人们对官员奉若神明、巴结逢迎，希望借助权力牟利。所以，古代官员社会地位高，拥有诸多的隐性好处。例如官员能够任意指使下属和差役，官员的许多非工作的事情，比如搬家、过生日，老婆买胭脂，儿子选学校等等，不用他明说，总会有人热情地主动地提前替他做好。如果雇人来做，这些私人事务会耗费官员不菲的钱财。

此外，古代官员职位稳定，进入官场等于捧得了一个铁饭碗。任命官员容易，裁撤官员困难。不信，你试试。正式编制的官吏，比如县令、知府、巡抚和给皇上端盘子的太监，你能裁撤掉哪一个？明朝嘉靖时期的首辅大臣杨廷和就试着裁撤京城的冗杂人员——还都是没有正式编制的，结果遭人恐吓、受死亡威胁，不得不劳烦禁军贴身保护。裁撤一事也就雷声大雨点小，没有下文了。

还有，古代官员能够解决子孙就业问题。朝廷允许官宦子孙接班做官，负责给官员家人安排工作。西汉政府规定，“吏二千石以上，视事满三年，得认同产若子一人为郎，不以德选”，也就是说太守以上级别的官员任职三年后，其儿子或侄子可以直接做官，史称“任子”制度。之后此项制度名称有变，比如在明清时改为“荫补”制度，但本质没有变。一定级别的官员的近亲可以在一定条件下，不用考核，不用竞争进入官场。皇帝过生日，或者听到某个官员退休、死亡，往往会大发龙恩，授予官员子弟官爵。元朝荫补的级别最高，一品大员的儿子可以直接任命为五品官员。明初的荫补范围最广，从一品到七品的官员子弟都有资格直接任官。各朝还有世袭的官职，用来报答官员的功绩或者交换他们手中的权力。比如大名鼎鼎的苏武、司马光、戚继光就出生在世袭官宦家庭，一到年纪就能当官。

北宋文士朱梦说曾上书宋徽宗："宦官委任华重，名动四方，营起私第，强夺民产，名园甲第，雄冠京师，卖官鬻爵，贿赂公行，人莫敢言，道路以目。盖位高而不可仰，势大而不可制，官人以爵，而有司不敢问其贤否，刑人以罪，而有司不敢究其是非。"这里虽然批判的是宦官，但这些现象在一般官吏身上也存在。

其实，官吏显性的收入再高，也没有高到离谱的地步，高到让人抛弃尊严、个性和光阴去换取。绝大多数人并不是冲着有形的收入，而是奔着无形的好处去的。穿上官服的那一天，绝大多数的年轻官员都能看到购得的权力期间的收益。这个投资收益既高又几乎没有风险，而且还可以惠及子孙。

第二节　古代衙门的"三公消费"

"三公消费"指的是现在机关和企事业单位中用公款来支付员工的工作和生活开支的情况，大致包括公款吃喝、公车消费和公费旅游（或者出国、考察、开会等）。古代衙门中也存在类似的情况。下面就借用现在的概念，说一下古代官吏的公款消费情况。

第一，说说公款吃喝。

交际应酬是官吏的重要工作之一。比如唐代衙门里有人升官了，照例要办"烧尾宴"（取鲤鱼烧尾跃龙门之意），既是祝贺同僚进步，也有欢送他去新的岗位的意思。此外，唐朝官员多诗人骚客，动不动就聚会吟诗，来个流觞大会或者曲江唱和什么的。也就是在这个时期，官府有了专门的宴会吃喝款项，官员们可以动用公款来埋单。此后，这笔款项在历朝都得到保留，只是报销的程序不同而已。官员聚会、迎新送旧、招待宾客、法定节假等，官吏们都有正当的理由大吃大喝。此外，地方政府还定期“宴犒”本地驻军将校。在可称读书人天堂的宋朝，宋宁宗时又特许衙门每个月都可以报销一次没有任何名目的公款吃喝。长此以往，后世的官吏越来越大胆，都学会巧立名目吃喝了，比如查检仓库要吃一顿，出郊劝农要吃一顿，商议公文太晚了也安排一次“公筵”。公款吃喝的报销手续很简便，现存的一些单据仅写上出差途经本县的“马中丞”、“孙大夫”等就可以报销，也没有人核实。如果吃喝过于频繁、金额实在巨大，官吏们也会有所“收敛”，不在本衙门报销，而找其他衙门当冤大头。比如清朝道光年间张集馨担任陕西粮道期间，因为他的官职是出了名的肥缺，所以陕西省级长官迎来送往的吃喝都拉他作陪，其实是要让粮道衙门埋单。

吃喝可不是简单的工作餐，更不是粗茶淡饭。张集馨回忆：“西安地当孔道，西藏、新疆及陇、蜀，皆道所必经”，“遇有过客，皆系粮道承办”，“每次皆戏两班，上席五桌，中席十四桌。上席必燕窝烧烤，中席亦鱼翅海参。西安活鱼难得，每大鱼一尾，值钱四五千文。上席五桌，断不能少。其他如白鳝、鹿尾，皆贵重难得之物，亦必设法购求。……每次宴会，连戏价、备赏、酒支杂支，总在二百余金，仪程在外”，“大宴会则无月无之，小应酬则无日无之”，“终日送往迎来，听戏宴会”。应酬的内容也不局限于美酒佳肴，还要歌舞助兴，找漂亮小姐来劝酒。酒足饭饱之后，场面上还有礼物馈赠——这些礼品自然也是公款购买的。比如“江浙诸郡，每以酒遗中都官，岁五六至，必数千瓶”。

古代官衙门口或者附近，必定有酒楼、饭庄，有的还是当地的顶级设施。这些都是做衙门生意的，全是靠公款吃喝发展起来的，也可算是“吃衙门饭”的“衙门店”。完颜绍元在《趣说古代官场生态》中考证：

“盛唐时代各种酒楼餐馆、饭铺茶肆等餐饮服务业之所以迅速增长，并成为当时一大批商业性城市相继崛起的体貌特征，公费吃喝的推动力量实在不可低估。”

明清时期，公款吃喝风达到高潮。比如明神宗时的内阁首辅张居正奉旨回籍办丧事，沿途衙门都公费招待，“始所过州邑邮，牙盘上食，水陆过百品”。嘉靖三十九年（1560 年）三月，左副都御史鄢懋卿奉旨往两浙、江淮诸地区巡视。鄢御史带着老婆一起出差，还特制了一顶五彩双人轿。一路上，鄢御史都预先发文通知各州县说：本官生性简朴，不喜迎送，各地饮食供给应该朴素简单，不得豪华奢侈。不过省府州县各级官员都知道这些只是官话，没人当真，鄢御史途经每处都“置酒高会，日费千金”，临行还有价值巨万的厚礼相赠。快到浙江淳安县的时候，鄢御史接到知县海瑞的一封信。海瑞在信中说：“下官接到御史大人的公文后，认真领会俭朴办事、去除奢华的精神，准备了粗茶淡饭恭迎大人驾临视察！”鄢御史听说海瑞是个吝啬得只在老母亲大寿的时候才买半斤猪肉的人，知道淳安无油水可捞，主动改道，绕过淳安而去了。这是少有的遏制公款吃喝风的事例，不过像海瑞这样的硬汉毕竟太少。

第二，说说古代的公车使用。

“公车”在古代特指政府的车辆。汉代读书人被朝廷征召后，可以乘坐官府的车辆到长安或洛阳来。人们就根据这个典故，用“公车”来指代有资格乘坐政府车辆的官吏和读书人。著名的清末“公车上书”中就用“公车”来代指天下应试的举子。所以，“公车”并非现在的特产，中国历史上一直存在数量不菲的“政府车辆”——不论是马车、牛车还是宋代以后的轿子。

西汉景帝时期，朝廷对车辆（当时是马车）使用制定了详细的规定，商贾不许乘马车，不同等级的官员使用不同规格的车辆。除了驾车马匹数量有差外，区分等级的标志主要是轓，即车厢两旁用以遮蔽尘土的屏障，官品 600 石以上至 1000 石的官员可以将左轓漆成红色，2000 石以上的可以将两辐都漆成红色。因此，“朱辐”或“朱轮”就成了高级官员的代称之一。低级官员不能冒用高规格的车辆，同样，高级官员也不能自降车辆规格。一次，汉宣帝主祀汉惠帝，当天大雨，道路泥淖，韦玄成等几个前来陪祀的列侯弃车骑马来到惠帝庙前，遭到有关部门弹劾。韦玄成等人竟然因“车辆降格”而被削去侯爵。韦玄成懊悔莫及，临终前还告诫子孙切莫在车辆这种小事上酿成大错。汉代豫州刺史鲍宣按规定要乘四匹马驾驶的车辆，并且配备覆缯车盖等装饰。但他在巡视辖区时，只坐由一匹马驾驶的车辆，并且撤去了车盖仪从，结果因“违制”被免职。

宋室南渡后，由于南方少马，以及临安城（今杭州）道路多用砖石铺地不便骑马等缘故，轿子开始普及，逐渐代替了马车、驴车，成为公车的主要形式。轿子的规格主要体现在轿夫的数量和轿子的颜色、顶部装饰上。明初的规定是三品以上文官准许乘坐四人抬的轿子，三品以下官员只准骑马；勋戚、武官不管老少都不得乘轿；违制乘轿、擅用八抬大轿者，严厉惩处。但是似乎一项事物只要和官场等级联系起来，中国人就趋之若鹜，总想享受更高的品级。到了晚明，连县丞、主簿和幕属小吏都“无一骑马者”，纷纷坐上了装饰华丽的大轿子。至于高官显贵坐八抬大轿，更是社会上见怪不怪的景象了。

清朝对公车的规定如下：第一，满族京官不分文武一律乘马，不许坐轿，满族人只有同时符合“一品”、“文官”和“年老疾病不能乘马”三个条件，经过特许才可以乘轿；第二，汉族文官可以乘轿，三品以上京官可乘四抬大轿，出京可乘八抬，四品以下可乘二抬轿子，出京可乘四抬；第三，地方官员中督抚可乘八抬大轿，主簿以上可以乘坐四抬轿子，典史及以下只能乘马；第四，钦差大臣巡视地方，原来级别三品以上的可乘八抬大轿，四品以下的只能乘坐四抬轿子。很快，满族官员不许乘轿的禁令在康熙时就被突破。到乾隆时，连满人军官乘轿都成了普遍现象。比如乾隆的亲信福康安是统兵的大将军，连打仗督阵都坐着轿子，还用了轿夫36名，交替抬轿。

在轿子装饰和仪仗方面，清朝规定三品以上官员坐绿呢大轿，仪从有杏黄伞一把，饰以圆金的青扇两把，旗枪六根，金黄棍两根等；四品以下官员坐蓝呢大轿，道府级别可用杏黄伞一把、青扇一把及“回避”牌、“肃静”牌各两面等；州县正官和府佐贰官则只许用蓝伞、青扇各一；到州县佐贰这一级，只有蓝伞一把、铜棍两根，教谕、训导等学官则连铜棍都不许有。但是到了清代后期，这些制度无不成为一纸空文。地方上的七品知县出行，前有差役鸣锣开道，紧接着就是只有王公贵族才能用的红伞，官轿前后各有顶马、跟马，左右两边持棍的，打扇的，捐官衔牌和“回避”、“肃静”牌的，把轿杠的衙役，足足有数十人之多，前呼后拥，好不威风。根据规定，这些都是明目张胆的“违规”行为。

朝廷对违规使用轿子的情况也下诏训斥。但只有三令五申，没有动真格的动作，丝毫遏制不住官吏们对“公车”的追逐。不用说，车辆、轿子和前后簇拥的人基本上都要官府埋单。

第三，说说古代衙门的福利分房。

古代京官的住房要自己解决。因为首都人多地少，朝廷无力解决数以万计的在京官吏们的住房问题，最多就给他们提供办公宿舍，聊解一时之需。不过地方官的住房都是由政府解决的，地方官工作和生活都在衙门里。以县衙门来论，知县、县丞、主簿、典史等人都免费住在衙门里，类似于现在的机关大院。衙门里房间众多，足够官员们将三妻六妾都安顿下来。此项政策的初衷是为了解除地方官的后顾之忧，同时也为了方便工作。清朝政府为了防止封疆大吏临阵脱逃，也为了杜绝走后门现象，规定总督、巡抚衙门不许有后门，就是想把地方高官及其家眷限制在衙门内。所以辛亥革命时，那些畏难脱逃的总督巡抚们就只好临时凿穿后墙逃亡了。

与现代的福利分房不同的是，古代官员对内衙只有使用权，没有所有权，一旦任满或者罢官就要卷铺盖走人。地方官的住宅一般用围墙或门廊和办公区域划出界线，俗称“内衙”或“私宅”等。古人常将“衙内”作为官府子弟的代称。《清代的“家人”》一文详细介绍了清代地方衙门的布局，现辑录如下：

（地方衙门）有“内署”和“外署”之分。“外署”指“大堂”及厢房。“大堂”为地方官处理重大事件的地方；两边厢房是六房书吏和三班差役办公的地方。“内署”指“二堂”、“花厅”、“签押房”及两边厢房。“二堂”是地方县官处理普通事件的地方。通常所谓“升堂”，指地方官在“大堂”和“二堂”理事。具体在“大堂”或者在“二堂”，要视事件之性质而定。通常，地方官升堂理事在“二堂”。“大堂”则非重大或关紧要之事不升。与此相应，地方官升二堂与升大堂在体制上也有所区别。升二堂一般穿戴公服，使唤之吏役一般也限于值堂书吏和经承差役，与事件无关之吏役不与；升大堂则州县官必须穿戴朝服，六房三班吏役都要齐集排衙。“花厅”是州县官接待宾客和商议政事的场所，具体地点一般在二堂之侧，但也有在内宅者。“签押房”是印官日常办公的处所，地点在二堂之侧。两边厢房或者书房是幕友的居所，也是他们办公的地方。在“内署”和“外署”之间，有一门相通，是为“宅门”。这就是“门上”看管的所在。此门之内，包括二堂、签押房及厢房和官员家眷、官亲、家人等居住之内宅，通称“宅内”。这就是官员、官亲、幕友、家人日常活动的地方。外署之吏役，没有使唤之令，不得入内。

第四，说说古代衙门的免费官服。

古人一旦入仕，即可领取官服。读书人中进士后，就有一道礼节叫做“释褐”，主要内容就是脱去百姓衣服，穿上朝廷颁发的官服。随着官位变迁，官服折旧，古代官员还可以领取新的服装。这固然可以为官员们节约一笔不小的开支，但官服是按常人身材统一制作的，很多人穿着就不合身了。

官服并不是为了生活和工作设计的，而是为了体现尊卑贵贱和礼法制度，所以有许多不实用的设计，一般还有好几件衣服或者饰品相配合。古代官员将全套行头的官服穿在身上是很受罪的，但凡是可以不穿官服的场合，或者相互认识的同僚之间，能不穿官服就不穿官服。同时，他们都雇有跟班挟个包裹，方便自己在官服和便装之间更换。

明清时期，官服的核心内容是用来体现品级高低的补子，也就是缝在服装前后正中的两块绣图。补子又有文官与武官的区分。文官补子均绣飞禽，以仙鹤、锦鸡、孔雀、云雁、鹭鸶、鹌鹑、练雀等区分一至九品，武官补子均绣走兽，以麒麟、狮子、豹、虎、熊、彪、犀牛、海马等区分一至九品。御史及六科给事中等监察官则绣獬豸。此外，凡有庆典，如皇帝登基、万寿等，官员得穿“蟒服”（亦称蟒衣或蟒袍），都用印有禽兽纹样的丝罗裁制，明朝规定一品斗牛，二品飞鱼，三品蟒，四品麒麟，五至七品虎彪，一概用大红色；八九品及不入流没有。清朝规定三品以上九蟒五爪，六品以上八蟒五爪，七品至不入流五蟒五爪，均不拘颜色。所以清朝庆典时，官员们穿的衣服花花绿绿的，这段时期又被称为“花衣期”。在花衣期，官场忌讳说死谈故，凡涉及遗疏、请恤等内容的奏折都不得在这几天递送。

补子是非常严肃的饰品，不能出现一点差错。乾隆时，副都统金简代理户部侍郎。他的本职是武官，官服上缝的是狮子补子，现在兼署文职，就想弄个飞禽补子。金简不敢开口向乾隆皇帝要，就在补子的狮子尾巴上私自绣了一只小锦鸡。金简本想过过“文武兼备”的瘾，不想被乾隆看到后，专门降旨痛骂。清朝对官服的制作有所放松，给官员们发官用衣料，允许他们按规定的样式和尺寸自己制作，但表示品级的饰物，尤其是补子，必须是国家垄断制作并发放的。

最后，古代官吏还享受公费医疗。

古代各级衙门都有医疗机构。中央政府有太医院，州府一级有医学院，县里有专门的医官。各级医疗机构既是医药行政机构，又是医学教育机构，还是公开营业的医院。太医院的业务水平自然是最高，还承担为地方培养医生的职责。州府医院及以上的医生一般都是太医院毕业的学生。

虽然各级医疗机构都对外营业，但他们几乎把全部精力都花在了照顾平级官吏及其家眷、官学师生身上了。也就是说，他们承担了体制内人物的卫生保健重担。比如县级医官要负责县官和差役们的身体保健；太医院的太医们除了照顾宫廷人物的身体外，还要为京城官员、朝廷命妇等人出诊。比如《红楼梦》里贾府的太太、老爷们生病，就是太医前来医治的。自然，这一切都是免费的。医官们还常常往官员家庭送养生保健药品，或者根据达官显贵的需要展开会诊、研制新药。医疗可是一个“无底洞”。如果要官员们有偿就诊，对他们来说可能是一个不小的负担。不过话说回来，各级医疗机构是同级官府全额财政支持的，官府本来就承担了所有的开支，本就不应该再付费。

对于官员，医官们都尽心竭力。因为他们的存在，必须依附同级的政府权力。医学机构的发展，需要同级政府的扶持。而讨好官员能为医官们带来切实的好处。比如官员对有恩于己的医官或者看好的医官，可以荐举他们升官，或者给他们的家人实惠。又比如对于解决顽疾宿疾的医官，官员们也会不吝金钱，多少会有所表示。（对于不在体制内的百姓，医官们收费不菲，且服务态度差。）

一个有趣的现象是，虽然古代官吏可以享受公费医疗，但他们真遇到大病，还是倾向于找社会上的私人医生。原来，官办各级医疗机构本质上也是衙门（太医们都是有品级的），机构本身弊端百出，管理混乱，官员们业务不精，当起官来一套套的，治起病来茫然无措。医生和学生们损公肥私，内部常常发生盗窃和假药充斥等情况。官办医疗机构的药材采购和使用就是一个黑洞，比如将官家的药材偷卖给私人医生牟利，又比如“以台附易川附，樟脑易片脑”等等，甚至用萝卜冒充人参。因为医疗机构也是体制内的正式机构，总有人热衷跻身其中，明清就发生过买卖医疗机构编制的事件。各级医疗机构的弊端和丑闻，同级官吏自然看在眼里，记在心里。等他们真有大病的时候，哪里还敢找那些庸医、恶医啊？

以上五种古代衙门的公款消费，都与官吏们的工作、生活息息相关。读者将他们看作是古代官场福利的一部分，也未尝不可。但它们对官吏们来说，是好处也是坏处，是自由也是限制，就只有身在其中的人才知道了。

第三节　编制外的官人和衙门

太平天国运动期间，上海租界里某处挂起了浙江劝捐局的牌子。主事人是前任浙江按察使段光清。之前，太平军攻破杭州，段光清以“潜逃”罪名被革职。鉴于段光清历任宁波知府、宁绍道台，在浙江人脉广阔，新任浙江巡抚便委任他开办劝捐局，筹集军费。因为宁波人在上海经商者众多，段光清就把劝捐局开到了上海，“即在夷场租房子一处，贴劝捐条子”。结果，租界殖民当局马上出面干涉，要查封段光清的机关。段光清可能觉得很委屈：为什么不让我在租界向中国人筹款？洋人的理由也非常充分：租界已经是外国人的领土了，中国地方政府的衙门怎么可以设在里面呢？

洋人搞不清楚的是：浙江劝捐局是什么机关？在洋人看来，它执行的是政府职能（为浙江省筹集军费），主事人也是官员（前按察使段光清），所以是个官方机关。但是在清朝官场看来，劝捐局则不是一个正式衙门。它没有法律依据，没有编制，连官印都没有，所以在租界里开劝捐局也未尝不可。这是一个有中国特色的衙门：在体制之内，又在编制之外。

体制的概念范畴大过编制。体制包括硬性的政治组织、政府机构，也包括软性的规章制度、政治文化等。而编制是后生的、官僚政治的产物。一个政体成立后，会分门别类设置组织机构，招募定额的官吏差役等。这些有明确法律依据的组织机构和衙门中人，就算是有编制的，反之则算在编制之外。有编制的好处是除了有一只固定的铁饭碗外，还可获得各种固定的收益，而编制之外的衙门和官人往往要自筹资金、“自负盈亏”。古代人挤入体制内，却不一定能获得正式的编制，谋得正式的职位，拿到一份稳定的俸禄。于是，历史上就存在许多体制内的编制外的官人和衙门。上一节我们谈及的地方长官自聘的庞杂的随从队伍，就是这类人。此外，庞大的候补官员队伍，也是在体制内有官员身份却没有正式编制的人群。

唐朝时期，没有通过吏部选官考试、没有担任实职的新科进士就算是候补官员。清朝后期，捐纳广开，买官者众多。一般人家只要能承担得起买官费用，都舍得为子弟买个官职，进入体制内部。社会上“官多如鲫”，出现了惊人的冗官冗员现象。清末官员编制在4万人左右，候补官员队伍竟是正式编制的6倍多，候补队伍越来越庞大。光绪初年，全国仅捐纳一途，“统计候补人员自道府以至佐贰，大省辄二三千员，即云、贵边省亦有千余员”。其中苏南一带经济发达，买官的人多，而且购买的级别很高，《官场现形记》中说：“江南本来有个口号，是婊子多、驴子多、候补道台多。”南京城里拥挤着成百上千的候补道台，都能填补全国的道台空缺了。

僧多粥少，如何安置正途官员和买来的官员，成了中央和各省头疼的问题。最主要的办法就是不管是正途的还是旁门左道的官员，都要“候补”，有了实缺后，再按照资历先后上任。候补的方法，治标不治本。法定编制有限，各省督抚忙于应付，想方设法“造”出岗位来。清末的方法主要有两种：一种是缩短官员任期，原来是四年的任期现在缩短为两年甚至一年，原来是实缺实授的，现在改为轮流代理；一种是委派各种临时差使，增设厘金局、巡防局、禁烟局等临时机构。沿海开办的许多洋务企业中，各省总会委任十数员总办、督办、会办等管理人员，这些人不是候补知县、候补知府，就是候补道台，甚至还有候补布政使、候补九卿等。即便如此，各省也不能保证每个人在有生之年都能当上官。许多候补官十几年得不到一次差委，几十年不能署一缺仍是极多。某年元旦，开封文武百官去参拜巡抚。巡抚出了一个对子："此邦旧有一对联，出句为'开封府开印大吉，封印大吉'。今为对之曰'黄泌厅黄水安澜，泌水安澜'。诸公以为何如?"下属们都说对得巧，意思又吉祥。在座的一个候补知县喃喃自语，似有所诵。巡抚问他："足下也有佳对吗?"候补知县回答："卑职刚好也得一对，只是不敢说!"巡抚一再问他，他才说："候补县候缺无期，补缺无期。"

后来，候补的顺序也被开发为商品，可以买卖。获得当官资格后，买官者还要花钱将自己候补的顺序往前挪，不然就得长年累月苦等着。为官地点后来也被开发为商品，可以买卖。光绪二十七年（1901 年）户部奏准的捐项中就有"捐分发指省"一项。据朱批奏折记载，候补知州罗荣衮再捐银一万余两，得到道台资格的同时获得了"四川补用"的资格。这可苦了那些家境并不殷实的买官者和那些凭真才实学科举得官的读书人，造成了庞大的候补官员队伍的悲剧。一般的小康人家或者经济中等偏下人家，为了子弟生计常常倾家荡产捐纳，可他们那点钱只能换来低品级的小官或者佐贰杂职。荡尽家产后，全家人都寄希望于靠当官的收益生活，不想分配到各省后就被塞进漫长的候补队伍，开始无望地等待。在此期间没有俸禄，没有收入，只有支出。时间一久，许多候补官员衣食无着，处境悲惨。

《官场现形记》曾记载了盘踞在湖北武昌的一大群候补官员的丑态和困境："大众一听首府（武昌知府）有什么差使，于是一齐攒聚过来，足足有二三十个，竟把随凤占围在垓心。好在一班都是佐杂太爷，人到穷了志气就没有了，什么怪相都做得出。其时正在隆冬天气，有的穿件单外褂，有的竟其还是纱的，一个个都钉着黄线织的补子，有些黄线都已宕了下来，脚下的靴子多是尖头上长了一对眼睛，有两个穿着‘抓地虎’，还算是好的咧。至于头上戴的帽子，呢的也有，绒的也有，都是破旧不堪，间或有一两顶皮的，也是光板子，没有毛的了。大堂底下，敞豁豁的一堆人站在那里，都一个个冻得红眼睛，红鼻子，还有些一把胡子的人，眼泪鼻涕从胡子上直挂下来，拿着灰色布的手巾在那里揩抹。”

能天天穿戴整齐到衙门等待差使降临的候补官员们还算是好的，更有一些候补者典当衣物，无处举借，带着妻子儿女啼饥号寒，坐以待毙。欧阳昱在《见闻琐录》中记载，某候补知县分配到省 20 年，没有任何差委，最终冻饿而死。临终时，身上衣衫褴褛，床上破席一张，地上稻草中躺着奄奄一息的老仆人。该省布政使知道后，动了恻隐之心，给了 30 串钱殡殓，又以 10 串钱救济其仆人。四川总督骆秉章奏报朝廷，一个旗人候补知县到四川 10 年得不到差委，饥寒交迫，吞食鸦片自尽。

有人敏锐地发现了候补官员身上的价值，从中看到了参与分肥的可能。于是，面向候补官员的贷款应运而生，这就是上文说的赌子们。另一方面，各省年终对长期得不到职务、生活困难的候补官员进行救济，各省布政使也出面筹资救济。候补官员被分为极贫、次贫两个等级，极贫的官员得到的救济银较多，谋取不易。结果，候补官员之间为了谋得救济，走后门、使手腕、请托成风。如果有人被评为极贫，同辈都纷纷祝贺：“恭喜老兄，今年又得极贫。”

应该说，不论是长官的随从也好，还是候补官员也好，都是专制体制下的皇帝和长官们捣鼓出来的，不是为了控制衙门，就是为了解决财政困难。长官意志在其中的作用很强烈，体制内部没有编制的衙门，则更是长官意志的杰作了。

任何一个政体都有完备的机构设置和人员配置，以便完成方方面面的工作。可皇帝（或者长官）为了大权独揽，为了更好地贯彻自己的意志，都倾向于成立新的机构。这些机构在产生初期就处于体制之内、编制之外的窘境。比如汉代，中央朝政由三公九卿处理，但皇帝更喜欢在内廷招揽品级低下的官员来处理公文档案事务，称之为“尚书”。尚书们实际执行中枢政务，却没有编制，直到唐朝的时候才名正言顺地成为中央政务长官，算是转正了。到了明朝，皇帝又嫌各位尚书碍手碍脚，钳制皇权，干脆又招了一批品级低微的文官组成内阁，名为顾问机构，实际上代替皇帝批阅文书、草拟诏书等。内阁运气不错，很快就转正为正式机构了。不过到雍正时，皇帝又嫌内阁还是有独立意识，又招揽一批低级官员组成军机处，借口处理军务，组成了完全听命于自己、跪听圣意的秘书班子。很快，军机处转为正式机构，成了政务中枢机构。尚书、内阁、军机处都有一个从编制外闯入编制内的过程，体现的都是皇帝的意志。

此外，政府机构的设置总是赶不上现实的变化。为了应付那些新出现的政务，体制本身不得不产生一些临时机关。这些机关的人员自然没有正式编制。比如，历代政权常根据需要增设编外的图书编纂和出版机构。这在宋代比较严重，皇帝常成立各种编辑部，编撰文献。这类编辑机关中最有名的可能是清代的“四库全书馆”。清代的四库全书馆就设在翰林院，有总裁、编撰等多人，大名人和珅、纪晓岚等人都名列其中。地方政府为了修志，也常组织编写机构。又比如，两汉时期设有铁官、盐官、工官等，负责铁、盐和工艺品等的生产储运，机构不定、人员不定，隶属关系也不定；明代为了采购物资，常常任用太监出去设置各种“采购处”，这就完全是宫廷的敛财机构了。

清朝中期后，国家内忧外患，新情况新问题层出不穷，临时机构不断涌现，发展到叠床架屋的程度。当时增设的编外机关大多称局或处，比如团练局（编练民团的）、厘金局（征收过境商税的）、善后局、支应局、洋务局等等。这些机关由正式长官“委员”办理，负责人一般称总办，此外还有会办、帮办等。比如太平天国运动兴起，清朝传统的军事力量八旗兵和绿营兵不堪一击，咸丰皇帝通令各地在籍官员和士绅编练民团御敌。当时以从二品侍郎身份在湖南丁忧的曾国藩就在湘潭创办团练局，编练湘军。不过他的湘军虽然后来发展强大，却始终没有“转正”成为朝廷正规军。这些编外机关的级别，一般由负责人的品级决定。比如曾国藩的团练局就是从二品的，与其他机关交往可以按照这个级别行文。不过，清末多数编外机关的级别没有这么高。省里创办的编外机关一般由正四品的道台（也就是司局级官员）任负责人，少数由布政使、按察使等副省级官员负责；府里创办的编外机关一般由六七品的候补同知、通判、知县等负责。

最后一类编外机关的设置，纯粹出于皇帝、上司安插私人的需要，或者干脆就因人设事。比如长官刻意要栽培某个亲信，但是正式的编制已经满了，撤下哪个人都不合适，最现实的方法就是另设立一个下属机关，任命亲信为负责人。这个机关的成效并不重要，等到亲信的资历够了，或者正式编制有空缺了，就可以名正言顺地将他提拔任用了。举个例子，北宋时期冗官现象严重，机构庞杂，很多官员无法安插。宋徽宗时期，蔡京等人想出了一个方法，借口要“精简机构”，向宋徽宗建议成立了一个“机构精简办公室”。结果，蔡京将一时无法安排的亲戚亲信都塞进了这个编外机构坐享俸禄。直到宋徽宗禅位，宋朝的机构没有精简掉一个，相反还多了一个煞有介事的“精简办”。

这些体制内、编制外的官吏和衙门什么时候能获得正式的编制，要看官吏们的能力和机遇，更要看皇帝和上司的心思了。毕竟中国古代体制是一个自上而下的专制政体，“编制内外”的把戏是权力强者捣鼓出来的，自然也要他们解决了。

编制内外的存在，人为地将社会割裂，将人们分为利益不同、带有对立性的两派，影响正常的人际关系，动摇社会的稳定。而人员和机构被划分为编制内外的弊端更是显而易见，不仅造成政治体制冗杂无序，严重影响效率，而且破坏公平、公正原则，败坏政治。如果一个体制能够适应形势的变化，及时调整机构设置、人员配置，是不会出现编制内外问题的。适应性越强的体制，编外人员和衙门越少的体制，才是越好的体制。

第四节　古代官吏的青楼梦

以青楼女子为代称的妓女历史悠久，可能比国家和政权的产生还要早。早期的妓女和后世专营皮肉生意的妓女不同。前者比后者的种类要多得多，也要高级得多。

妓女分官妓、营妓（军妓）、家妓和私妓四种。春秋时期，齐国管仲设立“女闾”，开了官营妓女行业的先河；西汉武帝时期，军营中设有营妓，专门服务那些没有家室的将士。家妓是王公贵族家中蓄养的女子，不仅面容姣好，还能歌善舞，具有较高的文化素质。她们能满足主人和宾客在情感、生活、交际各方面的需要，能和文人诗文唱和。官妓和营妓的文化素质也不赖。她们一般不提供肉体服务，只会在两情相悦时和个别情深意切的宾客发生性关系。而早期的私妓素质较低，做不了官妓、营妓，更入不了王公贵族们的法眼，因此只能个体经营。但即便是私妓，也“卖艺不卖身”居多，很少有专营皮肉生意的私妓。

了解了早期妓女的特点，我们就能明白为什么早期妓女和官吏关系密切。官府中人，包括许多文豪级的官员，沉醉在青楼红粉之中。社会不会对此非议，官吏们不会因为与妓女有染而影响仕途。官吏们文化素质较高，喜欢和开放、聪明的青楼女子交际唱和；官吏们的生活和工作压力较大，需要到青楼女子那里寻找身心的放松和精神的愉悦。唐之前的中国社会氛围宽松，官吏与妓女的交往无可厚非。早期官吏的青楼事迹往往流传为民间佳话。

曹操在顿丘令的任上认识了营妓卞氏。他和卞氏生下了四个儿子（包括曹丕、曹植两大名人），还逐渐以卞氏为正妻。社会并没有因此指责曹操。曹丕称帝后，卞氏还升格为了皇太后。魏晋南北朝时，世族豪门蓄养家妓成风。谢安狎妓游东山，引来官吏和文坛的一片羡慕之声，成了千古佳话。谢安的声望由此水涨船高，无形中增加了政治资本。

大唐盛世，市井繁华，文化昌盛。官吏和青楼妓女往来唱和也达到了顶峰，几乎有无妓不成席、无妓不欢宴的局面。许多大文豪、大官僚留下了和妓女的往来诗文，《全唐诗》还收有妓女的作品。比如白居易就养了不少美妓，到晚年他还流连在家妓小蛮、樱桃等人身上。这并未影响白居易的仕途。白居易曾在杭州、苏州等花柳繁华地当太守，他公开携带十几个妓女游览西湖、虎丘等热门景区，并写诗纪游。如此高调，白居易的政敌们并没有把它当作攻击的把柄，可见狎妓游览在唐代根本就不是件事儿。元稹和白居易齐名，文坛称他们为“元白”。元白二人都喜欢和青楼女子交游，还交换过妓女。元稹后来更是官至丞相。

唐代官吏和妓女的交游还有制度化的趋势。官吏和妓女成亲也为社会接受。比如新科进士们就有游冶长安“红灯区”的传统。“长安有平康坊，妓女所居之地……每年新进士以红笺名纸游谒其中。时人谓此坊为风流薮泽。”（《开元天宝遗事》）新科进士们会推选两名年少俊秀者为“探花使”，“一日看遍长安花”。有人说“探花使”的任务是去城中各名园、花圃采摘鲜花；也有人说所谓的“探花”还包括去平康坊打前站，做好联络工作。

传奇《李娃传》讲了一个故事：山东世族子弟郑生在长安遇到名妓李娃，为她耗尽资产，沦落街头为他人做挽郎。其父大怒，将郑生痛打了一顿后与他断绝了父子关系。李娃后来遇到郑生，收留了他，还自己赎身后协助郑生攻读考试。郑生经过三年苦读，终于金榜题名，中了进士，出任成都府参军。其父恰好担任成都尹，见了郑生不仅重新认他为子，还主持迎娶李娃为儿媳妇。一个妓女就这么嫁入了山东世族豪门。

《太平御览》记载唐代泉州晋江人欧阳詹考中进士后到太原旅游，与一名太原妓女两情相悦，订下婚约。欧阳詹后来返回长安当官，该名妓女留在太原，因病而逝，给欧阳詹留下一缕头发和遗诗。欧阳詹不久派人来迎娶夫人，知道消息后悲痛过度而死。后人将之视为爱情佳话。

在这种背景下，官吏们，尤其是年轻官员在勾栏瓦肆中流连忘返。唐文宗年间，杜牧在扬州淮南节度使幕中任掌书记。扬州是淮左名都，自古繁华。杜牧是贵公子出身，喜好声色冶游，晚上常流连在青楼之中。三年后，杜牧将赴长安就任监察御史，节度使牛僧孺饯行时对他说："你前程远大，但做的一些事情不拘小节，很不好，甚至有伤身体。"杜牧见领导批评自己的私生活，以为牛僧孺不喜欢下属逛青楼。杜牧一来不好意思，二来担心此事影响升迁，便矢口否认自己夜游青楼。牛僧孺笑了笑，命人搬出一个小匣，打开一看，里面全是密报，上写"某夜杜书记宴某家，无恙"或"夜，杜书记过某家，无恙"。原来，牛僧孺并非厌恶下属逛青楼，而是担心杜牧这样的温柔公子年纪轻轻，夜游时发生什么意外。所以他之前派士兵暗中保护杜牧，如今又提醒杜牧注意安全、爱护身体。很多年后，年老的杜牧反省这段扬州岁月说："十年一觉扬州梦，赢得青楼薄幸名。"

类似的故事发生在宋代的扬州，情形就不同了。王安石任淮南签判的时候，工作地点也是在扬州。他经常通宵达旦地读书，上班的时候熬夜，加上来不及盥洗，显得蓬头垢面，精神状态不佳。顶头上司、扬州知州韩琦以为王安石夜间沉溺于花间柳巷，很不快，多次批评王安石，王安石也不辩解。两人关系终至恶化。

官吏和青楼的关系在唐代达到宽容和活跃的巅峰，到了宋代，两者的关系就开始收紧。虽然宋代青楼业依然发达，官府也没有对官吏出入青楼有禁令，但社会对此开始有微词了。比如王安石就因为被上司误以为夜逛青楼而仕途受到影响。

北宋的情形还好一些。社会刚从盛唐的宽容中走出来，狎妓助兴和调解的余风尚在。据《西湖游览志余》载，每当有新太守上任，杭州营妓都出境迎接，离任之后与太守相好的营妓还与离任太守鱼雁往来，时人并不为怪。苏东坡坐在这个位置上的时候，曾派遣杭妓前往苏州迎接新太守，并作《菩萨蛮》一首，其中的序就写道："杭妓往苏，迎新守杨元素，寄苏守王规甫。"想象一下，一群杭州妓女"公派出差"去苏州找两位高级官员（杨元素、王规甫）"联络业务"，是一种什么样的情形？著名文人柳永则以艳词闻名，其词多描写青楼和妓女的生活。柳词传唱很广，据说有井水处便有柳词。若在唐代，这有助于柳永的声誉和仕途。但在北宋，情况就不同了。柳永参加科举都已经进入"拟录取"名单了，到皇帝圈点放榜时，宋仁宗看到柳永的名字，想起了他的艳词，觉得柳永不适合当官。他就划去了柳永的名字，在旁批道："且去浅斟低吟，何要浮名？"后来，又有官员直接向仁宗推荐柳永，认为他才堪大用，还拿着柳永填的《醉蓬莱》一词呈给宋仁宗看。谁知宋仁宗看后，气愤地将词稿扔在地上。最终柳永因为与青楼女子交往密切，而被排斥在官场之外。

从柳永和王安石的例子可见，青楼交游已经成了上级评价一名官吏进退的标准之一了，官吏们不得不忌讳于此，官吏和妓女结婚的事情，骤然绝迹。比如"苏门四学士"之一的秦观贬官长沙，此地有一名妓女平生酷爱秦观的词，对秦观爱慕情深，愿意无条件嫁给秦观。秦观硬是不敢娶，只是赠词相别而已。后来秦观死在藤州，该名长沙妓女知道后为他殉情，谱写了一曲爱情悲歌。

如果说北宋官吏和青楼女子的关系还在冷暖、明暗之间徘徊，那么到了南宋以后，官吏和青楼之间逐渐泾渭分明，渐行渐远——起码在制度上如此。政府开始限制官员狎妓，规定妓女只能为官员提供歌舞和陪酒这类活动；双方不能发生性关系，违者都要受到各种处分。比如浙江台州营妓严蕊"色艺冠一时"，美名远播。当时法律规定妓女可以陪官员伺宴，只是不能同床伺寝，所以官员狎妓之风仍然存在。台州知府唐仲友就经常在宴会中找严蕊作陪。唐仲友的政敌朱熹出任浙东常平使后，就上书弹劾他，其中一条罪名便是唐仲友和严蕊有“不正当关系”。①

为什么南宋成了中国古代官吏和青楼女子关系的分水岭了呢？

之前双方关系亲密，那是因为社会风气宽容；之后双方渐行渐远，是因为南宋之后理学兴起，社会宽容度缩紧。朱熹提倡“存天理，灭人欲”，重男女之防。理学成为显学和入仕敲门砖，读书人个个是“谦谦君子”，争相证明自己“坐怀不乱”，以“卫道士”自居。青楼成了读书人和官吏们批判的对象。有志仕途者避犹不及。朝野将官员交游青楼看作是官品败坏的表现之一，与仕途升迁调转相挂钩，官员哪敢再公开狎妓游玩？

客观上，官员和妓女双方的素质也在降低。原先的你唱我和、诗文品评的风气大减，发生皮肉关系的比例大增。越是文化修养高、精神世界丰富的男子，同女子交往过程中就越少有肉欲的成分，更看重友谊和感情的交流。所谓“真好色者必不淫，真爱色者必不滥”。遗憾的是，这样的人在南宋以后的官场越来越少。而像李娃、严蕊那样才艺突出、自尊自爱的妓女也越来越少。结果导致官吏和妓女的不正当关系影响到了社会和官场的风气，政府不得不对此加以限制。

到了明朝，限制趋于严格。《大明律》规定：“凡官吏宿娼者，杖六十，媒合人减一等。若官员子孙宿娼者，罪亦如之。”明朝的杖责是很厉害的，用大木棍杖责六十下会要了一般体质的官员的性命。即便宿娼官员躲过了杖责，也会被罢官免职，将来永不续用，等于是和仕途完全

---

① 朱熹下令抓捕严蕊，关押在台州和绍兴，施以鞭笞，逼其招供，严蕊宁死不从，并道：“身为贱妓，纵合与太守有滥，科亦不至死；然是非真伪，岂可妄言以污士大夫，虽死不可诬也。”此事朝野议论，震动孝宗，将朱熹调任，转由岳霖任提点刑狱。岳霖判令严蕊从良，严蕊后被赵宋宗室纳为妾。

绝缘。注意：这条法律的对象除了官员，还包括了中间人（媒合人）和“官员子孙”，打击面很广。除了法律上的惩罚，犯事官吏还有道德惩罚。士大夫一旦被发现交游、留宿青楼，会被社会不齿，终身不容于士林。

明代家妓就此正式终结，官妓还存在。不过，明朝官妓面向市场，向老百姓提供服务，目的是为官府增加财政收入。到了清初，官妓制度被正式废除，社会上只剩下私妓了。

清朝政府对官员交游青楼女子做了更严厉的限制。《大清律例》“官吏宿娼”条规定：“凡（文武）官吏宿娼（狎妓饮酒亦坐此律）者，杖六十，媒合人减一等。若官员子孙（应袭荫）宿娼者，罪亦如之。”刑罚沿袭了明朝的规定，还把“狎妓饮酒”也算上了。官吏及其子孙和青楼女子吃个饭、聊个天，也算是犯法。北京城里的巡城御史就负责查官员狎妓逛青楼，一旦查到就要严厉处罚。此例延续到民国，“逛青楼”在清朝和民国时期都是官员的一个“硬伤”，有一票否决的作用。民国初年，财政部佥事刘文嘉和妓女小翠喜两情相悦，订下婚约。鸨母一意作梗，至检察厅控告刘文嘉霸占女儿。财政总长知道后，以为“不成事体”，呈明总统将刘文嘉罢免。（《民国趣史》）

这就产生了两个问题。第一，官员们有正常的身心放松、精神调节和友情交流的需要，找谁解决呢？在清朝，狎妓是严禁的，但“狎优”可以通融，官吏可以招伶人陪酒唱曲。于是乎，优伶在很大程度上取代了妓女的角色。他们大多为年少者，多在 20 岁以下，也称为娈童、优童、歌童等。因为优伶相貌清秀、酷似姑娘，故称像姑，俗称兔子。例如乾隆朝封疆大吏毕沅与京师昆曲旦角李桂官昵好。《二十年目睹之怪现状》写到清代官吏可以狎像姑而不可狎妓的情况：“这京城里面，逛像姑是冠冕堂皇的，什么王公、贝子、贝勒，都是明目张胆的，不算犯法，惟有妓禁极严，也极易闹事，都老爷查的也最紧。……犯了这件事，做官的照例革职。”优伶中有些是卖身的，近似男妓。

第二，为什么朝廷严禁官员狎妓，而各地青楼依然兴旺发达呢？

不可否认，官员暗中逛青楼依然成风。他们是清代青楼业的消费主力，尤其是清朝后期禁令松弛，官员狎妓之风重新兴起。北京城中妓馆门庭若市，南娼北妓纷纷角逐于官场。清末名妓赛金花回忆："每天店门前的车轿，总是拥挤不堪，把走的路都快塞满了。有些官职大的老爷们，觉着这样来去太不方便，便邀我去他们府里。这一来，我越发忙了，夜间在家里陪客见客，一直闹到半夜，白天还要到各府里去应酬，像庄王府、庆王府我都是常去的。"其中的原因，还是中国古代政治存在明暗两套做法、两个系统。白纸黑字的禁令总敌不过私底下的通融、操作和人情。相反禁令越严，暗中的反弹就可能越厉害。有人作诗谈清末北京官僚士大夫习于声色，其中说到官员狎妓："街头尽是郎员主，谈助无非白发中。除却早衙迟画到，闲来只是逛胡同。"① 一些官吏还纳妓作妾。

慈禧末期，端方作为五大臣之一出洋考察宪政，途经上海，遇到名妓林黛玉，极为喜爱。端方欲纳林黛玉为妾，因为周边的人死死劝说，端方也为个人前途考虑，最终忍痛割爱。庆亲王之子、贝勒载振就大胆得多。他去东北考察东三省建立事宜，路过天津，遇到名妓杨翠喜，也极为喜欢。道员段芝贵为了升官，花巨款将杨翠喜赎身，献给了载振。载振欣然"笑纳"。不久东三省城里，段芝贵被任命为"署理"黑龙江巡抚。政敌抓住这桩"桃色交易"不放，攻击载振纳妓，要扳倒他，演变成了一桩轰轰烈烈的大新闻。可见，只要没人管，狎妓交游并非大事；一旦有人要借机做文章，任何官员和青楼之间的小事都是大事，能掀起政坛波澜。

① "郎员主"，即京官中的员外郎、司员、主事。"胡同"，指八大胡同等妓馆。

第四章　规矩：衙门里的明规则与潜规则

《清稗类钞》“诙谐卷”有两则“幽默”的故事。第一则说的是一个人官越当越小的故事。道光年间，镇平人黄钊赴任某省知县，到省会拜谒总督。按例，知县拜谒总督要行跪拜大礼——不是法定的，但现实中一直这么做。黄钊认为总督和知县虽然品级相差悬殊，但都是平等的朝廷命官，所以没有跪拜，只是对总督长揖而已。总督怀恨在心，马上弹劾黄钊，“建议”将他从七品知县降为八品教谕。黄钊当了数年教职，“正己率人，士习丕变”，应该说政绩显著。因此地方将他“推荐”去北京当京官，担任九品翰林待诏，又降了一品。黄钊知道在官场混不下去了，不久就办理了“病退”。

这个故事告诉我们，做官要“守规矩”，不守规矩的后果很严重。同一卷的另一则故事“官之做法”恰好向后人描述了官员正确的做法应该是：“小官大做、热官冷做、俗官雅做、闲官忙做”。这句流传在北京的俗语说的是嘉庆、道光年间四个京官精明的做法。德州人卢荫溥担任仪曹郎，在北京完全是个小官，但他气宇轩昂，在一大堆达官显贵中议论宏畅，故曰“大做”。而龚丽在军机处当值，权势炙手可热，却不以奔竞趋走为事，故曰“冷做”。户部官员杨芳灿最初是花钱买的官，从县里一步步钻营到中央来，是个异途俗官，却终日与名流雅士唱和，故曰“雅做”。周锡章也在仪曹做官，悠闲无事，却专以应酬为事，终日奔走不暇，故曰“忙做”。这些人虽然是特例，可也透露了许多做官的“规矩”：隐藏、端架子、交际应酬等等。

古人初入官场，对做官的规矩知之甚少，尤其是在儒家教育的“无菌室”中死读经书长大的进士们，更是对官场的条条框框一头雾水。所以，明清之后新科进士都要到中央部委或者分发各省“观政”或“办事”，也就是任前实习。其间，他们学的多半是怎样“做官”，而非具体政务。比如，见上司、见堂属、见同寅、见前后辈要行什么不同礼仪，官场宴会、红白喜事、往来应酬中有什么学问，只有参悟这些“权势之浓淡，人情之冷热”多年后，新科进士才能正式得官——其中的佼佼者往往也能提前授予实职。经过一番历练后，官场就把官员塑造成了形形色色的适应官场的模样。《民国趣史·试院现形》中提到了民国初年考试选拔县知事的情形，很能说明官场规则对人的塑造之功。“政府注重老成一派。第一次口试，凡身着华丽衣服，虽答对如流，公事娴熟，皆不取中。后试者有鉴于斯，均易以宽袍大袖之布衣，做出老成态度，以迎合主试委员之心理，故众议院门前，又觉生出一种寒酸气象矣。”从现场考生的神态也能判断他们的身份：“见有半倨半恭者，望而知为前清府县，以其曾执手版，且尝临民也；有尚带寒酸气习者，望而知为前清京官，以其尚未纯粹沾染官僚派也；有举止轻脱得意疾书者，望而知为新毕业之学生，以其未知考试之艰难也。”

在这一部分，我们就来看看古代官场有哪些规矩，这些规矩是如何把官员塑造成需要的模样的。

第一节　绕不开的体制“暗箱”

清末，御史刘汝骥外放徽州知府，入见慈禧太后辞行。慈禧太后问他：“你拜谒各位军机大臣辞行了没?”刘汝骥回答：“没有。”慈禧太后就开导他说：“军机大臣，你一定要去拜谒。你现在是外官了，不再是御史了。御史是清流，要清正刚硬才能监察百官。今后，你要好好学习应酬。”慈禧太后金口提醒刘汝骥“学习应酬”，其实就是要刘汝骥顺应体制的要求转换角色，不然他的徽州知府是很难当好的。清末两江总督端方对出任知县的某位名士说：“今后你要抛却笔墨生涯，沦落宦海了。你买《官场现形记》学学谋官之秘诀否？”类似的话，唐德宗对拒不收礼的丞相陆贽也说过。唐德宗私下批评陆贽：“卿清慎太过，地方官员给你的馈赠，你一概拒绝，会伤害大家的感情，恐怕情理不通，影响工作。以后像马鞭、靴子之类的礼物，你但收无妨。”

这三个让人多少有些吃惊的另类段子，都指向两个字：体制。它们背后都有着体制的影子。皇帝、太后和大臣们都不得不向现存体制低头。

古代官吏身处的政治体制是一个由堂皇高深的理论说教、数不胜数的规章制度、数以万计的官僚队伍和条条块块的不同系统组成的庞然大物。没有人能说得清这个体制的形状、构成，人们对它的运作只能意会不能言传——即便是身处体制顶端的独裁者也是如此。可要讲做官的规矩，如何认识官僚体制又是避不开的首要问题。

人们需要认识到的第一点是：任何政治体制都是社会的产物。留存千年的政治体制是古代中国社会的产物。它和中国社会的关系类似于植物与土壤的关系。

在自然界，植物根植于土壤之中，离不开土壤的养分。任何花草都不是无本之木、无源之水。同样，中国古代政治体制也根植于中国社会之中，和中国复杂的现实和特有的人情世故相结合。钱穆先生就认为：政治制度必须与“人事”相配合。中国的历史人物，只有谙熟人情冷暖，懂得人事需求后，再创建、改革制度，才是锦上添花；反之，如果不顾人事对制度动刀子，那就是水中捞月，还可能引火烧身。例如，有人认为中国强大的政府的起源可能与远古时期治水的需要有关；有人认为古代稳固发展的文官制度和中国很早就开放政权、读书人群体庞大有密切关系。盐碱地种不了水稻，杨梅树散布在东南丘陵的红壤上，中国古代政治体制也离不开中国社会。

植物是有生命的，政治体制也是有生命的，相对于社会背景具有独立性。决定植物形状、长势的是种子，是基因，而不是土壤。生长在不同土壤中的苹果树的果实虽然有多少、好坏之分，但都是苹果。而一个政治体制创建以后，会沿着特定的逻辑发展下去，通常会超出人们的预料、操纵之外。政治体制的改革之难，根源就在这里。古代王朝的末期，政治体制都会漏洞百出，种种弊端为朝野所公认，但是人们就是不知道如何下手改革，就是下了手也会遭遇各式各样的阻碍和困难。此时，具有独立性的政治体制已经脱离了官僚群体乃至全社会的手掌。这就仿佛是一个人造机器人，在运行中产生了自己的思想，不受人类的控制了。例如，唐德宗肯定也知道贪腐的坏处，知道官僚体制贪污的最终都是他这个皇帝的钱，但他还得无奈地劝丞相陆贽不要“众人皆醉我独醒”，该拿的还得拿。

举个具体例子：清朝中期陋规盛行、吏治腐败，道光皇帝登基之初很想改变贪腐现状。军机大臣英和就建议道光清查陋规，道光皇帝立即接受，发布上谕痛斥陋规害民，要求将所有的陋规查明，该保存的留下，该取缔的消除。应该说，道光皇帝的改革相对比较保守，是希望通过承认部分陋规来控制其发展。同时，这项改革有皇帝和军机大臣的强力推动，难道会不成功吗？上谕发出后，官僚们坚决反对。有的人说承认一部分陋规合法，恐怕会使官吏们胆子更大，增加陋规；有的人说清查行动滋扰百姓，搅得民间不安宁；有的人说皇帝肯定部分陋规，“上渎圣听，于体制似亦未协”。道光皇帝的改革遭遇了强烈的反对，政令几乎出不了紫禁城。在朝野空前一致的反对下，道光不得不下命停止清查，并且将英和作为替罪羊，罢免了他的军机大臣职务。对严重的腐败问题，道光只能用一通空话给自己找台阶下：“各大吏正己率属，奖廉黜贪，如有苛取病民之事，立加黜革厘正，斯吏治澄清，民生日臻饶裕矣。”腐败是官僚体制的衍生物，随着体制的独立发展而日益强大，强大到了摆脱皇帝和军机大臣控制的程度。

最后，植物也会反作用于土壤。不同的植物在生长过程中会吸收特定的养分，死亡后变为腐殖质回归土壤，微量而连续、缓慢而持久地影响土壤的成分。政治体制的创建和发展，会强化社会的某种主张或倾向；而它的覆灭，也会成为社会的历史遗产。例如，弥漫中国社会的官本位思潮，就是政府权力在历朝历代不断增强，侵蚀社会领域，最后导致权力因素主导社会发展的恶果。“强政治弱社会”的尘埃层层堆积，凝结成了厚厚的官本位顽石。

所以，不管古代官吏对身处的政治体制多么不满，他首先都得被迫接受这就是他要开始政治生涯的背景。正如一个人出生时不能挑选种族、家庭和社会一样，他要面对的政治体制也是无法改变的。有志于投身其中的人，首先要适应它，等到有能力做些变革的时候才能尝试改变。

如此说来，个人和政治体制的关系从一开始就注定不是平等的关系。这是人们需要认识的第二点。你首先要承认体制的存在和价值，而不是让体制承认你。人和体制的不平等关系还体现在其他三方面：

第一，“付出—回报”规律在政治体制中不成立。在生活中，你付出了多少心血与汗水，做出了多少贡献，就会获得相应程度的回报。一个人的收获与他的能力和付出是成正比的。虽然政治体制也可能宣称如此，可在实践中并非如此。并不是官员的能力越强，做出的成绩越大，他的官职就越高。历史上许多学富五车、成绩有目共睹的官员，却是官场的失败者。决定一个官员升迁的不仅仅是能力和贡献——它们只占很小的份额，还有各种人情关系和政治需要。这就像制度和人事的关系一样。一个人关系牢靠、人情练达，如果能力尚可，又做出了一定的贡献，就锦上添花了；但如果他能力平庸、毫无作为，也不会影响对他的提升。

第二，规则不确定，导致预期和评价标准不明确。游戏规则是政治体制制定的，而不是官员制定的。谁掌握了规则制定权，谁就掌握了主动，就能决定游戏的输赢、参与者的胜负。官员总是服从体制的规则生活、工作，违反规则的后果很严重。反之，体制可以通过修改规则来淘汰不喜欢的或者特定群体的官员。

第三，体制带有独立性，离开了任何个人都可以按照自由的逻辑发展辖区，但是个人如果离开了体制，就不再是官员。所以，体制可以抛弃甚至牺牲任何官员，官员却不能离开体制。人们为一些贪官酷吏辩护的时候，常说："如果换做另外一个人，也会像他这么做。"说的就是这个道理。

既然官员和体制的关系如此不平等，为什么历史上有那么多的人前赴后继争着去当官呢？有人告老辞官去，有人星夜赴考场。

我们可以借用物理学上"场"的理论来理解权力场对古代官员的吸引力。引力场对身处其中的物体有作用力，磁场也有磁力，那么权力场对人也有作用力。一个人对权力的欲望越大，权力场对他的作用力就越大。反之，无欲就无作用力。如果一个人对权力不屑一顾，权力场自然对他不起作用。他完全可以自由地投身学堂、商场、寺庙或者隐居山林。除非权力的作用泛滥于人类所有领域、所有地方，让人无处可退，否则一个人如果真想离开权力场，是可能的。古代中国的一大问题就是人们的权力欲太强，太想进入权力场，同时助推了政府权力的泛滥。

进入权力场后，人们在微观的操作层面应该怎么看待体制呢？我们可以将政治体制看作一个"黑箱"。官场中人行为的不可预测和政治体制的不透明，是官吏面临的最大危险，可能造成巨大的伤害，宦海沉浮就好像旅人走夜路一样。从黑箱的概念，我们可以发展出其他概念来：

比如黑箱现象导致权力场也会产生蝴蝶效应。在自然界，亚马孙森林中的一只蝴蝶扇动翅膀可能会在美国东南部引起一场飓风。在体制黑箱中，你不知道关系网络如何蔓延，也不知道某项决议会牵动多少相关人物、牵涉什么系统和衙门。说不定，广西的一项人事变更会引起黑龙江某人的反感，引发后者的弹劾攻击。

又比如，体制内部的上政下情在传达、沟通过程中，不是被人为缩小就是被扩大，没有原封不动的。政治体制中有个"渠渗效应"，譬如农夫挖水渠浇地，渠首流出的一桶水，真正浇到庄稼地里的往往只有一碗水，绝大部分都在途中渗漏掉了。朝廷有天大的恩惠，到草民手中就变为了一个小馍馍；朝廷三令五申推行的政令，到基层政权往往就是一两张纸的通知或者会议纪要。这就是“渠渗效应”。北宋苏辙尖刻地评论道：“贪刻之吏习地成风。……上有滂沛之泽，则下有涓滴之施。”这说的是缩小的情况，说到扩大则可以用“喇叭效应”来描述。皇帝、上级的只言片语在下属那儿都可能成为圣旨；而少数人的鼓噪往往盖过大多数人的冷漠，成为决策者耳边最尖锐、最需要应付的声音。“渠渗效应”和“喇叭效应”之所以存在，都是因为在沟通和决策过程中遍布说不清道不明的弯弯绕绕，漆黑一片。

上面内容讲社会、体制和个人的关系，讲权力场的作用力，讲体制“黑箱”现象，就是要突出一点：在强大难测的政治体制面前，个人很渺小，体制强过人。古代官吏和仕途亲密接触之前，首先要承认这个现实，顺从现存体制而不是抱着抵触、敌视的态度，更不是抱着改变的态度去接触它。这是第一条官场规矩，也是最基本的规矩。

下面，我想结合古代权力的泛化，再谈谈对政治体制的认识。拙著《泛权力》专门谈古代权力的泛化，认为权力所有者的实际权力由法定权力和衍生权力两部分构成。而衍生权力的一大类就是“体制权力”。政府工作内容和制度的设计，天生地让部分机构或者在特定岗位上的人拥有比同等级别的机构或官吏更多的权力。这是体制设计造成的，任何体制都不能做到绝对的权力平均，多出来的那部分权力就是体制权力。

清朝有人用“喜怒哀乐”四个字来概括吏部各司的工作：“文选司掌选补、推升及班秩、品级诸典，故曰喜。考功司掌考察、降罚及引年、称疾、给假诸例，故曰怒。稽勋司掌丧制、终养、复姓、更名诸事，故曰哀。验封司掌封爵、诰命、赠荫、叙功、吏员考职等事及真人、土司承袭，故曰乐。”（《清稗类钞》）吏部掌管官吏的仕途命运，所以关系到衙门中人的喜怒哀乐，实际权力远远大于同级别的衙门。清朝官员平级调任吏部，都被视为“升官”。吏部多出来的那部分权力就是体制权力。而在康熙年间，康熙皇帝创建的南书房掌管机要，很多时候还参与决策、撰写“密谕”等等，南书房所用的都是些品级不高的文人学士，但他们的实际权力很大。比如文人高士奇出身寒微，一度卖字为生。高士奇受康熙皇帝器重进入南书房后，每次下班回家，没到家门口就看到朝廷高官们的肩舆堵满了门前的胡同，其中包括大学士明珠等达官显贵。人们看重的，也是高士奇的体制权力。在本书中，体制权力的身影屡屡闪现，提请读者注意。

拥有体制权力的群体，会形成既得利益集团，成为既有体制的坚定拥护者。他们想不到的是，如此作为让他们异化为附着在体制上的一部分、一个螺丝钉，而放弃了人的主动性和体制主人的地位。比如清朝长期由满族人控制军队，满族官兵的待遇优于汉族官兵。满族人立下军功1次，就可以授予世袭职务。而汉族官兵要奋勇杀敌，立功24次才能被授予世职。结果，世袭的汉族军官寥寥，满族军官很多，始终控制着军队实权。这也造成汉族武弁不肯用命。乾隆皇帝时期才将授予世职的条件放宽，规定汉族官兵一旦阵亡就可以授予世职。《啸亭杂录》谈及此事的时候，将满汉官兵的不平等待遇归咎为“有司（有关部门）之责”。当时的有关部门自然是控制在满族人手中的官兵考核部门。他们是之前陋政的受益者，自然没有动力更没有意愿去纠正它。

第二节　新官上任必烧的三把火

人们常说：“新官上任三把火。”这火可不能乱烧。烧得好了，可以烧出官威来，烧得不好，可能落下“只许州官放火，不许百姓点灯”的把柄来，甚至可能引火烧身，丢掉好不容易到手的官位。那么，新官上任应该怎么放火呢？

古代新官上任，面临着种种难题。首先是儒家教育和官员工作实际严重脱节。就说语言吧，中国各地方言千差万别，可能路隔三十里话就说不到一块儿去了。可古代就是没有针对官员的系统的官话（相当于现在的普通话）培训。官员们操着南腔北调到任后，往往语言不通，仿佛到了外国一样，不知道其他人在说什么鸟语。而儒家的“仁义道德”、“忠君报国”与官场实际工作要求差别也很大。官场上的应酬来往、钱粮支出、司法判案，还有剿匪练兵，新官们对这些事情闻所未闻，自然也就难以开展工作了。偏偏古代官员的权力又非常大，一个地方没几个正式官员，每个官员要管的事情就特别多，小到邻里纠纷大到守土迎敌，都是他的事情。这些事务，肯定也是四书五经中没有教的。古代新官刚上任，就像现在大学毕业生刚走上工作岗位一样，两眼一抹黑，完全不知道如何下手理政。

所以，新官离不开原来衙门里的胥吏差役们的协助。而他的第一把火，就是要管住这些人。

胥吏差役们都是本地人，熟悉当地情况，加上在衙门时间长，行政经验也非常丰富——“丰富”到一些职位可由子孙世袭的地步。他们承担了每个衙门的日常工作，但因为不是国家正式编制的官员，没有可靠的收入。例如小吏可以领到相当于官员俸禄十分之一的补贴，但差役是没有报酬的义务劳动。按理说，应该没有人愿意当胥吏差役才对，可偏偏人人都抢着要当，已经当上的人则千方百计保住自己的位置。因为胥吏差役们自有来钱之路，那就是贪污克扣、鱼肉百姓。比如明末朱国桢曾说：“书算一涂，最为弊薮。各县户房窟穴不可问，或增派，或侵匿，或挪移，国课民膏，暗损靡有纪极。”又比如县衙两班差役们休息的房子，叫做“班房”，逐渐被差役们用作私设公堂羁押嫌疑犯的地方。“班房”一词在汉语中逐渐演化为“牢房”的同义词。差役们从其中捞取的好处之多，不难想象。所以，要想充当胥吏差役竟然得出钱买，称之为“顶头银”或“顶首银”。地方州县的顶头银价格，在海瑞时代大约为吏房10两，户房、礼房、兵房、刑房、工房、承发房各50两，而差役中的铺长、书手、皂隶、门子的顶首银则低于吏员，基本是根据岗位的肥缺程度而定（《海瑞集》上编《兴革条例·吏属》）。

明朝万历年间，林烃担任知州，裁撤了吏员检验税银成色的锻炉——因为与法不符，法律没有赋予吏员们锻铸银两的权力。结果州里的吏员们“叩头固争”，林烃还是硬行裁撤。吏员们都怏怏不乐，公开说：“我们这些人要饿死了。”原来，借收税之机，克扣压榨纳税人的银两，是吏员们额外收入的主要来源。林烃废了这条陋规，岂不是断了一干人等的口粮？林烃还算是有胆略有勇气的，如果遇到性格温顺平和，甚至庸碌懦弱的长官，胥吏差役们就敢把持官长，越俎代庖。比如某地来了一个新科进士出身的县令，接到某某公文，县令还不知道如何处理，年迈的书吏已经提笔签署意见了，还对县令说：“我辈处理公文多年，就应该这样处理。”新县令一时还真不知道如何应付。胥吏差役们在一个地方待了几十年，甚至几辈子，互相授受，不断勾结，根株牵连，不是一般的新官能够镇服得住的。

新官和胥吏差役们的关系实在是微妙，他既要依靠这些人，又要防止被他们蒙蔽欺骗。

新官上任烧的第一把火就是要对付胥吏差役们，通常的做法是“掺沙子”。新官带几个人（一般是经验丰富的老吏或者师爷）来当助手，协助处理政务。这样就等于把一个人和一群土豪劣吏的战斗变成了几个人的共同战斗。从明朝中后期开始，新官为了驾驭胥吏，逐渐兴起了请文友幕宾。新官上任，往往请老到之人或者亲友同窗同行，关系介于朋友和雇用之间。到了清朝，这种关系干脆演变为公开的主官与幕僚的雇用关系了。一个官员上任，携带着一整套行政人马，一到任就全面接手衙门的各项工作，将原来的胥吏差役置于边缘地位，只让他们协助工作。等到下一个官员来上任，前一任的幕僚亲随全部被换成新的一批幕僚亲随，可谓“一朝天子一朝臣”。这些人几乎以当幕僚亲随为职业，行政经验丰富，一点都不用担心工作开展不起来。不过，新官们要担心一个新的问题：处理了本地的胥吏差役，如何保证自己聘请的幕僚亲随们不舞弊欺瞒自己呢？

新官上任第二把火，就是“拜码头”，摸清当地官绅士人的情况。

新官是辖区内的长官，拥有最大的法定权力，但在泛权力起关键作用的中国社会，他的实际权力往往不是最大的。辖区内可能住着退休的、养病的、守孝的朝廷命官，可能住着即将上任的新科进士、新买了官的富豪子弟，也可能住着尚书的岳父、侍郎的表舅、将军的姨妈，甚至可能住着用不了八竿子就能打着的皇亲国戚。他们的官场网络、人际关系和潜在权力，都会影响当地官员的升降祸福。“为政不得罪巨室”是千年古训。这些官绅豪门，刚到任的新官必须抓紧时间一一拜访。

话说《红楼梦》中的贾雨村，好不容易当上了应天府知府，刚上任就有人状告薛蟠强抢民女、打死人命。贾雨村一听申诉便大骂：“岂有这样放屁的事！打死人命就白白地走了，再拿不来的。”他正要下令缉拿凶犯薛蟠，就被一旁的门子给制止了。贾雨村和门子来到内室，门子拿出一张纸来，上面写着：“贾不假，白玉为堂金作马。阿房宫，三百里，住不下金陵一个史。东海缺少白玉床，龙王来请金陵王。丰年好大雪，珍珠如土金如铁。”这就是贾史王薛四大豪门巨室，世袭着公侯爵位，家资巨富，“这四家皆连络有亲，一损皆损，一荣皆荣，扶持遮饰，皆有照应的”。贾雨村是哪家人都得罪不起——他本人就是靠贾家势力当上的官，而薛蟠恰恰是其中薛家的儿子。最后，贾雨村不仅要将大事化了，任由薛蟠逍遥法外，还要写信给薛家邀功，说贵公子的事情过去了，安心在外玩吧！

这张纸条，门子称它为“护官符”，顾名思义就是每个官员要想保住官位，就要照顾着上面的豪门巨室。因为“上面写的是本省最有权有势，极富极贵的大乡绅名姓，各省皆然，倘若不知，一时触犯了这样的人家，不但官爵，只怕连性命还保不成呢！所以绰号叫作‘护官符’”。

注意，“各省皆然”，你不论去哪个地方上任，都要买护官符，拜地方豪门的码头。

镇住了衙门拜完了码头，接下去就要熟悉“业务”了。这是新官上任的第三把火，姑且称之为“买账”。

买的是什么账呢？买的是当地各种潜规则的详细条目，买的是各级官员的人情关系，买的是上下衙门迎来送往的价格，买的是当地官场的禁忌和各种各样的“先例”。吴思先生在《血酬定律》中提到各地有黑白、明暗两套账，早在清朝乾隆年间的著名师爷汪辉祖就写过这样一本《学治说赘》，来教导官员和师爷们建立四本账：正入簿、正出簿、杂入簿、杂出簿。正入簿、正出簿都是明账记录着法定的钱粮谷物的征收、支出数字和官府的合法开销、法定工资等。而杂入簿和杂出簿则是上不了台面的暗账，记载各种陋规、捐赠甚至行贿、贪挪的金额。后者虽不合法，却是官场上“断不可省者”，从中可以学习每个地方、每个系统官场的游戏规则。不仅地方州县有，中央部委各衙门也有。新官要买的，就是后一套账。

《官场现形记》中讲了一个湖北兴国的新任知州，没有买好账，结果丢了官的故事。新知州到任后，前任知州的账房还没走，拿着账本待价而沽，等着新知州派人来买。他深知手中账本的重要，因为“种种开销，倘无一定而不可易章程，将来开销起来，少则固惹人言，多则遂为成例。所以这州、县官账房一席，竟非有绝大才干不能胜任”。湖北兴国到底有多少家底，老爷能贪走多少，都得以暗账为准。

交接的时候，新知州就应该派自己的账房到前任账房手里买这本账簿。根据所在地的肥瘦，暗账的价格从数十两到四五百两银子不等。兴国的这位前任账房就开价 100 两银子，属于“人情价”，并不过分。谁料新知州因为到任就要掏出一笔银子，舍不得，竟然不买，要前任账房“无偿”交出账簿。账房不干，任凭新老爷一天讨要好几遍，软硬兼施，就是不给。后来，新知州工作开展不下去，只好忍痛掏出了 100 两银子，却不料前任账房嫌他吝啬，早偷偷地把账簿做了手脚，比如把应酬的金额给改小了，以前知府老爷生日要送 200 两银子的，他改为 150 两，却把其他开销给改大了，比如衙门差役的工钱每月给 2 两银子，他改为 3 两。至于现任道台老爷忌讳“六十四”和“喜”字，同知老爷的太太喜欢牡丹这些信息，账房都统统撕掉。很快，按照假账参与游戏的新知州招惹得同僚厌恶，种种公事也往往因为“不合规矩”进展得磕磕绊绊，最后不得不挂冠离职了事。

掺沙子、拜码头和买账，是新官必须正视的三把火。有人可能奇怪了，这其中怎么没有一件事情和老百姓的生活有关系呢？难道父母官上任不先关心老百姓吗？

当年贾雨村就有这样的疑惑。他觉得门子的话说得有道理，但是自己“蒙皇上隆恩，起复委用，实是重生再造，正当殚心竭力图报之时，岂可因私而废法？”因此，他这个新官，还想秉公执法、为民做主。结果遭到了门子的一顿冷嘲热讽：“老爷说的何尝不是大道理，但只是如今世上是行不去的。岂不闻古人有云：‘大丈夫相时而动’，又曰：‘趋吉避凶者为君子’。依老爷这一说，不但不能报效朝廷，亦且自身不保，还要三思为妥。”门子是这么说的，事实也是如此残酷的。如果你不烧那三把火，那么非但报效不了朝廷，而且自身官位也难保了。这背后有整个官僚体制在强力推动。

想在衙门里立足，想好好地把官做下去，就得认真地掺沙子、拜码头和买账，然后才是公开亮相：到孔庙、关帝庙、文昌庙、城隍庙去拜神灵，宣誓自己大公无私；贴出告示，接见小学生和老百姓们，说明自己要为民造福！

第三节　有些事儿比政绩更重要

唐代诗人韩翃，早在唐玄宗天宝年间就考取了进士，但仕途一直不顺，将近30年后到唐德宗建中年间仍在汴宋节度使兼汴州刺史李勉麾下做幕职。韩翃的同僚多是年轻后生，视他为迟暮老朽，他颇有些心灰意冷，时常称病在家。一天半夜，一位平日有交情的韦巡官突然来找韩翃，满脸喜色地向他祝贺："恭喜老兄即将出任驾部郎中知制诰！"驾部郎中是司局级京官，是可以穿绯服佩银鱼的高级官员。知制诰类似于皇帝的机要秘书，还管写圣旨。这两个职务一结合，可就是响当当的实权职位了。韩翃坐惯了冷板凳，根本不相信天下有这等好事，严肃地对韦巡官说："必无此事，定误矣。"韦巡官说："我刚看了邸报。报上说，知制诰缺员，中书省推选了两个人，皇上都不满意。中书省就奏请皇上自己决定人选。皇上批复：'与韩翃。'中书省查看官员名录，现任官员中有两个韩翃，一个是江淮刺史，另一个在汴州给人做幕僚，搞不清皇上中意哪一个，便将两个韩翃的履历都送进去。皇上批复：'春城无处不飞花，寒食东风御柳斜；日暮汉宫传蜡烛，轻烟散入五侯家。与此韩翃。'"韦巡官问："这不就是你写的《寒食》诗吗？"韩翃这才觉得自己升官有望了，兴奋了一夜。第二天早晨，"老板"李勉带着僚属，集体登门向韩翃祝贺了。

这样的戏剧性情节，估计所有衙门中人都希望发生在自己身上。升官是官吏们的奋斗目标，也是评判官场中人成功的唯一标准。那么，怎么才能升官呢？或者更学术地说，政治体制提拔官员的标准是什么，看重哪些因素？

正如韩翃的例子揭示的，官员获得提拔的首要因素，最强有力的筹码就是得到皇帝（或者达官显贵）的青睐。传统的专制政体的权力结构是自上而下的，下级的权力来源于上级。最高领导（或者实权领导）看中的人选，自然是遇缺即补、重点栽培，人事部门也不敢说差，所谓“朝中有人好当官”是也。

《清代野记》里面记载了一位“清代韩翃”的仕途命运。安徽人龙汝言在某都统家教书。嘉庆皇帝生日，都统让龙汝言代写祝词。龙汝言就收集康熙、乾隆两朝御制诗百韵，写了篇祝词。结果嘉庆皇帝非常喜欢，要奖励该都统。都统不敢隐瞒，说祝词是家庭教师龙汝言写的。嘉庆更高兴了：“南方士子往往不屑读先皇诗，今此人熟读如此，具见其爱君之诚。”立即赏龙汝言举人功名，参加第二年的会试。第二年会试结束后，嘉庆大声申斥各位考官，说这次录取的进士水平太差了。考官们出来后，很不解，偷偷询问近侍太监：“今科闱墨甚佳，何以不惬上意?”太监回答：“龙汝言落第，皇上不高兴。”龙汝言是嘉庆嘉奖过的，亲自树立起来的“南方士子”榜样，是嘉庆特命参加会试的。他落第了，无疑是在说嘉庆皇帝的眼光有问题，挑选的士子水平不行。在下一科会试中，龙汝言果然“拟中”状元。考官们把初步名单交给嘉庆，嘉庆皇帝一看排在第一的是龙汝言，高兴地说：“朕所赏果不谬也。”（我所欣赏的人果然不错嘛!）龙汝言即派南书房行走、实录馆纂修等差，赏赉稠叠，举朝羡之。正是因为皇帝和高官显贵决定着官吏们的仕途命运，天下钻营取巧之徒无不四处奔走，争相向前者献媚、邀宠、表现。在古代官场，此乃升官第一要义，巴结权力上级远比真才实学和脚踏实地地实干重要得多。

其次，衙门提拔人也要看一些硬性条件，包括政治面貌、功名、年龄、履历等等。

政治面貌指的是待提拔官员政治上要可靠，要是现行体制的忠实信徒和捍卫者，而且还要和现在的当权者同心同德。比如南宋初期，朝野认为蔡京、童贯等人是导致北宋灭亡的奸佞之臣，所以官吏都主动与他们划清界限，提拔前都申明“不系蔡京、童贯、朱勔、王黼等亲属”；

后来程朱理学被定为“伪学”，理学中人被定为“逆党”，官员们又纷纷反对起程朱理学来，声明“不事伪学”。其实，南宋初期的许多官员都是北宋遗留下来的，在北宋末期蔡京、童贯当道的时候巴结他们还来不及呢！同样，多数南宋读书人都是读着程朱理学长大，甚至凭此考中的进士，何曾“不事伪学”？不过不这么说，就等于自毁前途。同样的景象还出现在明末。魏忠贤当权时候，天下官员争相拜入魏公公门下，甘心做太监的干儿义孙。崇祯上台后，诛杀魏忠贤，清理“阉党”。官员们又争先恐后地与阉党划清界限。可见，所谓的政治面貌在古代实践操作中，往往变异为党同伐异的“站队”工具。

功名的硬性条件，比较容易理解。在科举时代，科举入仕是“正途”，其他得官方式都被视为“异途”。正途官员在仕进上有优势。清要官职一般由正途官员垄断，官场对正途官员也比较优容。明朝还规定，非进士出身且当过翰林的官员，不得被推举进入内阁。

年龄的硬性条件，则是出于生理上的考虑。随着年纪增大，体力精力衰竭，一些岗位可能不太适合老年官员。这在平均寿命偏低的古代，更为重要。比如明清时代照例对55岁以上的新科进士不授予州县实职，一般授予教职等闲职。本来古代人寿命就短，如果新提拔的官员没干几个月就死了，岂不是又要重启人事竞争？这太影响工作了。所以，对年龄的要求其实也是对身体的要求。由于身体表象可以伪装，而年龄可以落实在白纸黑字上，因此官场用年龄代替了对身体的要求。

履历也是提拔官员时考虑的硬性条件。履历类似于后世的简历，包含一个人的经历、籍贯和思想道德鉴定等。说到经历，前述明朝入阁的人要中过进士、当过翰林，这就包含了经历的要求。此外，明清的大学士还既要有地方州县实职工作经验（知县、知府、巡抚等），又要有中央部委工作经验（主事、郎中、侍郎、尚书）等，最好还负责过不同系统的政务。只有符合以上这些条件，传统体制才认为这个人“履历全面”、“视野开阔”、“才堪大任”。说到道德则标准虚渺，其“鉴定工作”常为豪门大族所操纵。由于说不清道不明，表演成效显著，而古代中国人又擅长表演，于是就出现了“举孝廉父别居”“守孝期生子”等等丑闻。鉴于名实多不合，枭雄曹操搞过一阵不看履历看才能的“唯才是举”。不过，像曹操这样的帝王毕竟少，几乎全部朝代都很看重履历中的思想道德鉴定一项，都喜欢忠臣、孝子。

古代衙门有相当完备的履历档案制度。人事部门考核提拔官员，就以履历档案为主，往往过于看重履历。有些官员就在履历档案上做手脚。为了保证履历档案的准确性，清代要求由地方政府提供“印结”，报部核对官员履历的真实性。假如是外省赴京的还必须取据同乡六品以上京官印结，因为同乡之间毕竟对相互的经历、道德比较知晓。但在实际操作中，“印结”成了对“造假”的追认。清朝常有人出于人情或贪图钱财而“滥给印结”。后来，京官们干脆组成同乡机构，推举年长者负责给赴京的同乡“有偿印结”，所得款项平分。

以上这些硬性条件对升官的作用，仅次于皇帝和高官的赏识提拔。有志仕途的人，要早做筹划，估算好年龄，安排好不同年龄段的职位，争取全面的任职履历，还要在道德品质上不出差错。有一个官场名词专门说那些硬性条件出众的人，阻拦在其他人前面，似乎已将升官希望括入囊中的行为：“卡位”。这就好像春运期间去火车站排队买票，有一个人总是站在你的前面。你俩可能是同时到的车站，他毫不犹豫地就选择了现在的队伍，而你犹豫观望了一下才过来排队，所以落在了他后面；你们可能是同时出的家门，他抓紧时间紧赶慢赶，而你在途中走马观花或者走了一段弯路，所以落在了他后面；或者干脆他就是起得比你早。之前的各种细节都可能导致对方站到了你前面。由于位置的前后之别，也许他就买到了本次火车的车票，而你只能等下一趟火车了。仕途也是如此，要想卡位成功，就要从起跑线上开始发力。

第三，如果候选人都没有受到上级的青睐，硬性条件又相仿，他们就只能根据再次一级的升官因素竞争了：政绩。为什么硬性条件要高于政绩呢？按理说一个人的政绩大小，才是他能否得到提拔最重要的因素。但是，所谓的政绩毕竟是“软”的，什么是实绩，什么是虚饰，什么是真政绩，什么是假表演，都是见仁见智的事情。考虑到古代官场中多“表演艺术家”，政绩就更加不可全信，不可作为优先的升官依据了。其实，上级的青睐、履历等硬性条件和政绩这三项升官依据，是按照软硬程度，从硬到软的顺序来排列的。

具体到政绩如何衡量，就涉及考核的问题。中国很早就开始考核官员的工作成绩。比如秦代的上计制度就是衡量官员政绩用的。郡臣于年初将一年的赋税收入预算写在木券上，呈送国君，国君把木券一分为二，国君执右券，臣下执左券。到了年底，预算完成了，留任；完不成，罢免。考核制度在唐朝得到完善，文官一年一考，标准为“四善”和“二十七最”。四善是：德义有闻、清慎明著、公平可称、恪勤匪懈。这偏重思想道德和工作作风。二十七最根据不同职务而定，偏重于政绩。比如司法的标准是“推鞫得情、处断公允”，也就是公正司法；教官的标准是“训导有方、生徒充业”，也就是要教出好学生；“校（书郎）正（字郎）”的标准是“雠校精审、明于刊定”，这类似现在出版行业对校对人员的考核要求。官员获得几善几最，对应获得考核等级，上等升官，下等贬官或者斥退。

明清时代继承了前朝完备的考核，作为官员升降的依据，同时又注重差异性。各地州县政务基础、繁简、难易程度不同，就不能按照统一的标准考核。洪武朝根据各州县负担的赋税数量将职位划为“繁”或“简”。隆庆朝进一步将天下府州县按照“大小、繁简、冲僻、难易”四项标准划分上、中、下三个等级。下等县的知县考核标准与上等县的不同，而下等县的知县调任上等县知县，也视之为升官。清朝划分的标准也是四项：冲、繁、疲、难。“地当孔道者为冲（地理重要），政务纷纭者为繁（事情纷繁），赋多逋欠者为疲（税不易收），民刁俗悍、命盗案多者为难（治安复杂）。”四字全占为最要缺，占三字者为要缺，占两字为中缺，只占一字或一字也不占的为简缺①。出任“最要缺”的要有州县长官经历，而且考核成绩出众；出任“简缺”的往往是初入仕途的人。大画家郑板桥入仕之初就担任山东西部小县范县知县，干了一任后考核优异调任潍县知县。潍县城郭高大、人口稠密。郑板桥虽然还是知县，却是升官了。

每隔三年，清朝对全体官员来一次大考核，针对京官的考核称为“京察”，针对地方官的考核称为“大计”。根据考核对象的品级不同，京察的方法也不同。一二品大员，包括大学士、尚书、侍郎、总管大臣、都御史、副都御史的京察方法是“列题”，在考察前期，被考核人员将各自的履历材料整理好交给吏部，再经过吏部整理后送呈皇帝考定。而中高级官员，比如内阁学士、侍讲、侍读、顺天府尹等级别的官员，则由吏部整理材料，交由皇上召见，称为“引见”。列题也好，引见也好，都由皇帝亲定。大多数低级京官，则由吏部会同所在衙门“会核”，撰写考语，评定优劣。需要说明的是，各省督抚虽然是地方官，但品级高，同时地方上也无他人可对其进行考核，所以也按列题进行考察，只不过专列一档，与京官一二品大员区别开来。地方大计，由督抚考察布政使、按察使，布政使、按察使再考察道府长官，道府长官再考察州县长官，由上而下依次进行。

京察结果分一等、二等和三等，大计结果分卓异、供职两等。每次京察一等和大计卓异者都是万众瞩目的对象。这意味着他们马上会加级升衔，还可能得到皇帝召见，擢升官职。嘉庆二十五年（1820 年），京察一等者林则徐，是由御史一级越级提拔的，外放浙江杭嘉湖道道台。林则徐连升了三级，深得皇帝赞赏，从此坐上了仕途的快车，为之后的

---

① 根据《清史稿·地理志》来统计，清末全国大约有 5% 的州县被定为四个字的最要缺，将近 20% 的州县被定为三个字的要缺，30% 左右的州县被定为两个字的中缺，一个字的或没有字的州县简缺占 45% 左右。比如晚清的上海县是属于“冲繁疲难”四字俱全的最要缺，附近的华亭县是占了“繁疲难”的要缺，奉贤县为“疲难”的中缺。常州府、苏州府、松江府所属的州县没有一个简缺。

仕途之路奠定了基础。他当官九年后中进士，而他的许多同年还在编修、知县的位置上熬资历。即使是其中的佼佼者，也还要过三五年才能做到知府、道台，而且远不能与杭嘉湖道这样的富庶、繁要之地相比。当然，京察一等和大计卓异的比例很低，且一二品大员、督抚、布政使、按察使等高级官员不能入选。此举本意为发现一线官员、具体事务中的优异分子，加以褒奖，进而重点培养。

至于京察三等、大计供职的多数官员，并无饭碗之虞。只不过对他们的调任使用会有限制，升迁的速度也会大受影响。对于在考核中发现的年老不堪、才力不济或有违法乱纪行为的官员，则要斥退或撤职。对于考核不严、所举非人的上级官员，则要负连带责任，一般是降一二级调用。

应该说，中国古代的官员考核历史悠久、制度完备。但官僚阶层一直明里暗里地抵制、破坏考核，加上中国特色的人情世故和种种劣根性，考核在很大程度上逐渐流于形式。比如唐朝中期以后，所有官员一律被考核为“中上考”。“考绩之司，事多失实。常参官及诸州刺史，未尝分其善恶，悉以中上考褒之。”考核流于形式，大家花费时间、经历和财力，每年都认认真真地表演一遍，结果是你好我好大家好。更有甚者，实权大小也影响了考核，一些实权人物、达官显贵和重要岗位的官员，基本是“未考已定”，没有考核前大家就知道他们肯定是优等。这就像地方封疆大吏和府道一把手，年年得优等——他们如果没有得优等，当地全体官吏都不答应。一把手年底考核没有得优，不就意味着当地本年度工作没做好，更意味着皇上“所用非人”嘛！于是，考核得优成了一种政治待遇。此外，清朝关键岗位的官员也一概得优。比如负责地方军政、民政、行政重务的官员考核基本都不离上等范围。《晚清官场规则研究》记述晚清的考核制度云：“内阁汉侍读仅二缺，另称‘正副阁长’，例均保列一等。旗人侍读十四缺，必须兼诰敕者才能保为一等。翰林院自侍读至检讨，必须在南书房、上书房入值，在清秘堂、国史馆任提调以及办院事、协办院事者，可保列为一等。”

所以说，政绩虽然是理论上最关键、最重要的提拔因素，但实在难以衡量。在中国的大环境中，考核只能变成上述景象，彻底失去了作为提拔依据的作用。那么，面对人数众多，都急红了眼想升官的官僚群体，到底谁升谁降呢？这是摆在人事部门面前的大难题。

早在北魏时期，人事部门就鉴于官场上升官竞争过于激烈，官吏们为此尔虞我诈、钩心斗角、闹得乌烟瘴气不堪入目的情况，发明了“论资排辈”的升官法。这种方法异常简单，不看候选人的政绩和考核结果，也不看他们的硬性条件，只看资历大小。谁在现任岗位上任官时间比较长，谁就优先升任高一级官位。这种不合理的方法，最终得到了官场的支持，在五代之后成为升官的主要标准。

吴思先生对论资排辈有过精彩的评价，认为“堪称极其高明的流线型设计”。此项方法是阻力最小、压力最轻、各方面都能接受的肥缺分配办法。“资格和辈分是硬指标，不容易产生争议。人人都会老的，谁都不会觉得这个办法对自己格外不公平，这就容易接受。已经老的人关系多，经验丰富，常常还是年轻人的师长师兄，年轻人很难公开反对他们，这就让反对者难以成势。至于在相同资格和辈分条件下的抽签抓阄，这是把前程交给天意和命运安排，而天意和命运无法反对。”“最后还有一条好处，一旦开始了论资排辈，再要废除就不太容易，代价会很高，因为耐心等待多年的编织了坚实的关系网的人们会群起围攻，说他的坏话，造他的谣言，保护自己即将到手的利益。”而论资排辈并没有堵塞住皇帝和高官显贵“额外”提拔亲信心腹的后门，他们依然可以直接任命或者保举、推荐他人入仕。这就使得实权人物没有必要反对论资排辈，反而希望借助这种机械方法来平息愈演愈烈的升官竞争。总之，这是一个官场中人人叫好的方法。如果说有谁受到了伤害，那就是满腔热血初入仕途施展拳脚却遭受打击的愣头青们，是那些将权力奉送给父母官、希望父母官造福天下的普通百姓们。

到头来，古代官员要么奔走王公显贵大门，求得快速仕进，要么规规矩矩，争取“无病无灾到三公”了。它湮没了人们的斗志和作为，助长了钻营、苟且和圆滑自保的风气。

古代皇帝对下面的人事提拔实情心知肚明。所以，那些想有所作为的皇帝就要跳出既定框架，搞些“不拘一格降人才”的举动，也算是无奈之举。比如雍正用人就常有“非常”之举。雍正朝大臣李卫出身底层，据说是奴仆出身，也没读过什么书，但是说话办事很有技巧、有手腕。雍正就安排他“捐效”入仕，也就是花钱买官，从道员开始，没几年就做到了巡抚总督。李卫协助雍正安抚东南，居功甚伟。他是怎么做到的呢？一次，朝廷要派钦差清查各地州县的亏空情况。李卫赶紧请求协助钦差清查亏空，然后事先把浙江各州县的长官叫到一起说：现在你们都老老实实地把辖区的亏空情况告诉我，有亏空的我帮你们掩盖过去，如果现在不老实说，等钦差来了，我就帮不了你们了。州县官们感恩戴德，将州县的财政情况如实上报。钦差大臣、户部尚书郭维新本想借清查亏空一事立威，因此雷厉风行。李卫就跟他说，浙江清查工作繁重，建议俩人抓阄决定州县，一人清查一半。郭维新答应了，结果他抓到的州县都是财政没有亏空、账目清晰的州县，而李卫抓到的都是财务混乱有亏空的州县。这次清查，浙江省没有发现任何亏空，全省上下一片欢喜，地方官对李卫敬佩感恩得不得了。官场上还真需要李卫这样不学有术的官员。

乾隆也有类似的用人之举，比如擢升和珅。和珅在乾隆后期被迅速提拔，几年间便位列高层，打破了论资排辈的规矩，就因为乾隆看重和珅的办事能力。此外，乾隆还喜欢搞些“突击检查”。一次，乾隆沿着运河南巡，到了山东某地看到道旁农夫耕作，突然想关心民间疾苦。他召一个农夫上船，问了问收成，又问了问地方长官的情况。突然，乾隆让农夫一一询问随扈大臣的姓名，让他看看其中谁是忠臣谁是奸臣。大臣们因为农夫奉旨询问，都不敢不向农夫报上姓名官职。其中不少人怕农夫将社会上流传的有关自己的“段子”告诉乾隆，心怀忐忑，有的都吓得大腿哆嗦了。农夫问了一圈，回答乾隆：“满朝皆忠臣。”“何以知之?”农夫回答：“我看演戏的时候，奸臣如曹操、秦桧，都面涂白粉如雪。现在的诸位大臣脸上都没有白粉，所以知道大家都是忠臣。”乾隆大笑，大臣们虚惊一场。想必连乡野村夫也知道考核一事只是形式，知道要追求你好我好大家好的大团圆结局了。

第四节　为官切忌犯众怒

清朝嘉庆皇帝即位后，非常高调地下求言诏书，要求大臣们展开批评和自我批评。一时间，言官纷纷上奏，揭露问题的，弹劾贪腐的，指摘朝政的，好不热闹。

批评是世间最微妙的事情之一，弄好了皆大欢喜，弄不好会反目成仇，甚至害了批评者的卿卿性命。嘉庆初年的求言，上奏的言官很多，结局大相径庭，得到好下场的人并不多。

先说有个满族御史，叫做和靖额。和靖额上奏揭举了朝廷的一项人事制度不合理。即朝廷旧例，满族举人如果连着考三科都没有考中进士，可以直接授予低级别的京官。这本来是一项照顾满族人的优惠政策，让科场失意的满族子弟可以直接当官。同样是举人，汉族人如果考不中进士，则要参加吏部的“大挑”，经过竞争和挑选才能出任知县等地方官。一比较，满族人获得了一条入仕的捷径。但是，在实践过程中，满族举人越来越多，而北京各衙门的编制名额是一定的，不可能让所有满族举人都当上官，所以大家得排队轮着来。结果就造成一些满族举人等了30多年，胡须都白了还当不上官，还不如像汉族举人那样参加“大挑”呢！和靖额对那些科场和官场都无望的满族举人们很同情，就奏请嘉庆皇帝准许满族举人像汉族举人一样参加“大挑”，竞争知县等职。嘉庆皇帝觉得他说的情况的确不合理，就大笔一挥，准许了。这事记载在昭梿的《啸亭杂录》里，说“百年弊政，一旦改之，人争颂其德”，最终是皆大欢喜的结局。

和靖额的同事、汉族御史李仲昭也上奏揭发长芦盐商造假牟取私利，一些盐商家资巨富，交通朝贵。李仲昭揭发的这事，也是事实。之前就有给事中花杰弹劾过长芦盐政的弊端，还点名道姓说大学士戴衢亨牵涉其中。结果，给事中花杰遭到谴责，之后再也没有人指出盐政的弊端了。这不，嘉庆皇帝向天下求言，李仲昭就重提了此事。嘉庆皇帝一听，觉得这是大事，让主管天下盐政的户部严肃处理。户部的官员经过认真调查研究和磋商讨论后，认为：李仲昭所言子虚乌有，完全是诬告，而且有盐商反映李仲昭索贿，所以估计是李仲昭索贿不成存心陷害。李仲昭断然否认，坚持认为盐政存在弊端。户部和御史掐了起来，嘉庆皇帝决定不了，就让王公大臣们组成专案组，彻底调查长芦盐政。调查的结果是：“个别”长芦盐商的确存在舞弊。处理的结果是：一个叫曾有圻的盐商被处理了，和他有关联的几个低级官员被降级或者革职。应该说李仲昭获胜了，不过他和同僚们的关系彻底完了，史载“人咸侧目”，大家都用异样的眼光看待李仲昭。

李仲昭这个人，《清史稿》上有他的传记，算是御史中的名人。之后他又批评吏部京察不公，也被证明属实。“京察”是对京官的定期考核，定优劣勤惰，作为升迁调转的依据。吏部负责官员考核，可从来就没认真执行过，总是你好我好大家好，李仲昭就揭发了此事。他还赴户部点卯（就是对在编的官吏点到），杖责了书吏——清朝的胥吏衙役蛮横得很，很可能是书吏得罪了李仲昭。结果，户部不干了，官员们集体弹劾李仲昭。嘉庆皇帝下令将他交给吏部议处。吏部之前受到李仲昭揭发正怀恨在心呢，上上下下都想乘机把他往死里整。尽管有刚正的侍郎初彭龄力挺李仲昭：“李御史有言胆，台中何可无此人？”吏部还是议定将李仲昭连降四级。

第三个搞批评揭发的御史，叫继善，他的结局最惨。继善是满族人，揭发科举考试中的“翻译”科黑幕。清朝公文档案多以满汉两种文字书写，由此需要翻译。朝廷就举办了“翻译”考试，挑选熟悉满汉双文的青年。在实践中，能够报名参加翻译考试的都是王公大臣和满族亲贵的子弟，考试过程中冒名顶替、传递纸条等弊端繁不胜言。翻译考试沦为近臣子弟垄断的“进身之阶”。继善揭发了种种黑幕，促使嘉庆皇帝下令整肃，从此翻译考试才稍微像点考试的样子。继善后来升任管理马匹的太仆卿。朝廷对养马的八旗士卒发放补贴，估计是为了保持八旗子弟的骑射精神。不过到嘉庆时期，真正养马的人家不到八旗人家的十分之三。八旗子弟没几个养马，却都冒领养马补贴。继善又揭发了这件事情，在嘉庆皇帝的支持下整肃了太仆寺的马政。昭梿的《啸亭杂录》记载，经过这两件事情后满族人对继善“恨入切骨”。等到继善验马那天，满族人密谋把继善堵到哪个小角落里打死他。好在密谋者认错了人，群殴了另外一个官员，差点把那个无辜者给打死了。

三个御史，和靖额、李仲昭和继善，都是响应嘉庆皇帝的号召，都是批评揭发弊政，为什么结果会天差地别呢？

搞批评揭发是要讲究窍门的。站在御史的角度，他首先要考虑皇帝能否接受你对上奏的对象的批评和揭发。尽管皇帝有言在先，要求大家知无不言言无不尽，但如果你批评皇帝荒淫无耻是个暴君，估计他也接受不了。所以，搞批评揭发，第一步要考虑你暴露出来的问题能否为皇帝所接受。这虽然很无奈，却是御史必须把握的“立场问题”。其次，你要考虑你批评的对象和揭发的部门的反应：他们能否接受？会有什么样的反应？如果连皇帝都可以接受，都已经认可了，批评对象和相关部门还会不接受不认可吗？会。因为官员们和皇上的利益不一定一致，而且是经常不一致。大小臣工虽然表面上为皇帝鞠躬尽瘁，但暗地里都在揩皇帝的油，躺在公家的财富上享受。所以，御史、皇帝和官场同僚三方面的关系要权衡好，批评揭发性的奏章才能真正起到预想的作用。

和靖额、李仲昭和继善都处理好了与皇帝的关系。三人揭发的问题，满族举人困境也好，盐政弊端也好，翻译考试黑幕也好，都破坏了政治制度的廉洁公正，影响人心，最终损害了皇帝的利益，所以得到了皇帝的支持，嘉庆都下令调查追究了。但是，三人中只有和靖额处理好了与官场同僚的关系。他揭发的满族举人仕途无望的问题，处理起来不会侵害任何人的既得利益，相反惠及数量众多的满族人口，因此官员们不会反对，还会拼命附和，来给自己增加政绩。而李仲昭和继善揭发的问题，京察不严、冒领补贴等，都是实实在在的利益较量，是你胜我负的较量，必然得罪大批人。比如翻译考场黑幕，牵涉众多王公大臣，“言官以其伤众，无敢言者”——不是没人看到问题，而是没人敢去揭盖子。反反复复的较量和惨重的事例告诉大家，批评揭发不能犯众怒，不能得罪官场同僚。

你触犯了官场众怒，就等于得罪了他们所组成的整套官僚体制。很多御史误以为自己为体制做出了多大的贡献，建立了多大的功劳，就能获得多大回报。所以他们上任之初，尽忠职守，勤于思考，敢于直言。这就大错特错了。御史和官僚体制的关系并不是平等的交换关系，不是你付出了多少辛劳就会有多少收获的，体制不是平等的交易市场。首先，御史和官僚体制的关系是不平等的。御史离不开体制，离开了就不是御史了，但是体制不多你一个也不少你一个，自有它的运转逻辑。而且，御史在体制中的升迁调转，离不开同僚的肯定和帮助。其次，体制是游戏规则的制定者，御史只能被动地任其鱼肉。御史和整个官场斗，就好像运动员和裁判员斗一样，输赢的裁定权在人家手里，你是永远赢不了的。就在御史费尽千辛万苦接近胜利的时候，官僚体制更改一下胜负的标准就能轻易打败御史。总之，御史批评揭发什么都可以，就是不能触犯众怒，和众官员为敌，动什么也不要去动体制。不要轻易搞批评揭发，要批评揭发也应像和靖额那样，不要涉及利益的博弈，争取你好我好大家好的皆大欢喜。

令人惋惜的是，在古代，正直敢言的御史，虽然能名动京师，可没有一个能得到好下场。在明清时期，因为整个官场的腐败和不作为，那些清正廉洁、奋发有为的官员反而得罪了官僚体制。

嘉庆初年的山东巡抚陈大文，地方工作经验丰富，有能吏之名。之前山东历任巡抚庸碌无能，吏治废弛，贪污遍野。陈大文上任后就弹劾罢免了属下贪官污吏30多人。下属叩见，陈大文先礼后兵，先是和蔼相待，谈论良久后突然正色申斥："你在某某事情上贪污了多少钱，在某某事情上克扣了多少钱，我都知道。如果你不速速改正，我就弹劾罢免你。"山东官场人心惶惶，对陈大文怨声载道，以至于有"山东民不反而官反"的传言。陈大文的刚正廉洁逼得山东官员没法活了，只能造反。最后，虽然连嘉庆皇帝都下诏称赞陈大文"人才难得"，陈大文还是因为"个性偏僻"遭到贬斥。同时期的代理直隶总督熊枚也因为"劾吏严"，被高层认为"不能和衷"而罢官。看来，官场是讲究"和气宽容"而不讲求刚正清廉的。

河道总督王秉韬性格方正，不沽名，不避权贵，主持工作以来力主"节约治河"。治河向来都是肥缺，整个河道系统多少人从中揩油自肥。可王秉韬一改年年大修大补的"优良传统"，只修理需要修理的河段，原料如数购买，禁止下属滥报浮冒，禁止急工扰民。如此一来，整个河道系统大小官吏还捞什么啊！结果，王秉韬遭到弹劾，怏怏而罢。

朝廷的九卿会议一般由亲王贵戚主持，军机处领衔大臣说话，其他大臣就去点个到，附和一声。京兆尹卓秉恬参加九卿会议后认真讨论政务，有时还和主持会议的领导辩论，结果不为当权者喜欢，在京兆尹位置上足足停顿了18年。同样"多嘴"的还有刑部尚书金光悌。他在讨论"业务问题"的时候，非常坚持己见，以"学术权威"自居，常常说得其他部门的尚书和更高层的领导们无话可言，因此屡遭弹劾，是最不讨人喜欢的部门领导。

之前力挺李仲昭的那个侍郎初彭龄也屡次被罢官撤职。一次，嘉庆宣布初彭龄的“罪状”是：“初彭龄秉性偏激，素以纠弹为能，经朕屡加训诫，以疾恶过严，本属为公，然轻于举发。”这个罪状很奇怪，按说疾恶如仇“本属为公”，为什么竟成了罪名呢？因为初彭龄“秉公执法”过了头，触犯了众怒。

张国骥在《清嘉道时期的人才危机》① 中陈述了嘉庆、道光年间能人、干臣被斥，庸才、奴才把持官场的现象，总结了哪些人容易犯官场众怒：“这些官员，大多有个性，办事有一定的才干，而正是讨厌苛礼，倨傲、偏执、不敬不经、不谨不慎、坦率、饮酒、不顺上司、刚愎自用、躁妄、不检、不随流俗、狂放以及不和衷诸如此类的个性，使他们在专制主义的束缚抑制下，有的不容于世，有的终生不得志，有的销尽了锋芒，随波逐流……一个人只要有了这其中的一点，才干也就成了仕途之累。”而要想不犯众怒，官员应该这样做：对上，多磕头少说话；对人，八面玲珑，一团和气；做事，模棱两可，尽量少做事不做事。

这牢固不可解的习气，成了官僚体制的有机组成，反过来将纯洁的、有为的、高尚的人斥为挑战者。一个正常人要想在古代官僚体制中生存（不说发展），最起码的一点是不能触犯众怒。

---

① 张国骥：《清嘉道时期的人才危机》，载于《湖南大学学报（社会科学版）》2005年第5期。

第五章　捷径：官员任用与升迁的争斗

唐代卢藏用中了进士，但是长期得不到提升，于是到京城长安附近的终南山隐居。终南山离长安极近，传说是道教的发祥地。于是，以道教宗师老子的后裔自居的李唐皇室在终南山修建了不少皇家道观，长安的达官贵人们时常去终南山游玩、参拜。很快，长安政坛都知道终南山里隐居着一个叫做卢藏用的隐士。他借此获得了很大的名声。朝廷很快就征召卢藏用去当左拾遗，他欣然出山赴任。卢藏用的朋友司马承祯颇受唐睿宗、唐玄宗等几代皇帝器重，却无心禄位，要去浙江天台山隐居，卢藏用送他东行。途中，卢藏用指着终南山说："这山中风景绝佳。"司马承祯缓缓说道："在我看来，此山风景倒在其次，却有一条仕宦的捷径。"卢藏用闻言，惭愧得无地自容。

后来，我们就用"终南捷径"来讽刺那些借隐居而出仕的做法。讽刺归讽刺，后来人还是前赴后继地寻找新的终南捷径。因为官位的高低是衡量官场中人成功与否的关键标准，而升迁的快慢又决定着一个人最终的官位高低。所以，"捷径在哪里"就成了古代官吏们削尖了脑袋思考的问题。

第一节　古代官场的人脉关系

中国社会讲究关系，衙门之中尤其如此。关系似乎是衙门行政的润滑剂，没有关系时事情办起来总是磕磕绊绊的，托了关系后事情办起来顺风顺水。古代政治体制可视为由关系远近所决定的权力行使和利益分配体系。衙门中人的实际权力和收益就决定于层层叠叠的关系网络之中，他们需要通过拉关系来拓展自己的实际权力①。

不管官场中人多么不喜欢拉关系，但他们首先要在一个现实的平台上实践抱负、追逐梦想。比如古代一个读书人想安邦治国，那他首先要不断提升政治地位，才有可能在一个合适的平台上实现理想。拉关系在其中必不可少。关于这一点，先贤们有相当现实的论述。唐代韩愈写道："布衣之士，身居穷约，不借势于王公大人，则无以成其志；王公大人，功业显著，不借誉于布衣之士则无以广其名。是故，布衣之士虽甚贱而不谄，王公大人虽甚贵而不骄，其事势相须，其先后相资也。"在韩愈看来，拉关系对于志士仁人和王公显贵来说是双赢的选择，前者需要借助后者的支持得偿所愿，后者需要前者来扬名。年轻人接受了这一点，对拉关系的厌恶感可能会减轻一些。明代戚继光曾大喊"封侯非我愿，但愿海波平"，但如果离开了前期胡宗宪和后期张居正的支持，单单靠他自己的文才武略是不会有历史上那么显赫的功绩的。戚继光的战友俞大猷就比他耿直，虽同样能干，但屡次被罢官，甚至下狱，成就远小于戚继光，这就是明证。

历朝历代拉关系首选的对象就是权贵。中国历史上，通向权贵宅邸的道路上总是挤满了络绎不绝的拜谒者。为了提高拜谒的效率，拜谒者往往马不停蹄地一日奔走数家，多线投资。北宋皇祐、嘉祐中期，"士人多驰骛请托"，开封"有一人号'望火马'，又一人号'日游神'"，说的就是他们每天奔波在前往权贵府邸的道路上，闻风即至，几乎不休息。清朝和珅当国时，官员对和府趋之若鹜，和珅回到家里，早有官员夹阶立伺，唯恐落于他人之后。百姓们将和府所在的胡同称为"补子胡

---

① 有关人际关系与官员衍生权力的问题，在拙著《泛权力》第一篇中有专门论述。简论之，乡土、血缘、科举、体制、派系等关系都能让官场中人获得额外的权力。

同”，因为满眼望去都是官服上的补子。无名子《咏补子胡同》云：“绣衣成巷接公衙，曲曲弯弯路不差。莫笑此间街道窄，有门能达相公家。”李觏在《上江职方书》中一语道破古人挤向权贵之门的动机：“乐游贵富之门者，莫不有求也。或崇饰纸笔以希称誉，或邀结势援以干荐举，或丐禄粟之余以免困饿，或借威柄之末以欺愚弱。”说到底，无非是为了名、利二字，当官一事。

对于算不上权贵的一般官员，官场中人也不敢怠慢，要时常保持着联络，以便他日之需。清人有一首咏官场新年拜客诗：“争门投刺（名帖、名片）乱如烟，辘辘冲风亦可怜。触眼但逢骑马客，纵怀须待听莺天。”描述的就是逢年过节，北京城里官员奔走如织、车马如云的状况。为了节约时间多见人，很多人都是只投帖而不见主人，届时只在门房簿子上登个名字就走了，时称“望门投刺”，轿子在门口一晃而过。更多的人连轿子都懒得坐，派个随从坐在轿子里代替自己到处投帖，所谓“帖到人不到”。元旦那一天，北京四九城中名片乱飞，空车四出，这种投帖拜客的方式称为“飞帖”或“飞片”。正常人应该都觉得此现象不对，但已然成为拉关系的社会风气，奈何它不得了。

至于拉关系的具体做法，根据由头不同来分类，有以下几种：

第一，拿着自己的文章诗词或者政策建议直接上门，用真才实学去征服对方，求得对方的夸奖和推荐。这是最直接、最原始，也是最干净的方法。当年王维、白居易，就是凭借自己的诗词征服长安，得到强有力的荐举的。唐宋时期，荐举盛行，可以为进入仕途和升官提供重要砝码，这种拉关系的方法也最盛行。

北宋的张士逊进士及第后，一直在低级官职上徘徊，年近五十还等候重新分配工作。他拿着自己的文章去拜谒翰林学士杨亿，希望得到后者的荐举帮助。可是，连续三日登门都遇到杨亿有事，门房没有通报，张士逊锲而不舍，一直在门口站着不走。杨亿偶然从窗户的缝隙里看到了张士逊，见他气度非凡，就客气地招待他，交谈之后又看了张士逊的文章，认为他有宰相潜质，不久就举荐张士逊为监察御史，后来张士逊果然累官至宰相。张士逊“拉关系”成功的关键，除了他自己的真才实学外，还有一股锲而不舍的韧劲。拉关系的人总是有求于人，加上竞争激烈，自然不会轻易成功，不然，人人都是关系网络中的达人、强手了。这时候，只有坚持下去的人才有成功的希望。北宋晚期，蔡京权倾一时，为了能够得其接见，有一个士人每天都赶第一名来到蔡家门口，好几个月都没有结果，仍然坚持如初。一次蔡京翻阅门房会客簿的时候，惊异于这个人的诚心，把他叫来询问，觉得人还行，就举荐为官了。这是锲而不舍终获成功的典型例子。

需指出的是，凭文章和才学直接造访可能产生负面结果。那就是拉关系的对象对你的文章评价很低，或者认定你才学平庸，能力不足以当官。比如唐玄宗开元六年（718 年），河南参军郑铣、虢州朱阳县丞郭仙舟投匦献诗。他二人自然是希望皇帝能赏识自己的诗歌，不想唐玄宗看后得出的结论是“观其文理，是崇道法；至于时用，不切事情”，认定二人的诗歌消极无用，并下圣旨“可各从所好”。结果，郑、郭二人马上被罢官，并被安排出家做了道士。清朝时，不断有书生趁乾隆出巡时在御驾旁投书求官。不过自视甚高的乾隆多次贬低这些文章，认为满纸穷酸、无才可用。一些投书的书生还被加以惊动御驾、形迹可疑等罪名，遭到惩处。

唐宋时期，不少达官显贵对推荐人才非常慎重，在荐举之前要经过悉心的考察。比如北宋的谢泌将荐举之责看得非常严肃。他治贡举，并曾在吏部负责官员的考核选拔，被公认有“知人”之才，却极少推荐人才，一生总共荐举了不过数人。人虽少，但谢泌推荐的人都被证明有真才实学，最后都做到了卿相的高位。据说谢泌每推荐一个人，都要焚香望阙跪拜，说：“老臣又为陛下得一人。”像谢泌这样严肃、认真的荐主之后越来越少。明清时期，荐举逐渐成为例行公事。清朝，尚书钱陈群对求见的读书人都极力赞扬，只说好话不说坏话。长得瘦的，他就赞其清华；长得胖的，他就赞其福厚；长得陋劣短小的，他也说精神充足、事业无穷。总之，务必让每个登门相求的人都满意而归。一天，钱尚书又送走了一个客人，侄子问他客人是谁。他凝思良久，说："我忘了他的姓名了。"侄子就说："大人刚才那么称赞他，怎么这么快就忘了名字了呢？"钱尚书笑道："求见的人，不过是求赞罢了！我只是称赞他而已，又何必知道他是谁呢？"可见，此时的夸奖与推荐都已成了廉价的标签，不起作用了。事实上，明清时期官场对荐举并不看重。因为由高官或名人推荐而升官、成名的人，寥寥无几。

第二，利用各种人际关系，主动接近拉关系的对象，希望得到后者的赏识、提拔或帮助。这里的人际关系包括籍贯、师承、血缘、亲属、家世等等。

中国人很讲交情，如果一个人能和有权有势者拉上确切的关系，就能产生切实的好处。比如官宦子弟往往能依仗父辈的官爵和威名轻易拉上关系。北宋曾巩就说："京师多尊官要人，能引重后辈。公卿家子有宾客亲党之助，略识文书章句，辄出与寒士较重轻，由此名称多归之，而主升绌者，因得与大位。"对于坐拥显赫家庭背景的官宦子弟而言，在编织自己人际关系网络方面也能捷足先登。同样，如果一个人有过硬的人际关系却不去使用，就会被人看作"匪夷所思"。北宋的吴孝宗是江西抚州人，和王安石、曾巩等高官显贵、大文豪是同乡。吴孝宗本人才识过人，写得一手好文章，却不为人所知，生活落魄。后来不知是实在过不下去了还是"灵光闪现"，吴孝宗也来到开封拉关系。他拜谒欧阳修，恭敬地献上了十余篇自己的文章。欧阳修读后大为赞赏，再看了吴孝宗的籍贯，十分疑惑地问他："你写得一手好文章，怎么我一直不知道呢？况且你的同乡王安石、曾巩，也从没提及过你，怎么回事呢？"因为之前吴孝宗从没求见过王、曾二人。欧阳修对吴孝宗的情况颇感意外，很怜惜他的遭遇，马上写诗相赠。在诗中，欧阳修将吴孝宗与曾巩相提并论："自我得曾子（曾巩是欧阳修的学生），于兹二十年。今又得吴生，既得喜且欢。”吴孝宗暴得大名，之后顺利进入官场。

有人可能感叹：我没有什么关系可拉，怎么办？事实上，绝大多数人都没有显赫的家世，也没有当大官、做文豪的同乡、同学或亲戚。可这并不妨碍他们“创造条件”，主动拉出关系来。比如“攀缘依附之风，俗所恒有，而官场为尤甚，是以官场亲戚为最多”，说的就是官场中人喜欢攀亲戚，即便两人有间接得不能再间接的亲属关系，也以姻亲相称。例如赵钱孙李周吴郑王八姓，赵与钱、钱与孙、孙与李、李与周、周与吴、吴与郑、郑与王各为直接之亲，那赵与王二人也以亲戚相称。这种主动拉关系套近乎的关键，一是要积极主动，二是要不放过任何蛛丝马迹，找到它、放大它、利用它。明清官场，对此点有“杰出的表现”：

明清时期的官吏相见，往往没谈几句就因为“情深义重”而结拜为兄弟，俗称“拜把子”。这可好，两个原本没有任何亲缘关系的人，一下子就成了兄弟了。结拜的双方要互换一份帖子（称为盟帖、宪帖、兰谱等），写明各自的姓名、籍贯、生辰八字和家庭主要成员的姓名、官爵、职业等，并写明“因交情日笃，友谊深厚，愿结拜为异姓兄弟”云云，最后在落款处签名盖章或按手印，注明日期。换帖后，双方就成为把兄弟了。为了拉关系、相援引，清朝官吏热衷拜把子。和珅权倾朝野之时，有些督抚为了依附巴结他，不惜屈尊与和珅府上的门房、下人结为把兄弟，以便其能为自己说好话。清朝讽刺小说《歧路灯》提到当时官场上拜把子之风的盛行：“如今世上结拜的朋友，官场上不过是势力上讲究，民间不过在酒肉上取齐。若是正经朋友，早已就不换帖了。”官场这种纯粹功利的结拜完全败坏了拜把子的名声。人们一听到谁和谁是把兄弟，就联想到两人是相互利用的酒肉朋友了，以至于真正情深义重的朋友，都不屑于换帖结拜了。

对于年龄或者地位相差悬殊的官吏，年轻者、位卑者不便与他兄弟相称，就主动拜入年长者、位高者的门下，做后者的门生，俗称“拜门”。拜门不是传统意义上的拜师，只是利用师生名义来攀附强者而已。

拜门之前，双方可能并不相识；对于老师的辈分、年龄、品行、学识，门生可能一无所知。拜门的标准很简单，只要对方有权有势，能对自己有所帮助，又不便以兄弟相称，就可以投身其门下。发展到最后，一些无耻之徒甚至投入比自己年轻或声名狼藉的强者门下。另一方面，高官和强者也欢迎有人主动拜门，通过网罗门生扩大自己的势力。而一些穷京官则巴望着有钱的“财主门生”前来投拜，希望以收取拜门时的贽敬和以后的孝敬来捞钱。少数高官为了将某个有前途的人收入门下，或者为了多要一份孝敬，竟不惜主动登门去认门生，强行令其拜门。这被称为“倒拜门”。不过一旦老师失势了，落魄了，以前的门生们便纷纷改换门庭，重新拜门。

除了拜把子、拜门，明清官场惯用的另一招是“拜干亲”。拜干亲包括钻营者拜要攀附的权贵为干爹，自为干儿；或者让妻妾、儿女拜要攀附的权贵为干爹；或者自己和家人拜权贵之妻、母为干娘。他们所拜的权贵不仅有朝廷权贵，还有权势显赫的太监。比如魏忠贤得势的时候，干儿、干孙就遍布天下。有厚颜无耻者因为自己年纪比魏忠贤大，不方便拜魏忠贤为干爹，就让幼子拜魏忠贤为干爷爷，间接实现给魏忠贤当干儿子的“愿望”。乾隆时，有一翰林为了得到肥缺，谄事权贵。他先让老婆拜大学士于敏中的夫人为干娘，于敏中势衰后又让老婆拜尚书梁师正为干爹，并令其殷勤侍奉。每天梁尚书上早朝前，翰林夫人都先把梁的朝珠放在胸口上焐暖，然后亲手给干爹挂上。清朝的“中兴名臣”胡林翼担任湖北巡抚期间，为了和朝廷派来钳制自己的湖广总督官文搞好关系，让母亲将正在受官文宠爱但出身不好的宠妾认作女儿。官文正为这名宠妾的身份问题头疼，胡林翼此举帮他解决了一个大麻烦，官文也乐得和胡林翼当起了姻兄弟。从此，胡林翼在湖北施展拳脚方便了许多。

这种建立在相互利用之上的关系是极不牢靠的。一旦拉关系双方的地位、权势发生重大变化，牵拉起来的关系就土崩瓦解了。比如，把兄弟如果调到同个衙门做了上下级，下属要主动送还当年的拜帖，表示二人兄弟关系结束。大家对拜把子的往事绝口不提。更甚者，下属在还帖的同时送上一份门生的帖子或者儿子的帖子，那么原来的兄弟就变成师生或父子了。至于原来的干爹长期不进步或者退步了，而原来的干儿、干孙在仕途上突飞猛进，前者说不定要改拜在后者门下，原来的父子、祖孙关系就完全颠倒过来了。

如果觉得寻找各种关系太复杂，那么衙门中人都有一个共同的亲友可以用：孔方兄①。这个孔方兄可是相当给力。清末，沈幼岚想抱住庆亲王奕劻这棵大树以便升迁，但屡次求见皆被拒。同乡某御史就对他说："奕劻之门不难进，但必须花费巨款方可。"沈幼岚大悟，拿着两万两银票送给庆王府的看门人，说："这是小意思，请王爷买些果品。"看门人进入报告，奕劻竟然亲自出来迎接，沈幼岚又喜又惊。告辞后，奕劻又亲自送出门外。沈幼岚出来对人说："金钱的魔力竟然如此巨大！"

明朝官员李钧就指出："大臣无耻者多与内官交结，或馈以金银珠宝，或加以奴颜婢膝"，无论该人实际的品质如何，只要"心意"到了，"内臣便以为贤，朝夕称美之"；反过来，"有正大不阿、不行私谒者，便以为不贤，朝夕谗谤之"。借助孔方兄的力量拉成关系的关键，是孔方兄的金额要合适。礼多人不怪。这个金额虽说多多益善，拉关系者如果难以承受，也要维持在必要的金额之上。如清朝的和珅贪婪成性，家产丰厚，对一般的贿赂根本就看不上眼。曾经有个外地知县将一千两银票举过头顶，跪在和府门口求见和中堂。和珅回府后看到，大声叫骂："知县是何虫豸，也来见我？"可怜的知县之所以被骂，就在于他不懂行情，将孔方兄送少了。根据和珅的情况，要想得到他的支持和提拔，估计没有万两白银难得一见。

有关孔方兄拉关系的最好例子，可能发生在清朝大臣潘祖荫身上。

① 指钱，因旧时的钱有方形的孔（诙谐兼含鄙视意）。——编者注

潘祖荫历任工部、刑部、礼部尚书，后任军机大臣，自然是响当当的实权人物。一次，诸多官僚聚会闲谈，扯到了某位提督。潘祖荫对此人赞不绝口，说他忠肝义胆、文武兼备等等。官员李文田很好奇，就问潘祖荫："此人有什么功绩?"潘祖荫说："不清楚。"李文田又问："此人长相如何?"潘祖荫说："没有见过。"对于一个素未谋面、不知道履历成绩的人，潘祖荫为什么给了极高的评价呢？潘祖荫解释道："此人送我的鼻烟很好，我就知道此人不错。"同样与潘祖荫素未谋面的左宗棠，被仇家陷害入狱，好友郭嵩焘计划搭救左宗棠，就想由潘祖荫上奏担保。郭嵩焘准备了盛大的酒宴招待潘祖荫，又奉上大把银票，说有事请潘大人帮忙，可就是不说具体是什么事。潘祖荫也不拒绝，将银票纳入怀中，说："我们且饮酒，再商量。"几杯酒下肚，郭嵩焘拿出一份早已写好的奏折要潘祖荫签上名字递上去。潘祖荫摇摇晃晃地就跟着郭嵩焘向奏事处走去，路上问郭嵩焘折子上写了什么内容，郭嵩焘担心潘祖荫变卦，仍不肯明说。到了奏事处门外，潘祖荫说："事已至此，必无悔理。只是所保何人，折中所言何事，必先令我知悉，否则万一皇上问起，将何辞以对?"郭嵩焘这才出示奏折，潘祖荫见是给一个叫左宗棠的人说好话的，放心了，大笔一挥签上自己的大名，递上奏事处。潘祖荫的奏折对营救左宗棠起了很大作用，同时把左宗棠"夸"得有点大发了，还触动咸丰皇帝考虑要重用左宗棠。后来左宗棠发达后，不忘潘祖荫的助推之恩，并投其所好，用重金向潘祖荫报恩，每年冬天送给潘祖荫炭敬就是一千两银子，他还赠给潘祖荫道光初年出土的、价值连城的西周文物大盂鼎。

以上三种拉关系之法，是古代官吏灵活运用的基本方式，可以单独用也可以混着用，可以直接用也可以引申开来用。由此攀附上权贵，有了靠山之后，个人便可获得额外的衍生权力，在官场多一分资本了。最后讲一个《民国趣史》中的实例，给读者一个具体、直接的感受，也请读者观察一下：故事中的主人公一共使用了多少种拉关系的方法?

民初汉口征收局长某某，到任以来横征暴敛、营私舞弊，多次被商民控告却都能保全职位。这得益于他手腕灵敏、关系通神。任职将近一年之后，按制要重新任命征收局长。某某自然想连任，如果不能连任，自己任内贪污、挪用和亏空的款项在移交时如何能骗过后任的眼睛，又如何能让后任接过烂摊子呢？当时社会盛传，上司有意任命督军公署秘书长前来接任，某某闻言惶惶不可终日，怎么办？

某某的夫人与湖北财政厅长的夫人相识，以姐妹相称。某某就授意夫人接厅长夫人到汉口来看戏，摆上美味佳肴招待。厅长夫人如约来到汉口，为时尚早，戏场还未开演。某某夫人就客客气气地约厅长夫人先到一家珠宝店“赏鉴珠宝”。店主人拿出镇店之宝珍珠手钏十余副，罗列案头，任听选择。一时光怪陆离，耀人眼目。其中一副手钏的珍珠，硕大精圆，厅长夫人爱不释手，一询价：八千元。她很想买，可哪有那么多钱啊？厅长夫人既想割爱，又觉不舍。两难之时，某某夫人开口了：“太太既然见爱，尽可携归。此间店东与敝寓向有往来，即令其暂入我账可也。”说完，店主人就把手钏包好递上。厅长夫人也不谦逊，将珍珠手钏轻轻放入袖中，与某某夫人偕同去看戏了。看完戏又吃饭游玩，厅长夫人玩到第二天才回去。又过了一天，某某连任汉口征收局长的公文就到了。

第二节　官吏的圈子与群体

光绪中叶，山东人尹琳基担任翰林编修多年都得不到外任，牢骚满腹，郁郁寡欢，纵酒消愁。一喝酒就容易出事，尹琳基常常喝醉，一醉就谩骂同座的宾客。因此，他和同乡、侍御史郑溥元发生了龃龉。郑溥元就抖落出尹琳基的私事弹劾他。这事一时间闹得沸沸扬扬的，官场舆论基本上谴责郑溥元，认为他心胸不开阔，因为一点不愉快就和同乡死掐。不久圣旨下来，尹、郑二人都被勒令退休。

按照清朝官场的逻辑，在这个案例中，尹、郑二人都犯了“不合群”的毛病。翰林院里积压的得不到外任的官员多了，怎么没见其他人借酒浇愁，只有你尹琳基酗酒呢？你酗酒就酗酒，为什么还要骂人呢？这是不合群、伤和气的表现。郑溥元也是，因为酒场上的龃龉就弹劾官员，是不注意团结的表现。所以，两个人都“不合群”，“不适合”继续担任官职了。

每一个政治体制都会形成相应的行政作风、官僚氛围和思想观念，都有一套由有形或无形的规矩组成的、公认的“群文化”。合群，就是衙门中人要融入群文化中去，与整个环境合拍。一个希望在某个政治体制中生存和发展的官员，必须是这套体制的拥护者和践行者，必须在日常言行中做到合拍。反之，不合群的官吏很难在政治体制中发展、升迁，甚至可能被这套体制“清除出局”。在开头的例子中，爱发牢骚的尹琳基最终被“请”出了官僚队伍，因小事乱弹劾的郑溥元也被办理了退休手续。之前谈到合群的话题，但它说得更多的是不要主动去挑战体制、招惹是非，而这里的“合群”进一步要求衙门中人将体制的要求内化为内心的要求，在日常言行中时刻和群体保持一致。这是更高的要求。

如果群文化是健康的、正确的、阳光透明的，那么衙门中人尊崇它，心安理得，天经地义。但是，官僚体制在发展过程中会产生独立的逻辑，独立发展下去。因此，“群文化”很可能背离制度设立的初衷，或者与道德规范和人的正常心理不一致——这在现实中经常发生。即便如此，衙门中人也要适应、遵从这套错误的文化，让自己合群。这就类似同流合污，最后的结果只能是劣币淘汰良币，庸者上、昏者留而贤能之士遭到清除、打击和埋没。清朝桐城人汪志伊从县令做到福建巡抚，以廉洁著称于世。这在晚清难能可贵。他曾经进京谒见皇帝，一路上只乘了一辆破车，车上装着被褥等家伙什，只带了两个普通用人随行。汪志伊沿途经过数十座繁华都市，人们都不知道有封疆大吏过境。沿途的官员事后得知，都诧异不已。官场上总得有应酬之举，汪志伊也不能免俗。不过他小气到请客的时候只用两道菜招待同僚，不要说吃好，就是吃饱都有问题。饭桌上，汪志伊大谈特谈宋明理学，宣讲节欲修身之道。客人们因为汪志伊的身份，不敢当面发作，可回去后“人争目为怪物”。不用说，汪志伊是个不合群的另类高官。他的结局怎么样呢？汪巡抚和闽浙总督“情性不适”，不得不办理了“病退”手续（原文为“引疾去”）。在普遍昏暗、没人修身养性的晚清官场，汪志伊只能被清理出去，就像人们清理一粒眼中沙一样。

中国的官场尤其看重合群，混的是一个“一团和气”。一个合群的人才能为中国官场接受，进入各个次生的圈子，进而如鱼得水。反之，不合群的人很快会被边缘化、孤立最后消失。这可能与中国人讲究中庸调和的思想观念，与各种关系网络盛行的社会环境有关。这样的例子很多，比如1790年礼部侍郎尹壮图上疏乾隆，劝谏道：“各督抚声名狼藉，吏治废弛。臣经过地方，体察官吏贤否，商民半皆蹙额兴叹。各省风气，大抵皆然。”尹壮图这话，基本上否定了当时的官场，对官吏群体评价很低。这明显是有碍团结、伤和气的举动。果然，乾隆看后大怒，以“挟诈欺公，妄生异议”罪判尹壮图“斩立决”。后来，乾隆为避免成全尹壮图“忠谏美名”，免去死罪，降职处分。又比如，晚清刘长佑官至云贵总督，多次请求退休，都得不到允许。两宫太后和小皇帝对他的工作是肯定的，对他多次慰劳。突然一天，圣旨下来了，刘长佑“降二级、另候简用”。这是怎么回事呢？原来刘长佑虽然当官处世各方面都很正常，却在一点上不合群。晚清官员纷纷贿赂后宫太监，刘长佑却没有这么做，“于内廷绝无馈赠”，导致太监们对刘长佑很不满意。当时封疆大吏有赏宫保衔、穿黄马褂、紫禁城骑马等等特殊优待，刘长佑却什么都没有得到。其实，太监们当时已经在给他敲警钟，让他“改邪归正”了。无奈，刘长佑还是我行我素，还自称“白身督抚”，表示自己廉洁自律、不结党营私。于是，太监们都不在宫廷说刘长佑的好话，最后抓住云南报销事件猛说他的坏话，硬是把他给扳倒了。

合群有许多具体的表现。比如不能得罪人。除非是官场另类和边缘人物，衙门中人得罪了也就得罪了，但一般情况下不要轻易得罪人。因为你不知道此人身后的各种网络，不知道涉及事件背后的水深水浅。唐朝张固《幽闲鼓吹》卷五十二载，中唐时期，京城发生一件大案，牵扯了不少官员。这些官员暗中活动，导致迟迟不能结案。一天，宰相张延赏想起此事，召见司法官吏做了严厉的批评，并当面下令："此案已久，限在十天内审结。"第二天上午，张延赏上班后办公桌上压着一张纸条，上面写着："钱三万贯，请勿过问此案。"张延赏大怒，当即把纸条撕了，再次督促审理此案。第三天，张延赏看到办公桌上又出现了一张纸条，上面写着："钱五万贯。"张延赏更加生气，下令限在两日内审结。第四天，办公桌上又有了一张纸条，写着："钱十万贯。"张延赏摇摇头，叹了口气说："钱至十万，已经可以通神了，没有不可挽回之事。我怕由此得祸，只能不去管这桩案件了。"估计，张延赏的表现是绝大多数人的客观选择。

又比如凡事要给自己留条后路，这也是中国特色群文化的表现。唐朝青州刺史刘仁轨奉旨进京，投宿莱州驿站，被安排住西厅。深夜，有监察御史某人投驿，问哪一间房子好，管理人员说："西厅稍佳，但已经有人住了。"御史问："什么人?"听说是一个州刺史，他便不屑地说："叫他把西厅让出来。"从品级上讲，刺史比御史要高一大截。但御史是清流，执掌监察大权，对无论哪个级别的官员都可以纠察弹劾。我们的这位御史大人估计平日神气惯了，就没把刘仁轨放在眼里。刘仁轨也很识相，虽然已经入睡，还是主动爬起来，抱起被褥衣物乖乖地挪到了东厅。不料，刘仁轨此次进京，是朝廷要调动他的工作。刘仁轨调任什么官职了呢？升任御史大夫，掌管所有的御史。于是，刘仁轨上任后就召集所有御史开会，大谈风纪问题："诸公出巡地方的目的，是察举冤滞，施行仁义，做好皇上的耳目，不应该烦扰州县，借此自重其权。"说着，他就手指那位逼他让厅的御史说："比如这一位，夜投驿舍。驿舍中东厅西厅有何区别？非要逼我让出西厅迁居东厅，这是忠恕之道吗？希望诸位不要学他。"不仅当众批评仇家，刘仁轨还赏他一顿乱棍，打得他皮开肉绽。早知有今日，这位倒霉的御史当晚一定会三思而后行。

第三节 "唯上"与"圆滑"

官场有官场的制度，做官有做官的规矩。衙门中人，如做官、为吏、游幕、当随从等，角色不同，规矩不同。如一品和九品官阶不同，新晋县官和资深同僚资历不同，部委郎中和地方道府环境不同，规矩也不同。这里面的学问可大了。清代官场就流行不少讲做官规矩的书，如《宦海指南》《官场必读》《牧令须知》《长随论》等等，跟后世的考试用书一样畅销。

林同济在《文化形态史观》一书中，对官场秘诀有不少描述："投桃、报李、拍马、捧场，此手腕也；标榜、拉拢、结拜、连襟，亦手腕也；排挤、造谣、掠功、嫁祸，又手腕也。如何模棱、如何对付、如何吹牛、如何装病，形形色色，无往而非手腕也。一切皆手腕，也就是一切皆作态，一切皆做假，便做官矣。打官话，说假也。做官样文章，写假也。官场的道德，假道德也。官场的事务，假公济私的勾当也。"《二十年目睹之怪现状》借一个典史的口说："至于说是做官的规矩，那不过是叩头、请安、站班，却都要历练出来的。任你在家学得怎么纯熟，初出去的时候，总有点蹶手蹶脚的；等历练得多了，自然纯熟了。"说千条道万条，是否存在一些具有普遍作用的为官秘诀？如果有，又是哪些秘诀呢？

从根子上说，古代官吏在职场主要遵循两条大的原则：一是唯上，二是圆滑。

唯上是首要原则。这是因为官员之间的关系不平等。虽说上下级官员都是朝廷命官，所有官员的任命、升转在理论上都是皇上的事情，由皇帝说了算①，然而在实践中上司对下属有考评、申斥、荐举或弹劾大权，几乎能决定下属的命运——钦差大臣和在特殊时期的上司还真的就有“先斩后奏”的大权；所有的班子成员（比如省级班子的巡抚、布政使、按察使、提督等）在理论上都是伙伴，一把手和其他成员在道德上是兄长和弟弟们的关系，在实践中一把手说了算，和其他成员的关系类似于老子和儿子的关系。比如在清朝，地方长官热衷于参劾属下官员，借此整肃异己。官员周栻为此上奏说：“下属官员最初并无劣迹，但是其中质朴无华的人，不讨上司的欢心，往往就遭到了上司的弹劾。建议以后遇到上司参劾下属，允许被参劾的人进京觐见。到时，他是贤明还是昏庸，自然难逃陛下的洞鉴。这样可使高官专擅的习气为之稍减。”可见当时高官“专擅”已成风气，在这股风气下，低级官员的行为受到了极大限制。不过周栻建议的方法不具备可行性，不可能让皇帝亲自裁决每一桩弹劾事件。所以，高官专擅的风气一旦形成只能越来越重。下属只能唯上司马首是瞻。

《明夷待访录》谈到在不正常的上下级关系中，下级是如何办事的：廉能之吏想兴利除弊、教化百姓，但是知府意见不同，上司威严可畏，没有上司的支持，下级的任何计划都实现不了。所以会做官的人，无不精于“阳避处分”“阴济奸贪”，或者一事不为，或者无恶不作，只要能博得上司的欢心，就“天变不足畏，人言不足恤，君恩不足念，民怨不足忧”。最后，上司还推荐他是“干员”，同僚认为他是“能吏”，只有普通百姓受他鱼肉，虽痛心疾首却无可奈何。这就是“唯上”原则的现实表现。

---

① 古代官员任命、调转基本上是一定品级以下（如五品）由吏部决定、颁布；一定品级以上的官员由大臣们推举，再由皇帝裁决。实际上，皇帝对大臣的人事情况并不知晓，基本上就是“追认”下面推荐的人选。

在工作中，下级时刻用上司的标准来对照自身的言行，不敢越雷池一步，也没有创造性和主动精神。对于不得不处理的日常公务，下级严格按照上司的指示办。上司让做什么、如何做，下级绝对没有“个人意见”，唯命是从，照猫画虎。如果上司没有明确的意见，下级就从上司的各种讲话、文件中挖掘“办事精神”，或者一切按照制度来做，呆板机械地走行政程序（让不确定因素消磨在冗长的程序中，或者通过走程序来揣摩上司的意思）。但是上司的指示或者讲话精神往往是原则性的，难以操作，下级不免战战兢兢，怕执行“走样”惹领导不高兴，于是就大搞形式主义，在表面上轰轰烈烈，不管是不是真正按照上级指示做，也不管能不能落实到行动上，口头上都喊得震天亮，而且要加上各种坚定的、强硬的修饰词。在行动上，下级不论做什么，做得怎么样，都必须让上司看到，知道自己在贯彻落实他的指示；汇报的时候要讲得头头是道，充分发挥想象力，尽可能突出自己的辛苦和努力，夸大成绩，有一分成绩要说成十分。对于上司交办但有困难的事务，下级就多“调查”“研究”，多谈上级思想的“新思路”“新发展”，能拖就拖，拖到上司忘记或者淡化此事为止。唯上原则还有许多工作表现，每个人可能都有自己的感受。总之就是上司的观感是最重要的，至于问题有没有解决，解决了多少，老百姓得到了什么好处，都是无关紧要的。

在人际关系上，唯上原则的表现就是下级对上司的巴结奉承。比如民初江西临川县知事傅岷孙，精于应酬。因天气炎热，傅岷孙派人采买大西瓜一船，派护兵二人送到南昌，载入城内分送各位上级。“计李督军大西瓜三十个，戚省长大西瓜三十个，罗财政厅长二十四个，陈政务厅长二十四个，其余各处或十二个、十个、八个不等。大要以官位之大小，分西瓜之多少。”上午刚送完，午间傅岷孙派来的第二拨送礼的护兵又来了，拿着三个木盒送入公署，盒子表面装潢极为精致，里面装着什么东西外人就不得而知了。（《民国趣史·知事拍马屁》）

但是，巴结他人毕竟有碍人的自尊。读书人，尤其是初入仕途的读书人，常常以巴结奉承为难事，感到难为情、不情愿。但是，《二十年目睹之怪现状》中名叫卜士仁的典史就教导侄孙说："做官的第一个秘诀是巴结，人家巴结不到的，你巴结得到，人家做不出的，你做得出。如果你有老婆，上司叫你老婆进去当差，你送了进去，那时有缺的马上可以过班，候补的马上可以得缺。你不要说这些事难为情，你须知他也有上司，他巴结起上司来，也是和你巴结他是一样的。总之大家都是一样，没甚难为情。你千万记着'不怕难为情'五个字的秘诀。如果心中存了'难为情'三个字，那是非但不能做官，连官场的气味也闻不得的了。"看来，巴结的秘诀是"不怕难为情"，为了官位提升要放下自尊。

清末，英国人威妥玛久在中国，对中国官场极为熟悉。他见到的清朝官吏遇事都不敢陈说己见，只知道附和上司。在总理衙门中，每当外国使臣发一番议论，中国官吏都以目相视——大臣视亲王、新入署的大臣又视旧在署的大臣。如果亲王发言，则众人哄然响应，如亲王不说话，诸大臣便不敢先发言。有一次，威妥玛说了一句"今天天气甚好"，无人敢应。有一姓沈的官吏忍不住应道："今天天气确实好。"接着，一位亲王又说："今天天气确实不错。"其他官员这才哄然响应。

古代做官的另一大原则是圆滑。如前所述，政治体制是一个硕大的黑箱。官场中人行为的不可预测和政治体制的不透明，是官吏面临的最大危险，可能带来巨大的伤害。为了避免受到伤害，古代官吏倾向于选择圆滑的办事和处世作风。而论资排辈的升迁环境，也迫使官吏们要少做事、少出错，争取"无灾无病到三公"。

清朝末期，陈其元代理南汇知县。上级衙门接连发文要各县掩埋暴露各处的尸骸。陈其元尽心尽力，亲自到南汇所属的各处掩埋尸骸，历时三个月，共埋葬4万多棺。全县因故还有1万多具尸体没有掩埋，陈其元将实际情况向上级领导做了汇报。同时，邻县的知县仅掩埋1700棺尸骸，上报时却说"境内悉数葬尽"。上司的公文很快下来，给掩埋1700棺尸骸的邻县知县记大功，给南汇知县陈其元申饬处分。当初，陈其元要上报时，幕僚本来粉饰其词，初稿写作“掩埋净尽”，陈其元却十分认真地说：“如果这样的话，那下一年就不能再办，这一万多尸柩最终将暴露在外。”经历此事后，陈其元终于相信“公事不可不作欺饰之语”，没有必要认真，像裱糊匠粉刷墙壁一样糊弄一番就可以了。

圆滑在工作中的表现，就是官吏们全力掩藏自己的真心实意，不让别人明白自己的底细、立场和意见，给自己留足回旋的余地；尽量推卸责任，出事时可以独善其身；一切按惯例常规来办，即便出了事也可以将责任推给体制，不用自己承担。最好什么事都能简化成例行公事，一切都是流水作业。这样的结果必然是谁都不干实事，不愿多嘴。宋高宗时，枢密院编修郑刚中说：“每当朝廷要施行一件事的时候，总是交代给监司去办，监司交代给郡守，郡守再交代给县令。各自将手续办理完毕，却不再过问能否给老百姓带来实惠。……结果，现在无论朝廷颁布任何良法美意，天下人都知道不过是虚设空文。这种欺罔诞谩之弊，至今不能革除，上下各级普遍如此，只图应付当前，到了检查的时候，就拼凑些千篇一律的材料，向上报告。”到了道光时期，曹振镛掌权的时候，他最讨厌年轻官员多事，斥之为“后生躁妄”。凡是担任御史的门生来拜谒，曹振镛总是告诫：“毋多言，毋豪意兴！”（不要多说话，不要心血来潮！）

圆滑原则导致的不作为、拖沓和推卸责任类似于西方政治语境中的“官僚政治”。英国政治学权威拉斯基教授（Laski）曾概括官僚政治：“官僚政治一语，通常是应用在政府权力全把握于官僚手中，官僚有权侵夺普通公民自由的那种政治制度上。那种政治制度的性质，惯把行政当作例行公事处理，谈不到机动，于是拖延不决，不重实验。在极端场合，官僚且会变成世袭阶级，把一切政治措施，作为自己图谋利益的勾当。”

沈括在《梦溪笔谈》中谈了一个“多做多出错，不做不出错”的极端例子，可以解释官吏们为什么倾向于圆滑办事。福建有一巨寇叫廖恩，聚众剽掠，杀人越货，后来被招安了，做了官。廖恩和同等级官员们一起参加考核。在座的其他几十个人，都少不了失误、受惩记录，因公因私都得罪过人，只有廖恩"并无公私过犯"。试想，州县事务繁巨，一做事过失在所难免，倒是被招安闲置的巨匪清白无瑕。这还让谁有办实事的动力啊！

唯上和圆滑相结合，可以衍生出许多看似匪夷所思实则有内在合理性的表现来。比如《官场现形记》中的马老爷总结的"做官的法门"，就深谙唯上和圆滑之道。马老爷说："我们做官人有七个字秘诀。哪七个字呢？叫做'一紧、二慢、三罢休'。各式事情到手，先给人家一个老虎势，一来叫人家害怕，二来叫上司瞧着我们办事还认真：这便叫做'一紧'。等到人家怕了我们，自然会生出后文无数文章。上司见我们紧在前头，绝不至再疑心我们有什么；然后把这事缓了下来，好等人家来打点：这叫做'二慢'。……无论原告怎么来催，我们只是给他一个不理；百姓见我们不理，他们自然不来告状：这就叫做'三罢休'。"

清朝是中国传统政治的集大成者，清朝高官也是精通种种官场规则的人。道光朝权臣曹振镛就是其中的杰出代表。道光晚年十分讨厌看不完的奏章，曹振镛就向道光出主意说："凡言官所上章疏，无论所言何事，重要与否，一概从中摘取一二破体疑误之字，交部议处。这样，众人既惊陛下圣明，又无拒谏之疑，也可杜言官之口，一举三得。"道光大喜采纳。结果是本来就已经不活跃的言官更加钳口不言。曹振镛见这方法不错，进而应用在自己办事上。他前后主持乡试、会试四次，对考生的书法吹毛求疵，比如字体要通体圆整，无一点讹错，字迹宜端秀，墨迹浓厚，点画宜平正。只有如此方可登上第，而有一定见解的文章往往因字体不美而被抑置。于是，道光朝科举重形式轻内容，八股抑制人才的情况比以前更为严重。

稍后慈禧时期的达官显贵王文韶也是精于做官规矩的典型。王文韶宦海沉浮几十年，升官的诀窍就是遇事圆滑模棱，被人讥为"琉璃球"、

“琉璃蛋”、“油浸枇杷核子”。据说王文韶有些耳聋，不知是真聋还是假聋，反正是凭此可以装聋作哑，免去不少麻烦。李伯元《南亭笔记》说王文韶入军机后“耳聋愈甚”。一日，两位大臣就一件事发生了争执，相持不下。慈禧太后问王文韶的意见。王文韶不知所云，只得莞尔而笑。慈禧太后再三追问，王文韶仍微笑以对。慈禧太后说：“你怕得罪人？真是个琉璃蛋！”王文韶仍笑如前。

王文韶当军机大臣时，每天凌晨入宫值班，轿前的引导灯笼写有很大的“王”字，人们一望便知是他。有人就劝王文韶说现在革命党人正大搞暗杀，准备炸死权贵，王大人还是去掉灯上的字为好。王文韶却说：“我一向与人和平共处，没有仇人，正怕误伤。所以特地把灯上的姓字写得很大，以便人能看到。”他原来是怕革命党人误伤自己，只是不知革命党人是否当他是同志？

针对曹振镛、王文韶这类官员，当时有无名氏赋《一剪梅》加以讽刺，录四首如下：

仕途钻刺要精工，京信常通，炭敬常丰，莫谈时事逞英雄，一味圆融，一味谦恭。

大臣经济要从容，莫显奇功，莫说精忠，万般人事要朦胧，驳也无庸，议也无庸。

八方无事岁年丰，国运方隆，官运方通，大家赞襄要和衷，好也弥缝，歹也弥缝。

无灾无难到三公，妻受荣封，子荫郎中，流芳身后便无穷，不谥文恭，便谥文忠。

李鸿章有句名言：“天下最容易的事，便是做官，倘使这人连官都不会做，那就太不中用了。”李鸿章的意思是掌握了唯上与圆滑这两大为官法宝，做起官来就得心应手了，如能运用自如便能官运亨通。不过，李鸿章的老师曾国藩却不无担心地指出，嘉庆道光以来，官场有四大通病：京官的两大通病是退缩、琐碎。退缩就是互相推诿，不肯承担责任；琐碎就是不顾大体，只见树木，不见森林。外官的两大通病是敷衍、颟顸。敷衍就是装头盖面，剜肉补疮，只顾眼前，不问明天；颟顸就是外面完全，心已溃烂，章奏粉饰，语无归宿。这四种通病加在一起，成为一种风气，但求苟安无过，不求振作有为。曾国藩担心："将来一有艰巨，国家肯定会有缺乏人才之患。"可惜的是，没有几个古代官吏会像曾国藩那样考虑到国家。如果他们多考虑国家一点，整个政坛就会是另外一番模样了。

第四节　官场的"名"与"利"

古代衙门中人要处理好许多辩证关系，比如"进"与"退"、"刚"与"柔"、"方"与"圆"和"得"与"失"，而其中最重要的关系可能就是"名"与"利"。

追求好的名声，爱惜名誉，这是人之常情。中国古话说："人过留名，雁过留声。"自古如此。但是，古代官场上的"名利"，并不是一般意义上的名声、名誉，而主要指的是古代衙门中人所追求的名教、名节。官场中的"名"既包括廉洁、清明、刚正、惜节等道德内容，还包括忠君、孝亲、敬上、勤政等工作内容。它的范畴比普通百姓讲的"名"要宽广，也要严格。因为衙门中人执掌公权力，有治世济民的重任，自然在名节上对他们的要求高一点。这种高要求在客观上也起到了约束官吏言行，制止他们胡作非为的积极作用。比如对官员清廉的要求使得尽管贪污腐败现象普遍存在，但古代从来没有一个官吏敢在光天化日之下，理直气壮地承认自己就是要当贪官，以当贪官为荣。

那么"名"和"利"是什么样的关系呢？总的说来，应该是先有

“名”后有“利”。“名”是古代官场的道德大防，决定着官场中人的前程乃至个人命运。它是做官的一条“及格线”，必须做到，否则免谈。所以，衙门中人舍名而求利，结果往往是求不到利，而且还会身败名裂。比如，晋代著名史学家、写《三国志》的那个陈寿，文名甚高，但是做人有点不拘小节。他在为父亲服丧期间生了病，就让一个侍妾进奉汤药。此事传扬出去后舆论大哗，陈寿落了一个“不孝”的名声，大节有亏，导致在中下级官职上蹉跎终身。历朝历代对官员的考核和选拔首重的都是名，很难想象一个道德败坏、士林不齿的人会进入官场，得到晋升。到了明太祖朱元璋时期更是进了一步，朱元璋规定，官员凡是犯赃、贪污，被判处徒刑①及其以上刑罚的人，都要把他的名字写在地方州县的“申明亭”上示众。可见官吏名节不保，不但自己身败名裂，还要殃及整个家庭和子孙。所以说舍名求利是行不通的，古代官员必须有一个好的名声，才能获得官场上的实利。

于是，古代衙门中人往往顾名求利，或者是求名求利，追求名利双收的好事。很多官员一方面在头脑里老惦记着如何得到千钟粟、黄金屋、颜如玉，另一方面又想当清官廉吏，留下千古美名；一方面伸出手来收礼受贿，或者偷偷地将公家的钱揣到自己的腰包里，另一方面又去捞取忠君爱国爱民的好名声；一方面为了升官发财，挖空心思，钻透牛角尖，另外一方面又要博取刚正不阿、不事权贵的名声。朝野的衮衮诸公，上自达官贵人，下至州县小吏，莫不是以名教自诩、自我标榜，看起来似乎人人都是惜名如命的人。但是实际上，中国历史上真名士少，假名士多。我们翻看一部《汉书》，记载了二百年的西汉历史，能够载入《循吏传》的只有区区 6 位；一部《后汉书》又是写了二百年的东汉历史，而且东汉恰恰是重视名节的时代，而写入《循吏传》的也只不过 12 而已。到了宋朝以后，程朱理学勃兴，讲究“存天理灭人欲”，要求士大

① 古代五刑之一，其名始于北周。——编者注

夫克制修身，极端重视名誉操守。可真正能拎出来考验的真名士寥寥无几，相反“假道学”、“卫道士”倒是越来越多。这其中的原因大体上是顾及名声的成本太高、难度太大，有些名声甚至是与人的欲望相违背的。

在“名”和“利”之间，官吏们的内心自然倾向于“利”，然而在古代官场上“名”又不得不顾，所以最常用的做法只能是：沽名钓誉。

原本是用名节来约束官员行为，对官场形成一个前置的规范。但是在发展过程中，官场之中的名可以转换为利。比如名节的优劣、名声的高低成了人们入仕、晋升的重要指标。于是，官场中人在进入官场之前或是飞黄腾达之前，往往刻意地追求名声，公开高调地做一两件事情来博取名声，比如在汉代的时候，有很多孝子为了察举孝廉，纷纷做了一些载入史册的孝行。我们看现在流传下来的二十四孝，其中的多数人是生活在两汉时期。这并不是说二十四孝当中的故事是假的，也不是说二十四孝的主人公沽名钓誉，而是说在中国古代的的确确存在着那么一些读书人，为了进入官场、飞黄腾达，在自己未发达之时做一些有悖人伦常理、于心不忍的事情来博取虚名。等被荐举入官或者是发达以后，他们就把父母扔到一边，专心致志地去求利了，所谓“察孝廉，父别居”①是也。

古代官员还有一种做法是抓住机会，能扬名就扬名，能立名就立名。他们往往抓住足以成名的机会挺身而出、大显身手。比如看到皇帝流露出对某名大臣的不满，他们迅速出手，弹劾这名大臣，震动朝野，以博取刚直之名；或者审理一两起有影响的大案，摆出铁面无私的面孔，以捞取清正之名；或者壮起胆子揭露一两个与自己的人际关系圈子无关的污官，获得廉洁奉公之名。这些做法一来影响大，足以成名；二来无损于自己，都是攻击与己无关的人来成名。而且经过精心筹划，准确率比较高，十拿九稳，风险比较小。所以这样的机会是古代官场中人最热衷

---

① 一个人作为“孝子”被官府征辟当官后，立刻和父亲分居。

把握的。不信，读者可以看看正史中，某位贪官失势的时候，有多少人蜂拥而上，争相“反腐倡廉”。

李鸿章担任直隶总督的时候，有个县官任满述职。李鸿章接见他的时候问：“这几年在县上有哪些政绩？”此人回答说：“不敢说有什么政绩，只是说为地方上去除了一项陋规。”李鸿章就问：“什么时候去除的，我怎么没有看到申报的文书？”这名知县说：“几天前废除的，文书已经送到了布政使司，一两天即可送到总督衙门。”李鸿章闻言，勃然大怒，叱责知县说：“你这明明就是取巧记功，大约是你已经捞过了好处了吧！”李鸿章立即派人调查。果然如他所料，这名县官在即将卸任的时候，以永远废除某项陋规为条件，一下子向老百姓多收了若干年的钱。这等于是预支了下几任陋规的钱，切断了下几任官员的财路。此名县官可谓深谙名利双收之道，他在任职的前几年不去废除陋规，却在即将卸任的时候逮到了这么一个扬名立万的机会，不想被精明的李鸿章看了出来，露出了马脚。

对于绝大多数官员来说，他们可能既遇不到扬名立万的绝好机会，抓不住机遇，同时又想不出像直隶那名知县那样名利双收的伎俩。到清朝时期，绝大多数官员变成了主动求名，自己给自己戴高帽。有一些当时官场百玩不厌的“玩法”可以说来与读者听听：

第一个玩法就是“万民伞”。所谓“万民伞”就是指当州县官员离任的时候，地方绅民为了表达对这名长官在任期间所做的教化百姓、发展经济等惠及乡里的贡献的感激之情，大家凑钱制作一把伞，送给这名卸任官员，在上路的时候用。送万民伞是一项隆重、热闹的纪念活动，很能说明州县官员“遗爱民生”、“官声卓著”。但是到了清朝中后期，一般州县官员离任的时候都会暗示本地下属和乡绅们给自己送“万民伞”。老百姓们也不得不配合，在离任的时候由绅士们签名送一把“万民伞”，喻义是阖境绅民都得到过这位长官的庇护。至于这个庇护到底怎么样，双方都是心知肚明的。

还有一个把戏就是“脱靴遗爱”。据说唐朝时候有个叫崔戎的好官，担任华州刺史时，做了很多好事。后来任满离开，百姓们都不舍得让他走，拦在路上堵截他，甚至有人拉断了他的马缰绳，脱掉了他的官靴。后来形成习惯，明清时期州县长官无论清浊愚贤，无论有无政绩，离任的时候也都暗示下属、绅民们搞这么一出把戏。在州县官员离任的时候，早早就有绅民在前面拦路，请大老爷伸出脚来脱下一双靴子，大老爷也很配合，主动脱下官靴，算是留作纪念。

到最后送“万民伞”、“脱官靴”便成了官员离任的一道例行手续。原本没有规定的“万民伞”有了统一的制作标准，原本自发而来的乡亲们成了有组织的“送行队伍”。进入民国时期，有人在某个官宦世家里看到一个屋子里面摆满了形形色色的“万民伞”和各种牌匾。一问，原来都是这位主人家的先辈在各地当官的时候主动要来的。在《官场现形记》当中，那个浙江的胡统领率兵去地方上剿灭土匪，土匪没剿几个，反而扰民扰了好几个月。百姓对他深恶痛绝。在即将回杭州的时候，胡统领暗示州县地方官和乡绅们给自己送“万民伞”。乡绅们本不愿意给他送的，都觉得此人在当地臭名昭著，送了“万民伞”岂不是连累送的人的名声都被败坏了。州县长官就给绅士们做工作说：“不送不行啊，不送这个灾星不走。”无奈之下，大家只好想出了一个折中之计，由胡统领的部下脱下军装，假扮成当地百姓和绅民给自己的长官送“万民伞”。离任那一天，场面蔚为壮观，胡统领笑盈盈地接受了下面递上来的“万民伞”。其实在场的人都心知肚明，这就是一场戏。这个事例很好地说明古代的官员求名，很大程度上变成了一场表演。

官员的“名”和“利”怎么处理，说到底是官员心态的问题。一个人为什么当官，当官的时候追求的是什么，就决定了他如何看待“名”和“利”。唐代大诗人白居易曾写道：“名为公器无多取，利是身灾合少求。”这句话可以视为官场正确“名利观”的形象写照，它体现的是一种知足知止、自律自爱的人生哲学。

第六章　谢幕：退休制度和官员晚年生活

唐宪宗年间，隐居庐山的高僧灵澈上人收到好友江西观察使韦丹寄来的一首诗《思归》："王事纷纷无暇日，浮生冉冉只如云。已为平子归休计，五老岩前必共君。"在诗中，韦丹表示自己厌烦政务，打算辞职和灵澈上人一起隐居庐山五老峰。灵澈上人经常和韦丹吟咏唱和，很了解他的个性。他写了一首诗请来人带回给韦丹："年老身闲无外事，麻衣草座亦容身。相逢尽道休官好，林下何曾见一人？"果然，韦丹的归隐只是口头说说而已，他的江西观察使一直做到58岁死在任上为止。其间，韦丹始终没有写过辞职报告。

韦丹没归隐成功，却使得"相逢尽道休官好，林下何曾见一人"两句成为传诵不辍的名言。所谓的"休官"，就是现代退休的意思。在唐朝，官员们见面都争相夸耀退休的好处，畅想退休生活，可却看不到有一个人真的辞职退休。是工作需要，是贪恋权位，是制度不允许，还是有别的原因呢？中国古代有没有通畅的退休制度，官员们对待退休有什么样的态度，他们的退休生活又是怎样的呢？在这部分，我们就谈谈古代的退休制度，官员们的选择和他们的退休生活。

退休，是一个官员名利观和人品操守的试金石。事属平常，却因人而异，可以折射出个人的思想观念和时代背景。

第一节　退休前后的挣扎

古代官员退休最常用的叫法是“致仕”，也叫做致事、致政、休致。这个叫法的起源可能来自《礼记·曲礼上》的“大夫七十而致事”。东汉的郑玄作注说“致事”就是“致其所掌之事于君而告老”，意即古代官吏将负责的政事交还给国君，退位休养。现代的“退休”这个词则是到唐代才出现的，如唐代大文豪韩愈在《复志赋序》中说：“退休于居，作《复志赋》。”

古代官员退休还有一种常用的叫法：“乞骸骨”。官员退休为什么要叫做“乞讨自己的尸骨”呢？因为古代人出仕为官是为帝王效劳，为国家出力。年老体衰后为国家出力、为帝王尽忠已力不从心，不得不退下去。但是退休不是臣僚的权利，官员不能主动退休，而是要由帝王批准，因此古代官吏若想退休，必须再三上疏恳求君主准许，所以形象地叫做“乞骸骨”。

官员要符合什么样的条件才能致仕或者乞骸骨呢？

首先，官吏要符合“平安”的条件，业务上不能有问题，政务要交接清楚，不能有贪污亏空和制造冤假错案的嫌疑，不能正受到弹劾、官司缠身，更不能被罢官、革职、流放。这是最基本的要求，但在古代许多官员不能做到平安无事，年纪还没有老就在仕途上自甘堕落或者被明枪暗箭击倒了。出了事，自然就不能平安退休了。

其次，退休年龄是多大呢？

按照《礼记》的原始意思，退休年龄就是 70 岁，两汉将致仕年龄也一般定为 70 岁。考虑到唐朝以前中国人的寿命不长，官员的平均寿命也就是四五十岁，能活到 70 岁的人很少（“人生七十古来稀”），所以 70 岁退休的要求对绝大多数官员来说形同虚设，一个人当了官基本上可以视作终身为官。唐朝以后，官员的平均寿命大为增长。越往后，中国人的寿命越长，到达退休年龄的官员逐渐增多。致仕这才真正成为一个现实问题。

唐朝规定："诸职官年及七十，精力衰耗，例行致仕。"70 岁成了横在官吏头上的一道硬杠杆。到了明朝，退休年龄开始降低。明太祖朱元璋刚登基的时候，也在洪武元年（1368 年）规定政府大小官吏年届 70 岁，听任他们退休。但是到了洪武十三年（1380 年），朱元璋把退休年龄降低到了 60 岁。再到洪武十八年（1385 年），朱元璋又规定部分军官（比如指挥、千户、百户等）年满 50 岁就允许他们退休。可能是因为军官职业特殊，年过半百的老人不堪军旅劳累，所以朱元璋将中下级军官（他们往往是职业军官）的退休年龄大幅提前，很有道理，客观上也使得明朝部队的军官年轻化了。对文官来说，明清两代的退休年龄基本上确定在 60 岁。只是到了清朝，军官的退休年龄又有变动，按照级别不同分别是：参将 54 岁，游击 51 岁，都司、守备 48 岁，千总、把总 45 岁。越是低级军官，退休得越早。这就保持了一线带兵军官的年轻化，催促他们积极追求上进——不然触及年龄杠杆就要退休了。

不过制度是死的，人是活的。退休年龄并不是固定不变的，尤其是皇帝本人操有朝令夕改的特权。只要皇帝下道旨，退休年龄就可以随意更改。比如朱元璋在划定退休年龄的时候，也规定"有特旨选用者"不受年龄限制。皇帝想让哪个老臣继续当官，哪个老臣就能停留在朝堂上。同样，皇帝看到哪个大臣不顺眼，或者出于某个政治考量，随时可以让大臣们马上退休。比如洪武四年，朱元璋让开国功臣刘基"归老于乡"。刘基当时 61 岁，还没到 70 岁。同年，不满 60 岁的功臣李善长也退休了。

第三，官员有特殊原因可以提前退休。

"特殊原因"首推病退。官吏身患重病，不能正常工作了，只能病退。比如贞观八年（634 年），64 岁的尚书右仆射李靖因足疾"乞骸骨”。唐太宗对李靖不恋栈、主动辞职的做法很赞赏（估计是主动退休的官员太少了），非常高兴，不仅立即批准还下诏嘉奖。再比如明朝福建仙游人郑纪进士出身，担任翰林院检讨。供职两年后，郑纪患上了风湿症，腰腿疼痛，步履拘挛，难以正常上朝参拜，连自身生活都出了问题，因此申请“特许致仕”，得到了朝廷的允许。他当时才32岁，本是少年得志，正待大展宏图，不想壮志未酬，早早回家养病去了。

“特殊原因”还包括行孝。在儒家话语统治下，各朝都“以孝治天下”，大力宣扬忠臣孝子。因此，有官员以赡养父母为由申请早退，如果情况属实、言辞恳切，朝廷也会批准。上例郑纪早早退休得到特许还有一大原因，就是他的父母都已年过六旬，需要有人服侍。唐玄宗时，大臣拓跋兴宗申请退休去侍亲，写得言辞恳切，可以当作是行孝退休的一个样本。拓跋兴宗的母亲曹氏当时已84岁了，她早年守寡，含辛茹苦抚养独子拓跋兴宗长大成人，如今一人居住，半身不遂，身体羸弱。拓跋兴宗特别担心老母亲随时可能故去，发誓一旦母亲故去自己也不想活了，结果是“忠孝双缺，公私并丧”。申请递交上去后，唐玄宗批准了。

第四，古代官员退休，需要履行什么样的程序？

基本程序就是官员提出申请，由上级批准。从理论上来说，所有的退休申请都需要由皇帝审理批准。但是官员数目众多，皇帝一个人处理不过来，就折中规定高级官员的退休必须由皇帝亲自批准，以谕旨形式确定，一般官吏的退休由政府统一办理即可。高级官员和一般官员的界限各朝各代都有所不同。唐朝的标准是五品以上官员退休，本人直接上奏，由皇帝批准，六品以下官员的退休由尚书省按规定统一办理。在清朝，有专折奏事权的官员（部院首长、封疆大吏和部分重要岗位等）想退休，要向皇帝上折子申请，其他官员按照规定统一办理。

高级官员的退休是件不大不小的事情。为了对官员的工作表示认可，同时也为了表示君臣关系融洽，皇帝接到高官的退休申请后一般都要用“社稷所倚”、“政务难离”等理由加以挽留，驳回申请。当然，这只是借口而已，整个体制离开谁都可以，哪还在乎一个糟老头子啊！高官们也都有自知之明，赶紧再次递交申请，说自己的确年迈不能胜任，或者以不能阻塞后人进步等为理由坚持要退休。如此反复数次之后，皇帝才正式批准申请。对平安致仕的高官，朝廷都会以优厚的待遇送他们回乡。这些待遇包括：一、皇帝赏赐东西。君臣一别说不定就是永别了，所以皇帝会给退休者留个纪念品，比如贡品、随身器物、御笔字画或者牌匾等，这些东西会无形提高退休者的身份，后者往往当作传家宝供奉起来。二、可以乘坐驿站车马返乡，沿途不需要支付费用。三、沿途官府迎送、宴请，和退休者有关系的官员通常要出面接待，就是没有关系的官员为了拉关系也会热情接待。四、回到家乡后，地方长官要出面接待，嘘寒问暖。高官退休回乡，也算是本乡的荣耀，乡绅们也会出面组织欢迎仪式。

最后，也是最重要的一个问题：古代官员退休后的待遇如何？

两汉及之前，官员通常有封爵（比如西汉丞相一般都封侯）、封地或者采邑。这在先秦时期更为普遍。他们退休只是罢免官职，封爵是终身甚至是世袭的，后者带来的收入稳定而丰厚。所以，退休对两汉及之前的官员待遇影响不大。两汉之后，大臣有封地和采邑的越来越少，退休才真正对他们的晚年生活产生实质影响。

举两个例子：南朝没有官员退休待遇的规定，官员退休了就没了俸禄和在位时的待遇。扬州从事史何子平想退休，上司镇军将军顾恺之劝他：你别退休，你没有爵位也没封地，退休了生活怎么办？何子平坚持退休，回家后全靠体力劳动来养活老母和自己，生活清苦，受到了世人好评。同时代的褚玠更困难，他在山阴县令任上洁身自好，除了俸禄不多拿多占，到辞职的时候，连回乡的盘缠都没有，只好留在山阴县种菜，自食其力。一个前任县令穷得在本地种菜，令人欷歔。

好在隋唐统一之后，着手制定了一系列官员退休后的待遇规定，极大地改善了退休者的生活。如果一个官员没有过分的要求，朝廷的退休待遇基本能保证他们安享晚年了。下面就分经济待遇和政治待遇两方面介绍隋唐之后的退休待遇情况：

在经济方面，官员退休后俸禄全部或者部分保存。汉朝规定，年俸在两千石以上的官员退休可以领取原俸禄的三分之一养老。唐代规定，五品官以上退休高官可领取半俸（原俸禄的一半，经皇帝特批可保留全薪），六品以下退休官员则领取一定数量的田地养老。宋朝对官员的待遇最厚，有功之臣和高官都给予全俸，另外还有名目繁多的赏赐。元明两朝对官员的待遇比较吝啬。明初曾规定官员退休继续领取原俸，但很快就取消了，规定官员退休一般情况下不发放退休金。如果有退休官员确实贫困，生活困难，可以由相关部门查实后每月发放米二石，直到逝世为止。

清朝在顺治年间规定，退休官员如果有世袭爵位或者世袭官职的领取原俸，如果没有世袭爵位或者世袭官职的可以领取半俸。但是，自己辞职或者年纪不到60岁提前病退的官员，没有退休俸禄。所以，多数清朝官员退休后都可以领取半俸。至康熙、乾隆年间，为了让官员安心办事、办实事、办好事，朝廷开始将退休待遇与政绩挂钩。康熙初年规定，年迈退休的文官要将资历、效力情况说明，以此来决定能否领取半俸。这个规定在乾隆初年扩展到军官身上。乾隆规定，因老因病退休的军官，需要核明曾经出征、临阵、受伤、功牌等情况，如果有，给以全俸；如果没有出征或者御敌，给以半俸。这就等于有了一个“退休审查”的制度，对官员在任时的作为有所激励。

在政治方面，退休官员没有了正式官职和实权，但可获得一些政治待遇作为补偿，包括加官一级、顾问朝政、恩荫子孙等。从两宋时代开始，官员致仕时都晋升一级，只不过新的官职都是清散职位，不掌握实权。官员可以顶着一个不错的官职在家养老。明初则规定，三品以上官员按现职退休，四品以下且任现职满三年并且无大过的官员可升一级致仕。到了明朝中期改为业绩突出者可升两级致仕。清朝基本延续了这一规定。

顾问朝政指的是皇上遇到了什么难事或者天下出了什么棘手的问题，朝廷往往会让退休老臣出来发表意见、当当参谋，或者干脆让他们发挥余热去解决这个问题。

恩荫子孙指的是官员退休的时候，子弟可以“接班”入仕。皇帝感念老臣劳苦功高，特许他们的子弟免试为官。这是特殊情况，还有制度性的规定。比如宋朝对士大夫最优待，中级以上的官员都可以荫庇一个儿子免试入仕，虽然荫庇获得的都是低级官职，但也算是让儿子捧上了只进不退、终身有效的铁饭碗。明朝和清朝时期，有世袭官职的人家，父辈退休后，子弟可以补官，直接当官，类似于现在的“官二代”。不过荫庇入仕的途径在明朝被堵死了，高官退休后儿子不能入仕，代之以“保送”一个儿子免试入国子监读书。清代收紧了恩荫官员的范围，仅限于高级官员和因公殉职的官员子弟，他们可以免试入国子监读书。直接当官的特权，也只颁给少数八旗家族，汉族官僚子弟只能靠自身努力入仕。

从身份上来说，古代官吏退休以后就是平民了（有封爵者例外），但在现实中享有许多普通百姓企望不及的特权。比如退休官员遇官不拜，涉诉时可以不抛头露面，犯罪了可以用官告抵刑；又比如退休官员的住宅装饰、车舆骑乘、衣冠鞋带、丧事坟墓都可以根据品级高低采取相应的排场。如果乡间某座宅院挂起“进士及第”、“侍郎致仕”之类的牌子，在职的官场中人一般不敢对它动歪念头，可能还会忌惮三分，说不定还要三天两头上门求见问安——毕竟人虽然下台了，泛权力的网络还在。这些都是官员退休后隐形的政治待遇。

谈了这么多官员退休待遇问题，最重要的一点是：官员致仕后的待遇，固然与其原来的品级、政绩有关，关键还取决于皇帝对他的信任恩宠程度。有了皇帝的宠信，退休后的优厚待遇自然不在话下；反之，日子就难过了。

我们来看一个具体的官员退休的例子：嘉靖二年（1523 年）七月二十二日，71 岁的刑部尚书林俊申请致仕。嘉靖皇帝批准了，并以圣旨形式明确了林俊的待遇问题："特允所请，还加太子太保，写敕（玺书），著驰驿还乡，有司月给食米三石，岁拨人夫四名应用，岁时以礼存问。"这里的"加太子太保"是对林俊的加官，是个虚职，让林俊挂着回家养老用的；"驰驿还乡"是批准他可以动用政府驿站资源返回故乡（福建），沿途不需要支付交通食宿费用；明朝是没有退休工资的，但是嘉靖特批林俊每月可领取"食米三石"，算是照顾；另外，林俊常年有地方政府派遣的四个劳力伺候，地方官每年都要"以礼存问"，也算是嘉靖对他的额外恩宠。

最后，官吏退休以后还存在复出的特例，称为"落致仕"。皇帝特旨要求某位退休官员重新当官。比如宋代司马光主政时，奏请让早已致仕的80多岁的四朝元老文彦博出山做官，希望借用文老的资历威望来压住阵脚。又比如国势颓败，事发突然，需要借助某位官员的才能、经验，朝廷也会征召他出山。"落致仕"情况在高级官员身上比较普遍，中低级官员很少有退休后东山再起的。

第二节　"被退休"的无奈

宋神宗熙宁四年（1071年），文坛领袖、一代名相欧阳修的致仕申请得到了批准。他退休时才65岁，还没达到朝廷规定的退休年龄（70岁）。门生苏轼听说恩师致仕后，送来一封信，祝贺欧阳修退休。

有人很不理解：老师提前退休了，有什么好祝贺的？但是放在北宋官场大背景中，欧阳修此举堪称士林表率，值得大书特书。因为北宋朝廷厚待士大夫，官员们恋栈成风，极少有主动退休的，官场有变为"老人俱乐部"的趋势，而欧阳修此举犹如一把标枪，直刺恋栈弊端。

实际上，虽然唐朝以后每个朝代都有明确的退休制度，有退休待遇的规定，但官员普遍不愿意退休。到点主动退休者少，寻找各种理由赖着不走者多。就如韦丹一样，"相逢尽道休官好，林下何曾见一人"。人们都承认退休制度好，宣称自己想追求简单的生活和恬淡的心灵，但“林下生活”终究只是个传说。为什么有人主动退休，有人厚着脸皮承受同僚和后辈指责却不走呢？白纸黑字的制度和苍白残酷的现实之间总是存在差距的。我们要做的，就是弄清楚这其中的差距。

主动退休的官员都是怎么考虑的，他们为什么主动弃权去官而不四处活动谋求留任呢？

唐代文豪白居易担任过杭州刺史、苏州刺史这两大美缺、肥差。他辞职后，以一种欣喜雀跃的心态写了一首《喜罢郡》：

> 五年两郡亦堪嗟，偷出游山走看花。
> 自此光阴为己有，从前日月属官家。
> 樽前免被催迎使，枕上休闻报坐衙。
> 睡到午时欢到夜，回看官职是泥沙。

从诗中可见，白居易是个不贪恋权位，即便是当了刺史也偷偷出去“游山看花”的人。不当官了，白居易可以自由支配时间（光阴为己有），不用上班，可以天天睡到自然醒（睡到午时欢到夜），怎么能不让他欢喜呢？既然官职在他看来是“泥沙”，仕途又有什么可以留恋的呢？和白居易同属一类人的还有北宋的孙冕。宋真宗年间，年届致仕的苏州知州孙冕在府厅壁上题诗一首：“人生七十鬼为邻，已觉风光属别人。莫待朝廷差致仕，早谋泉石养闲身。”他主动提出了退休申请，这在一片恋栈声中尤为难得。宋真宗为嘉奖这个急流勇退的典型，竟然批准其再任。不想，孙冕已经自动归隐九华山去了。后来宋真宗下圣旨到山里召他出山，孙冕也不为所动。他可以看作是真的喜欢“林下生活”，希望晚年亲近自然的典型，所以主动退休了。这样的官员，少。

主动退休的官员中还有一类人。他们虽然也是自动离职的，却是迫不得已而为之。因为，他们的官当不下去了。

我们知道，仕途有夷有险，官运有好有差。运来则加官晋爵，运去则身败名裂。清朝吏部官员韩春湖写有："有多少宦海茫茫吁可怕，那风波陡起天来大。单听得轿儿前唱道喧哗，可知那心儿里厉乱如麻，到头来空倾轧。霎时间坠缺锦上添花，蓦地里被严参山砂落马。"别看那些宰辅们顶戴花翎，颐指气使，顷刻间就可能变为哭丧着脸的囚徒。于是就造成了两个结果：第一个结果是部分官员官场失意，仕途进步无望，甚至连现任的品级都可能不保，所以就以退休的名义以退为进，保全既得利益。第二个结果是部分官员对官场险恶和人们的钩心斗角感到心灰意冷，身心俱疲，不愿意再在宦海中搏游拼斗了，所以主动退休。这类似于精疲力竭自动退赛的运动员。或者套用一个时髦的句式："总有人，总有时候，在喧嚣中听到寂寞，在繁华中看到荒芜。"

对这一类官员，也举两个例子来说明。明朝成化年间进士黄仲昭，担任翰林编修。他看到天下大灾，就谏阻明宪宗举办元宵烟火晚会，非但没有劝谏成功，反而遭到皇帝的训斥，被扒了裤子打屁股（明朝的专业叫法是：廷杖）。之后，黄仲昭被贬官，改任大理寺评事。在大理寺，黄仲昭秉公执法，拒绝迎合上司的意思办案，遭到同僚的猜忌和上司的仇恨。眼看升迁无望、处境危险，黄仲昭干脆托病致仕了。清朝中期的汪志伊，举人出身，从四库馆校对起步，在宦海摸爬滚打数十年，劳心劳力做到了福建巡抚。时论对他毁誉参半，称赞的人夸奖他清廉自守、克己奉公，反对的人批判他矫揉造作、偏执自负。汪志伊人到晚年，感觉心力交瘁，加上考虑自己也没有再"进步"当大学士、军机大臣的希望了，便萌生了退意。恰好新任的闽浙总督和他性情不合，汪志伊就办理了"病退"手续，回乡养老去了。

唐宋时期，若干"有个性"的新科进士，进入官场没几年就因为不适应官场环境或者处理不了复杂的人际关系而"乞致仕"。比如北宋时成都来了一位京官外放的新科进士，担任录事参军（暂代参军职务，类似现代的挂职锻炼），不愿对成都知府张詠行参拜大礼——估计是年轻人看不惯上下级之间行大礼，觉得伤害了自尊，又自恃出身清高，看不起地方官场的蝇营狗苟之事。张詠大怒，事事和小年轻作对，威胁他："除非你致仕，不然就要对我行参拜大礼！"小年轻更不买账了，马上申请退休。

不论是发自内心的也好，迫不得已的也好，上述官员都类似于主动辞职，去追求一种宽松自由的生活。我们知道，古代士大夫追求"贵适志"的人生。就如西晋张翰在洛阳被秋风吹起乡思，思念家乡吴中的菰菜、莼羹、鲈鱼脍一样，"人生贵得适志，何能羁宦数千里以要名爵乎？"上述两类官员都继承了士大夫的这一传统追求，听从内心的声音，远离纷扰的官场。

然而，更多的古代官吏不愿意退休，使用各种手段伎俩要留住官职。他们或者虚报年龄、修改档案，或者攀附权贵、向皇帝邀宠，为的就是和官职再亲密接触几年。从唐朝开始，古代退休制度日渐成熟，奇怪的是官员恋栈日以成风，置制度于不顾。

因为退休程序的第一步是官员自行申请，那些恋栈的官员就死不上奏申请。比如唐朝大书法家柳公权，字写得笔力遒劲、知行知止，但为官却相当不知进退。唐宣宗大中十二年（858 年），担任太子少师的柳公权已经年过八旬了，每次上朝，步行至大殿之下就已经力不能支了，还不愿意退休。他老眼昏花，一次将皇帝尊号"和武光孝皇帝"读成"光武和孝皇帝"，遭到御史弹劾，罚俸一季，遭到朝野的嘲讽。唐末大太监杨复恭可能是史上拒绝退休的最强"钉子户"。皇帝下诏书要他退休，杨复恭拒不接受致仕诏令，还杀害来使，最终导致君臣兵戎相见。

同时代的白居易专门写了一首诗《不致仕》，来讽刺那些风烛残年还不愿意退休的老官僚们："可怜八九十，齿坠双眸昏……金章腰不胜，伛偻入君门"。他们年轻的时候，也曾对恋栈不走的前辈嗤之以鼻，等自己年迈的时候却步其后尘，"少时共嗤诮，晚岁多因循"。白居易感叹："贤哉汉二疏，彼独是何人？寂寞东门路，无人继去尘。"这里的

"二疏"，是汉朝的典故：汉朝疏广官至太子太傅，侄儿疏受是太子少傅，两人商量好了一起告老还乡，得到皇帝批准。同事、亲友们都赶来饯行，东都门口竟然停了数百辆车，挤得人山人海。上路后，路人都称赞说："贤哉二大夫!"白居易不想再走"少时共嗤诮，晚岁多因循"的老路，年满70岁就主动退休了。

退休之初，白居易高唱："南北东西无所羁，挂冠自在胜分司。探花尝酒多先到，拜表行香尽不知。炮笋烹鱼饱餐后，拥袍枕臂醉眠时。报君一语君应笑，兼亦无心羡保釐。"（《初致仕后戏酬留守牛相公，并呈分司诸寮友》）探花、尝酒、饱餐、醉眠，多好的生活啊！白居易情不自禁地向昔日同僚们写诗"炫耀"。可惜，应者寥寥。

到宋朝，宋仁宗、宋真宗不得不多次下诏，要求年及七十以上文武官员自请致仕。皇帝都"催"老臣退休了，遗憾的是"年及而（自）愿者常少"。宋朝厚待士大夫，导致众多官员恋栈成风，官员队伍老化。名臣包拯特意上奏《论致仕疏》，建议皇上降旨，将文武百官中年及七十者列名成册，由御史台下文监督落实，强迫官员退休。结果年老的官吏们惶恐不安，四处活动，叫苦摆功甚至哭闹，最后宋仁宗无奈，特地下手诏抚慰老臣，否决了包拯的意见，才算稳定了人心。结果，宋朝宿将老臣恋栈特多，"冗官"成为宋朝的一大特色。

比如大臣王嗣宗历事太祖、太宗、真宗三朝。王嗣宗年轻位卑的时候，对宋白、郭贽等年满70岁不退休的老人很不满，屡次奏请宋真宗强迫老臣退休，还对这些老前辈冷嘲热讽，属于要求实行强制退休的激进派。等他自己到了晚年，位置高了，疾病缠身，却也徘徊不去。对自己前后矛盾的言行，王嗣宗自我解嘲说："仆唯此一事，未能免物议。"朝野对他的行为非常不齿。王嗣宗73岁时，被丞相寇准强制退休回乡。他属于是"被退休"的典型。

为什么那么多的官员不愿意退休呢？白居易在《不致仕》中概括他们道："朝露贪名利，夕阳忧子孙"。大抵上，这些官员一是贪恋名利，二是为子孙谋福利。

名也好，利也好，为子孙造福的能力也好，是和一个人的官职直接挂钩的。离开了实际官职，这一切都成了无本之木、无源之水。一旦退休了，附着在官职上的衍生权力、实际收益都剥落了。朝廷白纸黑字规定的那些退休待遇，远远比不上那些附着的实际权利。

崔造是唐德宗时的宰相，想退休，但家人和亲戚都不同意。他经过一番思想斗争，最终决定急流勇退，办理了退休手续。没想到从此门庭冷落，原来热情拜访问安的人都不见了，原来络绎不绝送上门来的财物也都不见了。崔造很快就不适应退休生活了，一两年后变得心理急躁郁闷。他常对子弟感叹："地方州县的金、铜、器皿、茶叶等东西都送哪里去了啊？"（《幽闲鼓吹》）同样的情况也发生在宋代。宋初名将王彦超曾任右金吾上将军，在70岁时主动退休。朝廷很照顾他，给他加了"太子太师"的名衔，按照金吾上将军的俸禄供养他。王彦超生活也比较节俭，可不过十余年家道还是败落了，家人不得不卖掉一所园林宅第。所以，王彦超的继任者吴虔裕，担任金吾将军30余年，就是不退休。他公然宣称："我就是老死在大殿台阶下，也不学王彦超70岁退休。"

我们知道，中国是一个泛权力的社会，收益和权力一样是泛化的。如果没有了权力，收益也几乎荡然无存了。人们是理性的，考虑到退休前后千差万别的实际收益变化，难怪官吏们不愿意退休了。所以当唐玄宗登基后，宰相李日知瞒着家人向朝廷提出辞职申请的时候，李太太闻讯大怒，大骂丈夫："家产空虚，儿子们都还没当官立业，你退哪门子休啊？"

对于许多官员来说，他是全家人的依靠。他的收益要养活一大家子人呢！他不是一个人在坚持，还寄托着数十口人的希望。清朝同治、道光年间，广东南海县有个九品小官、巡检俞凤书。老俞家口多、负担重，就靠他的巡检收益生活。可是，俞凤书实在是太老了，负责南海的治安缉盗也的确力不从心，省里就有心思要逼他退休。同情老俞的南海知县杜凤治亲自去省里为他求情，说不能让老俞退休，不能断了他全家人的生路。既然俞凤书不适合当巡检，杜知县就建议让他“代理”一段时间广州河泊所大使后再退休。河泊所大使负责征收渔税，任务轻，又是肥缺，老俞代理一段时间可以捞一笔灰色收入当养老钱。不想，河泊所大使一职的竞争太激烈了。俞凤书刚代理了几天，就传闻有人要来替代他了。老俞急着去求杜知县，一大把年纪了还老泪横流，长跪不起。杜知县也被感动了，又去替他向知府、藩司、巡抚求情，还说动番禺知县一起为俞凤书说话，这才让老俞做满代理期，光荣地“被退休”。

在老谋深算的官僚眼中，退休是一桩可以“操作”获利的“买卖”。选择什么时机退休，以什么方式退休，都大有讲究。比如有些官员年纪轻轻，却因为分配的新职务不合心意，或者被安排了吃力、艰苦的差使不愿意做，或者干脆就由于在任期间财务开支混乱，政事搞得一塌糊涂，需要躲避检查，就找了各种借口申请退休——比如家有老母需要奉养，比如身体有病等等。过了一段时间后，他再通过各种运作，重新出来工作。这么做在宋朝特别划算，因为宋朝官员退休后还能继续算资历，进行正常的职务晋升。官员畏难而退，过几年后复出，说不定还分配了更好、更高的职务了呢！又比如在宋朝，中级以上官员退休的时候可以荫庇儿子当官。有的官员就为儿子着想，主动退休，使儿子有一个好前程。

为了对付这些自私自利、不为组织着想的官僚，朝廷也想出了许多对策。比如官员退休要“离任审计”，如果发现财务和政事有问题就不准退休或者干脆革职；官员病退，需要有两名同僚证明担保；宋朝对于复出的官员，规定只安排退休前同级别的官职等。明清时期，皇权日趋加强，就容不得官员借退休谋利了。皇帝常召见年老官员，对不堪职责者勒令其休致（勒休）。而且规定勒休者没有退休俸禄，且不能复出。这就是逼年老官员主动退休，可是主动退休也不一定讨好。乾隆时，工部尚书魏廷珍和礼部尚书赵国麟申请病退，结果被乾隆认定是“借故卸责”，不但下圣旨痛骂他们不思为国效力、只求持禄保身，还将前者革职回籍，后者罚在咸安宫效力行走，以观后效。可见，皇帝已经牢牢掌握了官员退休的主动权，官员无法在此问题上与皇帝讨价还价了①。

第三节　古代官吏的退休生活

古代官员卸下职务的时候，难免会在心里回顾自己几十年的事业：年少时的宏图大志是否已经实现，自己拯救了多少苍生抑或是否兼济了天下？早年梦想得到的荣耀、享受和爱情，是否都品尝了它们的滋味？那些青春的热望、那些幼稚的猜想，是否还会闪过苍老的脑海？

不过这些都已经不重要了。退休意味着一个人事业的正式终结，他将进入人生的最后阶段。从生活保障上来说，古代官员尤其是明清以后的官员，晚景都比较不错。朝廷会有正式的退休待遇，同时他们在任期间积蓄的各种灰色收入也足以保障他们过上一个安逸的晚年。那么古代官员退休以后都做些什么呢？

首先，很多官员醉心宗教，为自己和家族祈福。

人到晚年，总是希望自己能够长寿，而且希望自己的子孙能够富贵平安，所以许多退休官员寄希望于超自然的神仙或者是菩萨，礼拜祈祷，希望能够增加自己的寿命，或者乞求自己来世的富贵，或者盼望子孙能够传承家业、光耀门楣。这也是人之常情。

北宋的开国功臣石守信晚年信奉佛教，修行不止；另一个开国大将韩重斌也信奉佛教，晚年还在河南安阳组织民工修建寺院。他们这么做

---

① 对于还可以驱使、有使用价值的官员，皇帝一般不会让他们退休。比如晚清“三大名臣”：曾国藩长年患病，双目几乎失明，肝病缠身，不时晕眩，朝廷就是不让他退休，还让他处理天津教案，又调回镇守发生过“刺马案”的两江地区。李鸿章年过七旬，伤病缠身，也无法退休，长年充当慈禧的“救火队员”，曾国藩和李鸿章都死在任上。另一位名臣左宗棠，也是年迈多病，申请多次才成功退休，但退休后没几天就去世了。

自然是为了“积功德”，以求好的结果。不过，佛教的因果报应来得毕竟太缓慢了，无法惠及今生今世。而退休官员在老迈之年，难免生老病死，于是就有一些退休官僚迷信道教，希望能够在当下就长生不老。比如，宋太祖时的宰相赵普晚年信道，临死前的一天还去道观祈祷；宋真宗年间的节度使张永德晚年倾尽家产，延请道士跟自己一起修炼，希望延年益寿。求仙问道在宋朝比较兴盛，宋朝的徐铉就在诗中写道：“化剑津头寻故老，同亭会上问仙卿。”可见，当时官员退休以后醉心宗教是一个普遍的现象。这股风气延伸到了明清。顾炎武就认为明末清初的社会风气是：“南方士大夫，晚年多好学佛；北方士大夫，晚年多好学仙。”

古代的读书人和士大夫们能比较好地将儒家学说、外来的佛教思想和本土的道家学说，也就是所谓的“儒释道”三家融为一体。三者在他们的思想当中各有各的地位，并不冲突。苏轼的观点就很有代表性：“初好贾谊、陆贽书，论古今治乱，不为空言。既而读《庄子》，喟然叹息曰：‘吾昔有见于中，口未能言。今见《庄子》，得吾心矣！’……后读释氏书，深悟实相，参之孔、老，博辩无碍，浩然不见其涯也。”士大夫们并不局限于信奉哪一家的学问，而是融会贯通，各取所需。哪个年龄阶段、哪个人生阶段需要什么样的思想，就信奉什么样的思想多一点。一般来说，古代官员年轻的时候大多精通儒家学问，以此立足、做官；在仕途当中见多识广，逐渐认识到儒家学说并不能解释一切现实，来保持心灵的绝对平衡；到了晚年，他们追求精神的平静和人生的愉悦，就开始侧重道家思想和佛教思想。儒释道三家在不同方面和不同时期对士大夫都有帮助。在士大夫的推崇下，尤其是在退休官员的推崇下，佛教和道教在中国社会取得了平稳发展——这一点看看那些散落在名山大川和通衢大道的寺院道观就知道了。

其次，许多退休官员寄情山水，营建私家园林或者游山玩水。

明朝万历年间太仆寺少卿徐泰时因为遭人忌恨，被勒令退休。徐泰时回到家乡苏州阊门外下塘花步里，营建了私家园林，这就是现在赫赫有名的留园。同为苏州名园的退思园则是清朝光绪年间曾在安徽做道台的任兰生被弹劾后，回乡归里，在光绪十一年至十三年间修建的。他给园子取名为“退思”，意取《左传》“进思尽忠，退思补过”的含义。

明朝福建仙游人郑纪，退休时年仅32岁。郑纪没有苏州士大夫那样的雄厚财力，造不起园林。好在他的家乡福建多山多水、风光秀美，退休以后，郑纪在卧屏山读书22年，过着怡然自得的生活。郑纪作《归乐窝记》，对山林生活的描写相当惬意：“每天朗气清，翁冠竹箨（笋皮）冠，服葛巾衣，著芒履（草鞋），曳槁藜杖，游于畦陇间，……行而视，视而立，倦则班茵而坐，客至隔篱而呼，翁顾而笑，笑而起，迎客入窝中。呼童引泉瀹（煮）茗、烹鸡取鱼、摘蔬果，酌酒赋诗、鼓琴弹棋击壶以为乐。酒醉则携手散步于园池之上，度麦陇、穿竹径，转过松林桑坞之下，宾主两忘，景物俱化，不知人世间何乐如之。”郑纪进而感叹说：“虽然天下山川景物之美，何限岂一归乐窝，但世之人多售身于轩冕（官位爵禄），老死而不知归；间有归者，犹营营驰逐不已。虽山川景物日罗于前，皆不知其为可乐。”

第三，一些退休官员有浓厚的爱好或者一技之长，退休后往往发挥余热，搞些业余事业。

古代多数官员文化水平较高，其中不少人喜欢读书、写作。这些人是古代作家队伍的主力军，也是学术研究的主要力量。唐宋之后，官员的私人著述几乎都是在退休的时候写成的。比如《归田园居》、《归潜记》等名字，一看就是退休官员写的。明朝万历年间的首辅大臣徐阶退休以后就著作颇丰，有《经世堂集》26卷、《少湖文集》10卷，另编有《岳庙集》刊行于世。同样，明朝的徐光启主动退休后在天津购买土地，开始种植水稻、花卉、药材等，从事农业科学的实验，他还经常往来于田间地头收集华北地区的农业经验，后来写成了《农政全书》。很多官员退休后变得敢说话，说真话了，抛弃伪装和顾虑，写了不少有关官场见闻和经验教训的书。著名的有张集馨的《道咸宦海见闻录》，史料价值很高，本书多有引用；此外还有同时代朱克敬的《暝庵杂识》、段光清的《镜湖自撰年谱》。以游宦做幕僚为业的“绍兴师爷”群体中的老成退休者，也写了多本类似“师爷必读”的官场教科书。

多数官员退休后“不问政事”，可也有少数官员退休后依然身在江湖、心在朝堂。对朝廷大事，他们没什么影响力了，可是对本地的政事少不了指指点点。著名的海瑞，中间一度“被退休”16 年。他保持了一贯的忧国忧民和耿直的性格，虽然退居乡间了，还坚持每天外出考察民情，并且监督地方官员。海瑞十六年如一日，经常对地方政府工作提出意见和建议。地方官员对这些官场老前辈再头疼，也无计可施，反而要好言好语相待。

这些退休官员构成了中国古代士绅阶层的主力。因为他们人脉关系错综复杂，又有一定的行政经验，地方政府一般不敢得罪他们，对他们礼敬有加。地方长官往往将“老干部工作”作为重要的工作内容，逢年过节都要嘘寒问暖，对于一些有名望的地方士绅还要携带酒米亲自登门慰问。重臣退休以后，朝廷也不会忘记他们。万历十年（1582 年），徐阶八十大寿，万历皇帝亲自派人慰问，赠玺书金帛。

当然，地方政府对退休官员的态度曾经有过转折。唐朝官员退休以后，并不是由自己所属的部委机关或地方政府发放退休金，而要在自己的户籍地或者退休后居住的地方向当地政府申请退休金。若地方长官重视老干部，当地退休官员的晚年生活就好一些；如果遇到不尊老敬老的地方长官，当地退休官员的晚景就不好过了。因此，唐朝退休官员就要看地方官员脸色过日子了。即便一些朝廷高官退休回家，也要对地方长官毕恭毕敬。在一些极端例子里，遇到本地官员站着，退休高官都不敢坐。县令登门拜访，退休官员要等县令发话以后才敢小心地坐下去。很快，朝廷就认识到此种政策的弊端，对退休官员的待遇做出了统一的、硬性的规定，不许延迟、克扣，地方官府对退休官员还应多照顾。宋真宗年间，武信军节度掌书记郭成范退休，考虑到郭成范退休后的生活问题，朝廷特意将郭成范的儿子太庙斋郎郭韬玉调任霍邱县主簿，以便奉养老父亲。从职务收入的实惠来讲，地方的县主簿比朝廷的斋郎还要多一些。而虞部员外郎周令带退休后居住在扬州，年过九十，身边没有亲人照顾。扬州地方政府就向朝廷申请，将周令带的孙子周化远从外地调回，调到扬州官府担任同级官员，以便照顾爷爷。

因为有了各种退休后的制度待遇，加上朝廷对退休官员的各类关照，明清的退休官员在地方上腰杆直了很多，不再像唐朝时期仰闻地方官府的鼻息生活了。一些强势的官员还干涉地方政务，对地方官员仕途升迁有着重要影响。反过来，地方官员要巴结、奉承、攀附在乡退休官员了。比如《红楼梦》里贾雨村初到应天当官的时候，那个门子就向贾雨村提出了新官上任必须要知道的护官符。所谓的护官符，大多是古代地方州县衙门汇集整理的本地退休或在籍官员名册。只有照顾好这些官员——起码不能得罪他们，地方州县的官员才能将自己的官好好地当下去。

第四节 盖棺论定身后名

就是死了，古代官员享受的待遇也有别于普通百姓。

一般的官员死后，可以修建对应规格的坟墓，郑重其事地刻上生前的官衔、爵位和恩赏。比如曹操晚年就自述年轻的时候希望死后能够立一块墓碑，上写："故征西将军曹侯之墓"。"征西将军"是曹操希望获得的终极官职，"曹侯"是他希望封侯。后人一看，就知道墓主生前的官爵地位。与墓碑相配套，古代官员坟墓往往能有一块墓志铭相伴。墓志铭的内容通常分为两部分，前面的志文记叙死者世系、名字、爵位及生平事迹等，后面的铭多用韵文来悼念、赞颂死者。古代老百姓就没有这样的身后待遇，就算一般草民有钱造恢弘的墓葬，也没有资格像官员那样立碑、撰文。

高级别的官员除了显赫的墓碑、墓志铭外，还能获得朝廷的谥号。

谥号是古代朝廷在官员死后，根据他们的生平给予的一种称号，用来盖棺论定、褒贬善恶。谥号的颁布程序是在一定级别的大臣死后，礼部草拟一个谥号，经皇帝同意后赐谥。在古代，一个人能获得谥号是光宗耀祖的大事，仿佛是全社会对他莫大的肯定和赞誉。后人对有谥号的前辈的尊称，多将谥号加上他的姓氏而不称名字。比如欧阳修死后获谥“文忠”，后人就尊称他为“欧阳文忠公”；李鸿章死后也获谥“文忠”，晚清和民国时期人们就尊称他为“李文忠”。

谥号制度似乎始于汉代。但是汉代对赐谥操作非常严格，规定只有生前封侯者才有得谥资格。到了唐朝，赐谥资格扩大到三品以上的职事官。这一时期，谥号是有褒有贬的，既肯定一个人生前的功绩，也不避讳他的弱点甚至品格缺陷。比如唐代萧瑀的谥号是“贞褊”，贞表示他端直，褊则说他多猜疑。不用说，批评死者的恶谥招人反感，不利于“君臣团结”和“体恤臣工”，于是北宋朝廷做出规定：不立恶谥，只作美谥、平谥。宋朝大臣的谥号都很光鲜亮丽，极少有贬斥的谥号。明清时期，谥号进一步演化为给高官评功论好的表面文章，不仅给大臣选择好词，而且还会不顾实际地夸大，或者根据皇帝一人的喜好随意决定。总之是你好我好大家好，违背了评判死者生平、鞭策后来者的初衷。至此，谥号异化为高级官员的“哀荣”，成为一种政治待遇。

明清两代的赐谥制度固定下来，谥号字数也确定下来，王爷为一字谥，大臣为两字谥。比如清朝恭亲王奕䜣的谥号是“忠”，他就被称为“恭忠亲王”；左宗棠的谥号是“文襄”，他就被称为“左文襄公”。只是获谥的级别依然较高。清代规定只有一品大员去世后，请皇帝决定是否赐谥；一品以下官员除非特旨特办，一概没有谥号。所以，不少官员虽然做到了当朝一品，依然没被皇帝赐谥。同时也有部分官员获得皇帝特旨赐谥。清朝嘉庆年间，天理教起义，河南滑县一名巡检战死沙场，破例获得谥号。朝廷给九品巡检赐谥，主要是为了激励官员效忠朝廷、奋勇杀敌。

至于谥号的具体用字，“忠”、“孝”等自然是好得不能再好的词，“端”、“襄”、“成”、“恪”、“敏”、“慎”等也是常用的好词。对于文臣来说，谥号以“文”字开头是很荣耀的事情。只有出身翰林或担任过内阁大学士的高官才能用“文”字。而“文”字谥号中，又以“文正”最为尊贵，只能由皇帝特旨颁布，群臣不能擅议。清朝二百多年，只有八人获谥“文正”，分别是：汤斌、刘统勋、朱珪、曹振镛、杜受田、曾国藩、李鸿藻、孙家鼐。次于“文正”的第二好谥号是“文忠”，得到的人也很少。整个清朝只有约十人得谥“文忠”，如林则徐、李鸿章。再下面的谥号是“文襄”，如左宗棠；接下去有“文恭”、“文成”、“文恪”等等。晚清另一个“中兴名臣”沈葆桢的谥号则是“文肃”。

按理说，赐谥是一锤子买卖的事情。但历史上发生过“夺谥”、“改谥”的现象。说到底，赐谥的权力在皇帝手里，天威难测，皇帝的心思在变，大臣的谥号也就跟着变了。所谓“夺谥”，就是剥夺已经颁布的谥号，以示对死者的追加惩罚。最典型的如明代内阁首辅张居正，死后获谥“文忠”，但很快就遭到反攻倒算，被抄家，谥号收回。“改谥”顾名思义是修改死者的谥号。在古代主要是将好词改为恶词，体现的是对死者的否定，相对“夺谥”而言惩罚更进一步。比如南宋秦桧死后，宋高宗赐谥“忠献”，表扬他忠心耿耿、操心国事。后来政治风向变了，朝廷普遍认为秦桧执行的是卖国求荣的投降路线，很多人抓住秦桧陷害忠良（主要指岳飞）和有汉奸嫌疑（主要指他从北方逃回的经历可疑）不放。宋宁宗干脆追夺秦桧原谥，改谥“缪丑”，痛斥他名实不符、怙威肆行。与之相对应的，朝野也常常对死去很久的人追加谥号，称为“追谥”。最典型的就是追谥孔子和关羽了。他二位死后很长时间都没有谥号，唐宋之后二人地位越来越高，历朝历代的皇帝都追加谥号。大家蜂拥而上，一个赛一个地将二人的谥号往上“拔高”，最后，一个成了

“孔圣”，一个成了“关帝”。再比如岳飞冤死的时候无谥，宋孝宗时得到平反，追谥“武穆”，人称“岳武穆”。南宋末年，朝廷为了激励将士抗元，将岳飞改谥“忠武”，又加封为“鄂王”。

除了官方的谥号外，民间还存在私谥。这既有一种“过干瘾”的意思，也带有对官方谥号的一丝否定。私谥一般由死者的亲友、门人、故吏所立，如东晋陶渊明的私谥是“靖节”，北宋林逋的私谥为“和靖”，世称他二人为“陶靖节”、“林和靖”。私谥的获得者一般是著名文人，而且是清高、与政府关系不好的文人。

为了直观地了解古代官员的哀荣，我们来看看两位清朝官员的墓葬情况：

山东聊城阳谷县现存清朝官员张令璜的坟墓。该墓保存完好，墓南北长135米，东西宽100米，占地万余平方米，墓前尚有刻着“画荻和丸”四个大字的牌坊，墓内石马、石牛、石羊和姿态各异的大小碑刻随处可见，这些都不是一般百姓的墓葬可比的。

此墓墓志铭写道：“皇清诰授通议大夫、吏部右侍郎、兼顺天府府君、前吏部左侍郎文仲张公墓志铭”。从中我们知道，张令璜生前主要在吏部工作，担任过吏部的左右侍郎，最高做到了“吏部右侍郎兼顺天府尹”。顺天府是首都所在，张令璜的这个官相当于人事部副部长兼首都市长，是个显赫的实职——难怪他死后能修建规模雄伟的墓葬。前面的“通议大夫”是虚衔，清朝对正三品官员一概授予通议大夫①。比较可疑的是“文仲”二字，不知道是雍正皇帝特旨赐予张令璜的谥号，还是私谥。墓志铭正文第一段写了张令璜的家世和读书、中进士、当官的简历，接着写了他的子孙情况，最后是大赞张令璜生平和品德的铭文。

第二个例子是民国十八年（1929年）的一位前清官员的墓志铭。全文题为：“清封奉政大夫、朝考一等孝廉方正、实授当阳县教谕兼训导、

---

① 此处存疑，张令璜的吏部侍郎应是二品官，但通议大夫却是三品官的虚衔。

推升黄州府教授、安徽候补知县煜夫公墓志附序辞”。这是一篇并不太“正规”的墓志铭。篇名就比较花哨，如果不看正文内容，读者还真不太明白墓主的身份、事迹。

此文开始，作者先写有一天主人公的儿子“百川”来求自己替他死去的父亲写墓志铭的经过；然后写主人公的家世、经历。从中，我们知道主人公名叫葛潮，字煜夫，所以篇名称他是“煜夫公”。葛潮生前读书，但没考中举人功名，长期在地方教书，先后在当阳县当过两任共 18 年的教官（即“实授当阳县教谕兼训导”），按资历升授黄州府的儒学教授。宣统年间由地方推举为孝廉方正，经湖北总督考试合格送朝廷朝考，钦取一等第六名。这是一段比较光彩的事迹，在篇名中大书为“朝考一等孝廉方正”。有了这个还算是“正途”的经历后，葛潮以知县分发安徽候补。遗憾的是清朝很快就灭亡了，葛潮没能当上真正的县太爷，墓志铭中以“所至均有善政”一笔带过。辛亥革命后，葛潮返回故乡，投身文字自娱。比较可疑的是墓志铭中的“奉政大夫”的来历。清朝对正五品官员一概授予奉政大夫的虚衔。但是葛潮一个候补知县，最多是正七品官，够不上“奉政大夫”的级别。最大的可能是，葛潮花钱买了一个五品顶戴。

墓志铭的作者署名“清封奉政大夫刑部主事甲午科中式举人邱峻”。邱峻比葛潮的仕途要“正”得多，人家是正儿八经的甲午年举人，当过实授的刑部主事。不过他的品级也是正七品，够不着授予奉政大夫的品级，很可能也和葛潮一样是花钱买的。

葛潮的墓志铭写于 1929 年，当时已经进入共和民主体制 18 年了，可葛潮的儿子还不辞辛苦去求前清官员给老父亲写了一篇挺像那么回事的墓志铭，足见官本位思想流传之久、之深，也可见古代官员对死后哀荣的在意。《民国趣史》记载了前清封疆大吏、曾当过军机大臣的林绍年的讣告。全文洋洋洒洒，无微不录，称得上是官本位思想下的“奇闻”。1916 年阴历九月初六，林绍年病逝，公布的讣告摘录如下：

赐进士出身，诰授光禄大夫、建威将军。赏银五百圆治丧，予谥文直，谕赐祭葬。恩赏头品顶戴，赏穿带素貂褂，赐紫禁城骑马，西苑门内骑马。特赏入座听戏，坤宁宫食肉。颁赏《钦定平定粤匪捻匪方略》《钦定平定陕西新疆回匪方略》《钦定平定贵州苗匪方略》。叠蒙孝钦显皇后颁赏御书福寿字，福字，眉寿直幅，寿字直幅，“懋官惟德”匾方，御画条幅，三镶如意，纱袍褂料，帽纬，石青驼色绛色大卷丝缎，石青大卷实地纱，二蓝麻地纱，西番瑞草漳纱，葛纱，荷包，金银锞，金钱，太平有象花瓶，螺填果盘，手炉，御园牡丹花，冬笋，佛豆，春橘，苹果梨，玫瑰饼，各种薯药。德宗景皇帝颁赏福字，龙字，“永绥福履”春条，三镶如意，纱袍褂料，紫色青色实地纱，花机纱，深色牙色增成葛，石青茶青库缎，宝蓝灰色江绸各色匹头，貂皮，荷包，金钱锞锭，大小藏香，绢方，各色春绢，大小湖笔，朱锭，百蝶花瓶，果盘，手炉，燕窝，福元膏，克食神肉，年菜节菜，春菜，攒盒，菜碟，水果，万字河杏桃，西瓜，苹果，大麦，高粱，面粉，豌豆，鲟鳇鱼，野鸡，关东白鱼，汤羊，熏肉，元宵，粽子，腊八粥，粥果，春饼，薄饼，酥糖，荸荠粉，糖果，金衣祛暑丸，恩赏各色江绸，库纱，蜜桃，元宵，粽子，月饼，腊八粥，汤羊，黄羊，薯药。其余尚有衔名，不及备录。

第一句是介绍林绍年考中过第二甲进士，是正途官员，“光禄大夫、建威将军”是虚职，是清朝授予一品官员的荣誉。第二句讲的是朝廷（当时已经逊位的溥仪小朝廷）对林绍年之死的恩赏，包括赏银五百圆，赐祭，还授予谥号“文直”。接下来说的都是林绍年生前获得的赏赐，不厌其烦，先说头品顶戴，再说普通大臣很难获得的五项特殊礼遇，即

“穿带素貂褂，紫禁城骑马，西苑门内骑马，入座听戏，坤宁宫食肉”，还有三本皇帝赏赐的书籍（都是剿匪平叛的内容）。最后分别述说了清末慈禧太后和光绪皇帝的赏赐情况。孝钦显皇后指的是慈禧太后，德宗景皇帝指的是光绪皇帝。林绍年显然将帝后的赏赐作为无上荣光，竟然将那么多内容记得清清楚楚，大到牌匾，小到避暑药品，欢蹦乱跳的如牛羊，微小琐碎的如粽子、荷包。临了，讣告还不忘说一句：“其余尚有衔名，不及备录。”意思是死者还有其他官衔、赏品。（不过话说回来，讣告中的许多赏品都是“大路货”，清末许多官员都有份儿。比如慈禧太后专门练写“福”、“寿”二字，将许多作品连带草稿都赏赐给大臣①。）

官员的哀荣与其说是向社会炫耀的，不如说是做给官员自己看的；与其说是后人诚心为死去的官员操办的，不如说是官员生前费尽心机争取来的、临终前强迫子孙必须如何如何办理的。不论葬礼如何隆重，墓葬何等恢弘，祭文如何感人，真正能留在世间的、能留在后人心中的还是他真实的人品、作为，是他在位时候为社会和老百姓做过什么。古代官员看不清这一点，死后的种种哀荣只能是人们茶余饭后的笑料，甚至会产生相反的效果。

《国闻备乘》中有一段记载：“君相不能与布衣下僚争名”，很形象地说明了公道自在人心，真的是“百姓心中有杆秤”。话说清朝乾隆皇帝一共写了“御制诗文”三集（很多可能是大臣操刀的），分订为六函，由南书房的翰林们写刻，字大如策卷。乾隆诗文印制精良，初印用的是开化纸，墨色光黝，精工程序丝毫不逊于宋元版本。一百多年后，该书作者胡思敬曾在北京街头花了六元钱买得乾隆诗文。后来书业中人告诉胡思敬，乾隆的诗文虽然精致，但常价不过二三元钱。而东吴一位姓江的普通作者写了《改亭集》四卷，装订普通，胡思敬多年求购不获，后

① 也有说法是，慈禧在宫中养了“枪手”，专门替她创作字画，然后大肆赏给下臣。

来好不容易见到一部，卖家索要 16 两银子，丝毫没有讨价还价的余地。胡思敬感叹道：“以天子之尊，不能与布衣争名，古人所以重天爵也。”所谓的“天爵”就是人心的评判。

胡思敬又举了一个例子。奉宸苑（内务府下属管理园林、河道的机构）八品苑副吉某见国政日非，草拟了一份言辞激烈、忧国忧民的奏折，结果上级不愿意代陈，吉某愤而怀稿自杀。一时间远近争相叹服，名动京师，无人不知“吉苑副”。而满洲大学士额勒和布、福锟、昆冈等人死了不到十年，胡思敬遍问京师官民，已经没有几个人记得他们了。三位大学士的哀荣肯定要高于吉某，但短短几年的时间就验证了到底谁还活在人们心中。

第七章　病态：古代官吏的“职业病”

有人说：权力扭曲人性。这句话换个通俗的说法，就是衙门中人在官场待久了会显得与平常人不一样，沾染上或多或少的精神疾病。因为这些病是在职业生涯中患上的，我们可以将其归入职业病的范畴。可怕的是，衙门中的职业病会传染，害得中国社会也感染上了一股“官病”。

魏晋时期，年轻人当官靠中正官评定等级，按照等级高低享有不同的权力，这个制度就是九品中正制。曹魏末年，掌权的晋王司马昭想安排世子司马炎当官，需要走一下中正评品的手续。此事让司州的中正官员很伤脑筋。给司马炎评几品，无须讨论，肯定是“上上”；伤脑筋的是如果全州只评司马炎一个上上品，未免太露骨，要找个绿叶来配。全州十二个郡的中正官共同计议，推举郑默出来“陪品”，衬托司马炎的聪明睿智。评定前，司马昭致书郑默之父郑袤，说：“小儿得厕贤子之流，愧有窃贤之累！”这完全是假惺惺的虚饰。而虚伪是古代“官病”之一。古代官场简直就是一个剧场，官吏们就是演员，高官类似演技高超的大腕。

古代官员对老百姓横征暴敛，一文铜板也不允许老百姓拖欠。偏僻乡村的老农哪怕只拖欠了一文钱，县官们就会带着三班衙役上门催缴，上房扒瓦，入屋拉猪。而对于路过的大小官员、名人雅士乃至“打秋风”的各路货色，官吏们却殷勤备至，盛情款待，临别还有丰厚的馈赠。为什么官对民、官对官的态度有如此悬殊的反差呢？海瑞的解释说：“百姓口小，有公议不能自致于上；过客口大，稍有不如意辄颠倒是非，谤言行焉。”“厚客非出乎己身，取之百姓之身为之也。”（海瑞《淳安县政事序》）因为官员对官员有伤害能力，而老百姓则软弱无力。更重要的是，再盛情的款待都不需要官吏自掏腰包，将成本和伤害转嫁到百姓身上是古代官吏的惯常伎俩。他们花费巨资修建官衙、搞形象工程、为一些毫无必要的项目砸钱，因为花的又不是自己的钱。

此外，古代官吏还有许多其他职业病。比如遇到长官像奴隶遇到主人、老鼠遇到猫一样，在老百姓面前又变成了奴隶主和老爷，像猫戏弄老鼠一样对待老百姓；比如制度是死的，人却是活的，古代的考核、监察制度虽严，三令五申虽多，官吏们从来没有照章办事、依法行政的；再比如古代衙门开会，下属的发言通常只讲两个内容：第一是上司的指示是多么正确、英明；第二是自己是如何领会、贯彻和落实上司的指示的。凡此种种官病，都根源于强大的、没有制约的专制体制。本部分就来罗列和分析古代官吏的种种职业病。

第一节　官场礼多人情薄

送礼，是官场中人的必修课。送礼可以拉近人际关系，编织关系网络，而关系是官场中的黄金资源。还有人将送礼看作是官僚体制的“润滑剂”。礼物送出了手，官僚机构中的障碍多少会消除掉一些，政务执行就会畅通起来。相反，如果不送礼，政务执行起来就会磕磕绊绊。官员的个人升迁、祸福，更是如此。

然而，送礼是一门大学问。送得好了，会给人际关系加分；送得不好，反而会败坏人际关系，甚至可能给自身带来损伤。

南宋初年，秦桧的夫人王氏常到宫中和皇太后套近乎，拉关系。一次，皇太后对王氏说起近来自己很少吃到大的子鱼[①]。王氏马上说：“臣妾家里倒有许多，明天奉呈一百条给您。”回家后，王氏告知秦桧。秦桧万分焦急。一百条子鱼对他不是问题，可皇太后吃不到的鱼，自己却随随便便拿出来了，岂不显得自己的生活享受比皇帝和皇太后还要好！老婆答应的这份礼，简直是一颗已经拉了弦却扔不出去的手雷！秦桧冥思苦想，终于想出一个主意，第二天让王氏送进宫内一百条青鱼。青鱼很普通，满大街都在叫卖，王氏却说这就是子鱼。皇太后见此并未吱声，待王氏走后，她忍不住哈哈大笑，对左右侍从说：“我早听说秦桧的夫人是个乡下人，没有什么见识，现在看来果然不错，她连子鱼和青鱼都分不清。”如此一来，秦桧不仅把烫手山芋轻松扔掉了，还让皇太后觉得自己和夫人生活俭朴、忠厚老实。

不过，不是人人都有秦桧这样的智商的。所以，礼物的选择很重要。既要隐藏自己，又要讨好他人，不是什么东西都可以送的。当你不知道对方的兴趣爱好，又没有能拿得出手的器物古玩的时候，钱就是最保险、最现实的选择了。因此，绝大多数官场“礼尚往来”都是直接送钱，这也是为了避免“秦桧送子鱼”的尴尬。

明白了“送什么”，接下来“怎么送”也是个大问题。总不能直接把钱塞到对方手里吧？也不能在深更半夜把钱塞进人家门缝吧——人家哪会知道是谁送的啊？

鲁迅的爷爷周福清就因为不会送礼，不仅丢了官还下了狱。“那年正值浙江举行乡试，正副主考都已发表，已经出京而来，正主考殷如璋可能是同年吧，同介孚公（周福清）是相识的。亲友中有人出主意召集几个有钱的秀才，凑成一万两银子，写了钱庄的期票，请介孚公去送给主考，买通关节，取中举人，对于经手人当然另有报酬。介孚公便到苏

---

① 子鱼是什么？宋代文人太平老人《袖中锦》一书列举北宋号称天下第一的商品，其中就有兴化军（今福建地区）子鱼。它与江阴县河豚、端砚、洛阳花、浙漆、契丹鞍、夏国剑等都是当时重要贡品。可见，子鱼是当时中国人推崇的珍贵海鱼。

州等候主考到来，见上一面，随即差遣跟班将信送去。那时恰巧副主考在正主考船上谈天，主考知趣得不立即拆信看，那跟班是乡下人，等得急了，便在外面叫喊，说收到银信为什么不给回条。这事情便戳穿了，交给苏州府去查办。知府王仁堪想要含糊了事，说犯人素有神经病，照例可以免罪。可是介孚公本人并不答应，公堂上振振有词，说他不是神经病。历陈某科某人，都通过关节中了举人，这不算什么事，他不过是照样的来一下罢了。事情弄得不可开交，只好依法办事，由浙省主办，呈报刑部，请旨处分。"（周作人《鲁迅的青年时代》）

可见，像周福清那样突兀地直接塞钱，是不行的。万一其中出现一两个纰漏，对双方都不好。解决之道就在于将送礼行为规范化、制度化，将礼尚往来纳入到现行的制度中，将送礼过程中可能的风险降到最低。

古代官场中人的智商都不低，早早地就创造出了稳定的送礼平台。上面有名目，有事由，有对象，也有具体金额。最后，送礼变成一件平常无奇的事情，成了官吏们的日常功课，自然也就没有任何风险可言了。我们拿清朝时期官场上的礼尚往来为例，看看这个平台的运作情况：

清朝官场送礼，首推"三节两寿"礼。三节，分别是春节、端午和中秋；两寿，分别是官员和他夫人的生日。遇到这五个日子，平常人家也要相互送礼，官场中人更是逮住机会，大张旗鼓地送起来了。只不过金额大得惊人。比如清朝中期陕西粮道给西安将军的"三节两寿"礼，每次是800两白银；给八旗都统的礼物，每节是200两白银。这些人是有业务往来的。而陕西巡抚是粮道的直接上司，三节礼扩展成了四季礼，粮道每个季度要送巡抚1300两白银。陕甘总督是粮道上司的上司，但因为领导关系隔了一层，只要送三节礼就行了，每次金额降为1000两白银。关于两寿礼，有一个官场笑话，说的是某县官吏凑份子钱给县太爷过生日。县太爷属鼠，大家就用凑的钱做了一只黄金老鼠送给他作为寿礼。县太爷很高兴，说："过几天是夫人的生日，她是属牛的。"

"三节两寿"礼对地方官来说比较实用，因为他下属多，又管事管钱，能收到厚礼。对于京官来说，它就不太实用了。京官们最在意的是“两敬”。一个是冰敬：夏天的时候给京官送钱，让他买冰降温祛暑；一个是炭敬：冬天的时候给京官送钱，让他买炭保暖御寒。每到酷暑和寒冬的时候，地方官员就纷纷派人往京城各个衙门和相熟的官员家里送钱。对于一些利益密切的京官，地方官还多送一个“瓜敬”，顾名思义就是送钱让京官买些瓜果蔬菜吃。

京官的另一个重要收礼途径就是“别敬”。新官拿到委任状离京赴任之前，地方官在北京办完公事离京之前，都要给相关衙门的官员和相熟的京官送礼告别。曾国藩在给儿子曾纪泽的信中，说到他曾给三江两湖五省的京官送过14000余两别敬礼。

京官收入渠道单一，和地方官相比生活清苦，因此有“穷京官”之说。好在他们靠近权力中枢，掌握着能够决定地方官祸福的权力，所以想方设法要揩地方官的油水。地方官总是要进京办事的，一进京，消息迅速传开，各种各样的京官马上蜂拥而来。有同年（科举同届）、曾经的同僚、同乡和八竿子都打不着的亲戚。地方官也就大方地大开筵席，同时撒钱。筵席一开，来的人往往更杂，“漠不相识，绝不相关者，或具帖邀请，或上书乞帮”。地方官“怒其无因，闵其无赖，未尝不小加点染”。这里送一点，那里送一点，花销就大了去了。到后来，地方官将进京视为畏途，非到万不得已之时不敢进京。光绪年间，张之洞担任山西巡抚，发现山西离北京很近，但官员们极少进京“联络感情”或者办理公事。他觉得很奇怪，一问才得知：原来山西官员也想进京跑部委、拉关系，无奈囊中羞涩，轻易不敢进那个“无底洞”。

此外，还有许多种礼是官场中人都能享受到的。比如“程仪”：官员出差的时候，沿途官员送的红包，表示资助盘缠的意思；“妆敬”：送给官员家中女眷的，让她们买胭脂香粉用；“文仪”：送给官员的孩子们，资助他们文具书籍，希望他们好好学习天天向上。官员家中有喜事，会收到“喜敬”；陪同领导下去视察，会收到“陪敬”；如果送礼方觉得原先送的礼分量不够，会加送“加敬”；就是领导的秘书或跟班，也会定期收到“门敬”或“跟敬”。（在清朝，幕僚和随从的能量很大，甚至能蒙蔽官员主子，官员也不得不仰仗幕僚和随从开展工作。）

当然了，送礼之人不局限于官员，老百姓更要向官吏们送礼了。比如清朝百姓向官府递交呈文，衙役得到费用才会接收。安徽阜阳县的门房、签押房，每收一份呈文要制钱4500文，称为“签子钱”。收了呈文以后，衙役还要向当事人索要“鞋袜钱”、“酒饭钱”、“车船钱”、“招结费”、“解锁费”、“带堂费”等，书吏要向当事人索要“纸笔费”、“挂号费”、“传呈费”、“买批费”、“出票费”、“到案费”、“铺堂费”、“踏勘费”、“结案费”、“和息费”等。总之每个细微的环节都要向老百姓索要贿赂，最后逼得老百姓有事都不敢找衙门，都习惯私了。这个钱，到底是“礼”还是“贿赂”，就要由衙门里的老爷们鉴定了。

以上这些礼都是个人和个人之间的（如果谁动用了公款送礼，那就另当别论了）。清朝官场还有许多衙门和衙门之间、机关和机关之间的送礼行为。

比如地方政府要向中央各部委缴纳“部费”，也就是“麻烦”部委官员的“辛苦钱”。拿刑部举个例子，各省每年必有案件呈报，要麻烦刑部官员按时处理就得给送辛苦费。四川按察司每年都要送600两“部费”给刑部。又比如地方官员晋升，赴任的时候需要有吏部发出的正式通知，如果吏部没有拿到这个官员的“部费”，就迟迟不给他发晋升的通知，熬得你最后不得不低头。再比如户部，晚清时各省往户部送财政款项（现银），送1万两就得交60两的“手续费”。不送的话，户部的大小官吏就会在银子的成色、分量上横挑鼻子竖挑眼，四处刁难。到了地方，同性质的“部费”依然存在，只是换成了“使费”。地方衙门之间的政务往来，每一桩每一件，也都得送相应的“使费”。

各种各样的送礼名目交织在一起，像一张巨大的网络，将每一个官员都网在其中，疲于应付又不得不应付。张集馨担任陕西粮道的时候，每天都要迎客、赴宴或者看戏，有他主请的，也有他被请的，更有他陪坐的。每一个圈子、每一条线上的礼尚往来，他都不敢掉以轻心。只是在给朋友的信中，张集馨对这种迎来送往、吃吃喝喝的官场礼节大不以为然，他说：“终日送往迎来，听戏宴会，有识者耻之。”

清朝官场礼节的特点除了“多”之外，还有一个“厚”。每一份迎来送往的礼节“金额”都不轻，那么多礼加在一起就更重了。还是以张集馨为例子，他任陕西粮道出京前送了17000余两别敬，任四川臬司时花了15000余两，任贵州藩司送了11000余两，调任河南藩司时又送了一万二三千两别敬。如此巨款，都送给谁了呢？张集馨被任命为四川按察使时，送的别敬具体如下：军机大臣，每人400金；军机章京，每位16金，其中有交情或者有较大实权的，则80金到100金不等；六部尚书、总宪100金；侍郎、大九卿50金；同乡、同年及年家世好均要一一送礼。张集馨的收入是多少呢？他是正三品的高级官员，合法收入为年薪130两，此外有养廉银数千两，年收入平均在6000两左右。如果依靠公开收入，张集馨连别敬一项都承受不了，更不用说其他礼节了。

好在，张集馨在送礼的同时，也在不停地收礼。张集馨被任命为陕西粮道时，家境一般，不得不借了17000余两银子去送礼。担任粮道一年后，他不仅还清了借款，还寄回老家仪征10000多两银子。可见，庞大的官场礼尚往来还真是不错，不仅能够拉拢关系，还有创收的功能。

这么多、这么厚的礼，有时还不足以满足官场中人礼尚往来的需要。有的官员还需要额外的“礼节”往来。这些礼节也被冠以“敬”的名字，绝不能说“钱”。如果点明了是钱，一来太俗，二来也有行贿受贿的嫌疑。清朝官员就在装有银票的信封皮上以诗词中的数目或经典的篇数代表钱数。比方说，送300两银子的银票则代以“毛诗三百”①。宣统年间，皇叔载涛有一回收到“炭敬”，封皮上写着“千佛名经”四个字。

---

① 毛诗，是西汉毛亨和毛苌收集、注释的《诗经》版本，是后世通行的版本。毛诗核定的《诗经》有305首，俗称“诗三百”。

他很纳闷，当着几位要员的面说："送给我佛经干什么吗！"众人笑而不答，载涛打开信封一看，里面原来有1000两银票。

清朝官员"一心是钱，天下还得有个好官么？其尤甚者，说某缺一年可以有几'方'，某缺一年可以有几'撇头'。方者似减笔万字，撇头者千字头上一撇儿。以万为方，宋时已有之，今则为官场中不知羞的排场话。官场中'仪礼'一部，是三千两，'毛诗'一部，是三百两，称'师'者，是二千五百两，称'族'者，是五百两。不惟谈之口头，竟且形之笔札。"（小说《歧路灯》）

古代中国人真是智慧出众，能够创造出如此"博大精深"、面面俱到的官场送礼文化来，远比后来一些词汇匮乏、缺乏创造力的贪官污吏们要有"文化"，有"修养"。

不过，官场中人都知道送礼送的不是人品，不是感情，甚至也不是级别，而是权力。"敬"的不是你这个人，而是你手里的权力。这就好像古代州县官上任点卯，六房书役都要送上钱财一样。别人给你送礼是敬畏你手里的权力，要讨你的欢心而已。如果你退休了或者罢官了，他们还会云集给你送礼吗？

晚清有个关于官场冷暖的笑话。说有几位知州、知县正团坐打麻将，忽然仆人来报："听说巡抚大人的姨太太得了暴病。"这是讨好巡抚的好机会，诸位大人急忙穿衣备车，准备前往慰问。这时又有仆人来报："得病者是巡抚的太夫人，现在已经死了。"诸位大人商量道："原来是太夫人仙逝，我们且打完这一局，明早再去吊唁也不迟。"巡抚的母亲都已经死了，下属就想明天赶早去吊唁。一会儿又有仆人来报："现已探实，死者是巡抚本人。"诸位大人一听，异口同声道："快入局，别耽误了好时光，赢了钱好去吃花酒。"巡抚一死，管他干什么？

可见，宦情薄如纸。用清朝人的话来说，就是"死知府不如一个活老鼠"。

第二节　寒暄声中的禁忌

我们普通人初次见面，握手寒暄，有很多话可以说，聊得投机了很快就能热络起来。这种寻常无奇的乐趣，在古代却只有平民百姓才能享受到，因为古代官员们初次见面可以聊的话题少之又少，几乎就找不到什么话题，相当沉闷无趣。

官员们初次见面，怎么会找不到话题呢？

我们可以逐一筛选一下各种可能话题，看哪些话题适合古代官员聊天，哪些话题是不能谈的。

首要的话题是公事。食君之禄为民办事，谈公事总没错吧？错了，古代官员初次见面肯定不能聊公事。

首先，多数官员并不懂公事。具体事务都是幕僚、书吏、衙役在做，长官们都不经手公事，只负责在下属呈递的公文上签字盖章就可以了。比如京城的各部委衙门，实权就操在胥吏的手中。清朝有人感叹：“本朝与胥吏共天下。”从信息输入到部委衙门，到信息转化为政策，再到政策输出本部门，都是胥吏在操刀。又比如地方的州县长官，上任的时候无不携带着一大帮幕僚仆役，人数比有正式编制的该地官员都要多。到任后，州县的钱粮度支有钱粮师爷负责，司法刑狱大家都去问刑名师爷，长官怎么会知道呢？京官也好，地方官也好，主要精力都放在应付迎来送往、编织官场网络和讨好上司方面，也的确没有时间去过问公事。你偏偏找人家谈公事，不是让对方难堪吗？

其次，官员谈公事，很容易暴露出自己在路线、政策和具体事务上的观点和立场。这是官场的大忌。你把自己的立场态度都暴露了，等于自动卸去了武装，容易让政敌抓住把柄。所以，巡察御史不能泄露本地区的反腐败形势，河道总督不会透露河道的运通情况，江南织造对朝廷在南方征调的贡品总是守口如瓶。至于最基层的县里的主簿、典史等人，更不敢谈公事了——万一和县令大人的口径不一致就糟糕了。就是认识很久的官员，相互间都不会谈论公事，更不用说初次见面的陌生官员了：你知道对方是哪条线上的人，有什么后台啊？所以，不谈公事不仅是为了掩饰不懂公事，而且有自我保护的目的在。

那么，官员们见面能不能谈家世、谈家庭呢？不能，这是官场的一个大忌。

明朝正德年间，掌管特务机关的长官朱宁，见人就喜欢拿出写有“皇庶子朱宁”的名帖（类似现在的名片）。“皇庶子”是什么意思呢？皇子怎么会抛头露面干特务工作呢？你如果觉得好奇，询问朱宁大人：“您是皇上第几子啊?”那你就要倒霉了。因为朱宁是正德皇帝的干儿子。如果你再问：“那您的生父是哪位呢?”那你就要死翘翘了。因为朱宁原名钱宁，是南京守备太监钱能的儿子。一个太监，怎么会有儿子呢？再深问下来，朱宁肮脏的底子都被你刨出来了，他非当场和你翻脸、拔刀相向不可。所以说，古代官员见面交换的名帖，是不能深究的。其中有认达官贵人当干爹、干爷爷的，有改名换姓、冒充名门之后的，更有出身卑微、从底层一步步爬上来不愿意他人刨根问底的。别人递过来的名帖写着什么，你就信是什么就可以了。多问一层，可能就得罪了对方。

第三，初次见面询问对方“仙乡何处”总可以吧？这也不行，籍贯也是禁忌。

唐宋以后，官场主流是科举出身的官员。没有科举功名的人就不是“正途”官员，低人一等。而科举考试是和籍贯紧密相连的。朝廷分配给每个地区的录取名额不同，有的地方多，多得和人口极不相称，有的地方的录取比例低得可怕，导致竞争极为激烈。这很像当今的高考，现在有“高考移民”，古代也有“科举移民”，从录取比例低的地方冒名到录取比例高的地方考试。古代有专门的罪名处罚“科举移民”，叫做“冒籍”。但中国社会向来明里一套暗里一套，“冒籍”事情越来越多，也没人愿意深查。不然的话，明清时期每次在顺天府参加科举的考生们不知多少人要被取消考试资格，还要挨板子了（顺天府就是现在的北京，科举录取比例极高）。还有许多江浙的考生去广西、甘肃等地参加科举。近代名士张謇当年就是“冒籍”获得的功名，为此还遭人讹诈。“冒籍”的益处显而易见，最大的不方便是考生获得功名和官职后必须守口如瓶，坚持自认是冒充地的子弟，所以他们一般不愿意提及籍贯问题。

因此，你初次见到一个官员就问人家的籍贯，万一对方当年是“冒籍”得的功名，你一问，人家多尴尬啊！万一对方没有功名，是杂牌出身，你这么问，对方也会觉得尴尬。所以，籍贯就不应该问。

第四，询问对方年龄，总是安全的吧？不，询问年龄恰恰是最不安全的！因为古代官员更改档案年龄成风，和实际年龄出入极大。而年龄大小关系官员的切身利益，万不可能让其他人知道。所以，年龄是大大的禁忌。

从北宋开始，朝廷有规定：举人参加多少次科举还没有中进士且年龄在60岁以内，可以赏赐进士出身，并授予官职。这就是“恩科”的由来。生员、秀才也有类似的恩惠。比如清朝有90多岁的老秀才还硬挺着参加科举，皇帝干脆让他别考了，赏赐举人功名回家了事。这位老人家当然是特例了。倒是有许多人为了讨一个“恩科”官职，争取在“档案年龄”到达60岁之前“考满”规定届数的考试。这就需要在年龄上做手脚了。

改年龄有另一个好处。隋唐以后对各个级别的官员的任职年龄是有规定的，如果一个人过了55岁才考中进士，一般不授予实职，而是授予闲职坐冷板凳；如果一个人年过六旬才考中进士，就连一官半职都捞不到了，只能回家“候任”。所以，在55岁之前考中进士，是出任实职的硬性条件。而一个“有为青年”要想冲击三公九卿的高位，要历任翰林、部委和地方各种官职，既要有中央宏观视野又要有地方工作经验，才有可能飞黄腾达。按照每个官职任期 3 年到 5 年计算，一个青年从中进士到具备进入领导层的条件，至少需要 15 年左右的光阴。那么，一个人要想冲击政坛高位，至少要在 40 岁以前考中进士。相应的，他考中举人、秀才和生员的年龄也相应要向前推。这对许多考生来说，是非常困难的。而最简单、直接的方法就是把年龄改小。所以，金榜题名的进士们编制的《同年录》上的“年齿”一栏不能说全部是假的，起码 95% 以上是假的（保不准有个别少年得意的“应试高手”）。难怪清初文豪兼官员王士禛感叹：“三十年来士大夫履历，例减年岁，甚或减至十余年，即同人宴会，亦无以真年告人者，可谓薄俗。”

《儒林外史》中的范进，一出场就向学政大人坦承：“童生二十岁应考，如今考过二十余次；童生册上写的是三十岁，实年五十四岁。”范进竟然向他人坦承自己的真实年龄，难怪他的岳父胡屠户骂他是个“烂忠厚没用的人”，动不动就扇他耳光。忠厚老实的范进竟然把年纪改小了 24 岁，那么那些不忠厚不老实的人会改小多少呢？

最后，官员们初见，谈谈学问、探讨“子曰诗云”、高喊“仁义道德”总没有错吧？

很遗憾，这也没得聊。因为，并不是所有官员都是有学问的，里面也混杂着不少白痴和文盲，保不准就让你遇到一个。

科举出身的“正途”官员，不可能是文盲，但绝大多数人将学问当作敲门砖，当了官后就忘记了，多年后哪还能拿起来和他人切磋探讨啊？明清以后的那些八股文高手，肚子里也没有什么真学问可言。另一方面，官场上还有许多不是科举出身的官员，依靠祖父辈上来的，依靠裙带关系上来的，或者干脆就是买来的。他们这些人中，能干的人有，但多数是纨绔子弟，不学无术，你千万不能和他们切磋学问。

比如乾隆时期有个两淮盐运使，是用钱一层层买来的官。一次，他参加祭孔，感到很奇怪，就问旁人：“我们拜祭的这个孔子是谁啊？”身边的书吏赶紧回答说：“孔夫子。”盐运使不明白，又去问一个老塾师，塾师告诉盐运使：“孔子是圣人。”盐运使还是不明白，在聚会的时候就问同僚：“孔子是个什么官?”同僚瞠目结舌，其中一个同僚好心说：“居鲁国司寇，摄行相事。”这样一来，盐运使就更不明白了。所以，如果你和这位盐运使大人初次见面，然后探讨“子见南子”或者“咸与维新”之类的话题，估计能把这位大人说晕了。

还有一个民国政治的笑话，说的是某地方官员（有说是省主席，有说是国民党某党部主任的）“理论水平”之低。民国时期官方集会或者庆典，有振臂呼喊“国父精神不死”的口号的传统。一次，轮到该官员带头喊口号，此公振臂高呼：“国父不死。”旁边的秘书听见，赶紧小声提醒：“还有精神呐!”此公马上再把胳膊抬起来高呼：“还有精神呐!”台下的人也跟着振臂高呼：“国父不死，还有精神呐!”所以，如果你和这位地方官员初次见面就探讨“三民主义”、“五权宪法”或者“新生活运动”，估计这位国民公仆也会被你说晕了。

最后，公事不能聊，姓名、家世、籍贯、年龄不能聊，就是你觉得是公理和常识的学问、理论也不能聊。官员们初次见面，还真是为难，弄不好就陷入无话可说、面面相觑的尴尬局面——如果跟班的再不机灵，找不到话题的话。

那么，官员们初次见面谈什么呢？其实，谈什么不重要，重要的是和什么职位的官员见面，见面的这桌酒席由谁埋单，饭桌底下塞了多少银票，相互之间馈赠了哪些东西。俗话说：“礼多人不怪。”话虽然没得聊，但送礼，让利益输送来代替情感交流总不会有错。所以，即便初次见面很难找到话题，谈话有种种禁忌，还是阻止不了古代官员热衷于交际，忙于扩展官场网络。

总之，在古代，政府官衙的后门直通造假工厂的正门。正因为官员的各种信息大多造假，大家戴着一张张面具，所以初次见面会相当沉闷无聊。

第三节　自古忠孝"两不全"

"忠"和"孝"是中国历朝历代大力宣扬的主流价值观，这两个字在古代地位崇高无比。多少农家子弟保家卫国、慷慨赴难，就是为了一个"忠"字；多少良家妇女一辈子养老带幼、操持家务，就是为了一个"孝"字。如果能得到朝廷一个追认或者旌表，就是对那些平凡、朴实和苦命的普通人一生最大的承认。

那么，倡扬"忠"、"孝"价值观的皇帝和官员们，在这两方面做得怎么样呢？

我们先来说"忠"。

忠，顾名思义就是效忠王朝和皇上。看似是天经地义的事情，不过从曹魏建立以后，各个朝廷对"忠"的宣传就仅仅停留在口头上，而且频率并不高。

因为曹魏的天下是从汉献帝手里夺来的，之后晋朝的建立更是"司马昭之心，路人皆知"，弑君夺位的丑闻怎么能拿出来说呢？再往后，一个个新朝代的建立越来越不像样。晋朝的最后一个皇帝司马德文是被南朝宋武帝刘裕派人按倒在床上，用被子蒙住脸闷死的。而南宋朝的最后一个皇帝刘准被齐高帝萧道成派人挟持出宫时惊吓过度，问："你们要杀我吗？"官兵回答："你不能住在宫中了。你家祖先取司马家的天下的时候就是这么做的。"刘准哭泣道："愿后身世世勿复生在王家！"出宫不到一个月，他就被杀死了。陈朝的陈霸先篡位，干脆将梁朝末代皇帝萧方智乱刀砍死。萧方智当时才 16 岁，不想死，边跑边哭喊："我本不愿当皇帝。陈霸先非要我即位，现在又要杀我，这是为什么啊？"萧方智毕竟年轻，不知道权力斗争是你死我活的争斗，失败的一方哪能讨价还价！隋朝是杨坚从外孙手里夺的，他这个姥爷对外孙一点怜悯都没有，照杀不误；唐朝是隋朝大臣李渊打下来的，隋炀帝杨广虽然不是他杀的，但李渊在杨广活着的时候就起兵争夺天下，这不是造反是什么？宋朝的天下是赵匡胤从后周的孤儿寡母手里抢来的；明朝的朱元璋也是因杀戮起义军的老上级、老战友才脱颖而出。你问他起义领袖“小明王”是怎么死的，估计他只能支支吾吾，难以说明了。至于割据混战时代，“臣弑君”、“王侯将相宁有种乎，兵强马壮者为之耳”的现象就更普遍了。

从曹魏开始，除了少数民族建立的元朝和清朝外，哪个朝代的开国皇帝有资格谈论“忠”字呢？

皇帝们没有资格，朝野官员也没有资格谈论忠与不忠。这一点，吴思先生在“皇帝是个冤大头”文章中已经说明了。贪赃枉法和不作为是古代官场的通病。官员们贪污腐败，贪的最终是皇帝的钱，腐败的东西最终也是皇帝的。官员的枉法和不作为，就是不执行朝廷和皇帝的路线、方针、政策。这难道是“忠”吗？更可怕的是，这些官员恶化了朝廷和百姓的关系，让皇上失去了民心，刨了皇帝的老底。陈胜、吴广是基层官员逼出来的，高迎祥、李自成也是地方官员推出来的。最终，皇帝成了冤大头，承担所有官员不忠的恶果。

曹魏以后，皇帝带头不忠，上行下效，朝野大臣们也不忠。东魏年间，权臣高澄和皇帝元善见一起饮酒。高澄举觞对元善见说：“高澄祝陛下长命百岁。”元善见听了，感慨地说：“自古没有不亡之国，朕怎么能受用这样的话！”高澄发怒了：“朕，朕，狗脚朕！”高澄说完还不解气，让亲信上去打元善见三拳。当众殴打完皇帝后，高澄才拂袖而去。北齐建立后，高澄的子孙们肯定不愿意发起有关“忠与不忠”的讨论。既然开国皇帝就不忠，王朝建立之初就有“不忠”的原罪，他和他的子孙就不好意思再宣扬“忠”了。他们无一不转口宣扬“本朝以孝治天下”，以此来树立统治的合法性。大臣们也乐意降低“忠”的宣传调子，转而提倡孝道。“孝”的地位开始盖过“忠”。

于是，“不孝”成了官民的一大罪证。要搞臭对手、搞垮政敌，官员最简单、廉价的做法就是揭发敌人的不孝之罪。晋朝的阮简以旷达自居。父丧期间，阮简在一个大雪寒冷的夜里拜访浚仪县令。县令招待他，阮简吃了一点肉羹，就被政敌抓住了把柄：“阮简竟然在父丧期间吃肉，不孝！”阮简因此被隔绝在官场之外将近30年。《三国志》作者陈寿在父丧期间，自己不幸生病了，婢女给他送上丸药，被政敌当作把柄：“陈寿竟然在父丧期间与婢女亲昵，不孝！”陈寿有口难言，长年累月得不到提拔。西晋初年，河南尹庾纯与司空贾充在宴会上争吵。贾充声名狼藉，却骂庾纯：“你家里有年迈的父亲却不回家照顾，还有什么话说？”就这一句话，把庾纯将得无话可说。

明清判案中有许多琐碎的“不孝”案例，从中后人可以看到朝廷是多么重视孝道。比如，一个人看到父亲和他人打架，他拿起武器帮父亲，却在混乱中误杀了父亲，也被认定“弑父”；有个儿子和老母亲吵架，害得老母亲浓痰上涌窒息而死，这个儿子也被认定“弑母”。两人都被凌迟处死。可见官府对普通百姓在“孝道”方面的要求之苛刻、绝对。

孝道旗帜高高飘扬，官员们都在用力地摇晃，有志于官场的青年们纷纷在“孝”字上下功夫。我们翻看《晋书》之后的各朝正史，立传的官员们大多有“事父至孝”、“居丧以孝闻”之类的记载，即使拿不出可考证的事实也往往写上“有孝子之名”之类模糊的话。他们中的很多人恐怕难称孝子，对待父母长辈顶多说得过去而已，但是朝廷重孝，写上这么一笔对声誉和前途都大有帮助——估计效果比现在的“高考加分”更有用。

在古代中国，某件事情一旦有利可图，人们就蜂拥而上，通常物极必反，结果背离初衷。

“孝”既然有利可图，官员们和“有志青年”们都趋之若鹜。据说厚葬的习俗兴起，就和达官贵族要表现孝道有关。很多人把父母的墓室造得比生前的居室都好，寿衣和寿器比父母日常衣服、用品都要好得多。

父母死后的待遇其他人都看在眼里，所以要做给别人看；父母活着的时候别人又不看，你再孝顺别人也不一定看得到。比如，朝廷为了表彰“孝子贤孙”，从民间挑选“孝廉”授予官职。顾名思义，孝廉是那些“孝顺长辈，清正廉洁”的人。可惜，从一开始就有童谣讽刺：“举秀才，不知书；举孝廉，父别居。”不信，可以看看《儒林外史》和《官场现形记》，里面有多少道貌岸然、欺压乡民的士绅大夫，他们都是孝廉。所以鲁迅先生说：“历代所谓‘举孝’和‘孝廉方正’等都是为了换取官做，‘孝’只是使坏人增长些虚伪，好人无端受些人我都无利益的痛苦罢了。”最终，孝道变成了仕途敲门砖，选拔上去的能力怎么样不好说，但在道德上肯定是不过关的。

朝廷把“孝”的旗帜举得时间越长，这面旗帜变质得就越厉害。

按说，丧期是不能作乐的。东晋明帝驾崩，国丧末期，尚书梅陶私奏女伎，遭到御史弹劾。但到谢安执政时，他在丧期照样歌舞不断。同僚王坦之写信劝他赶紧收敛，谢安不从，最后也没有人追究。自此以后，东晋士大夫阶层群起效仿，成为定俗。为什么无人弹劾谢安“不孝”呢？因为谢安是丞相，谢家权势熏天，没人敢弹劾他。权力因素，蛮横地干涉了孝道的评判标准。

古代还有一项和孝道有关的制度，就是“丁忧”。官员遇到直系长辈逝世，必须辞职回乡守孝，一般是三年。三年时间，对仕途来说很重要。某个官员可能正处于仕途上升期，突然什么职位都没了，要等三年才能复出当官；而三年后安排给复出官员的职位，一般都不如之前的职位重要，甚至有人还降半级复出或者干脆委任个差使。所以，丁忧是横在所有在任官员头上的一把利器。然而，清朝时期，满族京官若是丁忧，只需回家百日，限满后即可回署当官。为什么呢？因为清朝官制分满汉，满族编制多，可用之人少，为了避免缺员过多，朝廷允许满族京官象征性丁忧一百天就复出。当然，朝廷的“理由”是满族京官的田宅、家族都在北京城里面，做官地就是故乡，可以“化悲痛为力量”在家乡继续工作。这个“例外”，打开了丁忧制度的缺口。清朝后期，汉族官员纷纷援引满族京官的例子，要求恩准“化悲痛为力量”，免于丁忧。比如袁世凯就没有丁忧，母亲死后他一直在当官，还不断得到升迁。有了前车之鉴后，拒绝丁忧之风盛行。许多汉族官员接到家里的噩耗，只是请假一个月，回家料理完丧事就回官署继续办公。如此重要的人事制度，上有政策，下有对策，也偏离了孝的初衷。

古时常常有人感慨：“忠孝不能两全。”比如一个人要去边关打仗，很可能因此牺牲。他的牺牲是报效国家，是对皇上尽忠，可他死后就不能赡养父母，又是对父母的不孝。反之亦然。因此，人们似乎认可“自古忠孝难两全”的说法。

其实，对于官员来说，“忠”和“孝”是可以两全的。朝廷给官员的待遇并不低，有官衙居所和可以免费使用的官方医院，有可以随意支使的衙役下人，官员完全可以带着父母双亲一同赴任。再加上官员还有许多隐性的收入和待遇，父母随任的生活质量不会差。退一步来说，即便官员因公殉职了（这是尽忠的一面），朝廷也会有丰富的补偿（比如追封的官爵、追加的待遇），老父老母的生活质量不会降低的。官员的“孝”会由朝廷和官员生前的积累来继续承担。（老百姓就难了，必须在“忠”“孝”之间艰难平衡。）

皇族在“忠孝”问题上，非常特殊。官民“忠”和“孝”的对象不一致，但皇族在“忠”和“孝”的对象上是一致的。皇帝既是他们的君主，也是他们宗族的首领，皇族尽忠的同时也是尽孝。遗憾的是，皇族恰恰是古代最不忠不孝的人群。中国历史上，皇族内部子弑父、弟杀兄的悲剧和“杯弓蛇影”的传说还算少吗？西晋时，皇帝对皇族的待遇可谓深厚，分封了几十个王爷，每个王爷都掌握军政大权，生活优裕。可就是西晋皇族内讧最厉害，开国的晋武帝死后就爆发了“八王之乱”，祖、父、子三个辈分的皇族相互残杀，导致王朝迅速崩溃。末代皇帝晋怀帝司马炽被俘后，匈奴刘聪当面问他：“卿家骨肉相残，何其甚也？”

司马炽只好回答：“为陛下自相驱除。”这是多么无奈和可怜的回答啊！南朝宋的时候，开国皇帝刘裕死后，王朝也迅速走向衰亡。皇子皇孙们为了争夺帝位骨肉相残，高贵的鲜血淋漓了华丽的殿堂。刘裕的子孙们为了争夺皇位展开了骇人的杀戮，不是子弑父、兄弟相残就是叔侄屠杀。南朝宋孝武帝、前废帝、明帝三朝皇族 129 人，被杀者 121 人，其中皇室内部相残者多达 80 人。在位者和阴谋家对付骨肉同胞的手段，往往令人发指，中间哪有一丝感情存在。

中国古代难道就没有“忠孝两全”的人吗？人们常常举海瑞来做正面例子。海瑞事母至孝，带着老母亲上任，每天问安，家事都听老母亲的，算得上是“真孝”。海瑞为官勤勉，几十年兢兢业业，对皇帝敢冒死直谏。更主要的是，他的清正廉洁是出了名的。海瑞当淳安知县的时候，在老母亲生日那天上街买了半斤肉，就被上司闽浙总督胡宗宪当作奇闻讲给同僚听。遗憾的是，海瑞这样算不上“忠”。他忠的是内心的理想，是陈旧的制度（比如他大力提倡恢复朱元璋时期的“剥皮实草”来惩治贪官污吏），而不是朝廷和皇帝。后人没看到他对明朝现实政治有什么可操作的谏言，相反上自嘉靖皇帝下至辖区内的属吏都对他头痛不已。海瑞逝世的时候，估计皇帝和官场都松了一口气：那个硬得像石头一样，没有任何裂缝的偏执老头，终于死了。海瑞这类人，包括屈原、岳飞等人在内，遭遇了另一类“不忠”的尴尬。那就是他们想效忠朝廷，也拥戴君主，却不符合君主的心意，被认为“不忠”。皇帝喜欢的是“多磕头少说话”的忠臣，而真正的忠臣却不是那样的。

综上所述，古代中国从皇帝到皇族，到官员，到士大夫阶层，都有“不忠不孝”的负面记录——倒是在乡间和市井中，忠孝演变成了优良传统。

自古不是忠孝难以两全，而是忠孝两不全。统治者以此来要求百姓，百姓们相信了，尽全力去做了，付出了巨大的代价，事后仰起头来一看：原来上面的人根本没有做到啊！

第四节　腐败是官场癌症

打从宋朝开始，州县衙门都立有戒石，铭文为："尔俸尔禄，民膏民脂；下民易虐，上天难欺。"但有个别胆大妄为的草民却将它改为："尔俸尔禄只是不足，民膏民脂转吃转肥；下民易虐来的便着，上天难欺他又怎知。"这讽刺的就是古代官场的腐败现象。

君主专制社会是人治的社会，大权集于君主一身，连天下都是君主的私产。因此，政府清廉或者腐败，与专制君主的利益息息相关。皇帝最有动力反腐，也只有他才有力量、有可能严惩腐败。遗憾的是，在皇帝的诸多考量中，权力是第一位的，如何维持统治是首要问题，反腐败不是优先考虑的问题。反腐的重要性可能要排在权力、子嗣、战争、钱粮等等的后面。只要腐败没有直接威胁到统治，反腐都只能是锦上添花的修饰，而非迫在眉睫的选择。某个官员只要能帮助皇帝解决其他更重要的问题，那么他的贪腐堕落都是可以原谅的。南梁时期，梁武帝萧衍的六弟、临川王萧宏是个平庸无能的王爷，他在王府中建造了很多间大房子，紧锁房门，从来不示人。有人告发萧宏私藏兵器，图谋不轨。萧衍很担心，就找了个机会去萧宏家"参观"那些神秘的大房子。萧宏百般不愿、犹犹豫豫地阻拦，更令萧衍怀疑。屋子最后还是打开了，只见里面装满了金银珠宝和难以计数的钱币。不用说，这些都是萧宏贪污来的。他吓得双腿颤抖，以为皇兄要处置自己。萧衍却心中一块大石头落地，拍着萧宏的肩膀说："老六，你很会过日子嘛！"结果，萧宏虚惊一场，萧衍放心地打道回府。只要萧宏效忠自己，多贪些钱又算得了什么呢？对皇帝来说，大臣们有贪心比有野心好，皇帝宁愿一些大臣贪心多一点、野心少一点。

其次，在专制政体中，衡量一个官员成功与否的唯一标准就是升迁。

谁的官大，谁的权力和收益就大，官僚体制乃至整个社会就认为他成功，反之就要承担体制的重重压力和外界的冷嘲热讽。而在升迁的标准中，清廉与否只是一个不太重要，甚至是边缘化的标准。许多千夫所指、万民唾骂的贪官照样节节高升，神气活现。因为主导升迁的核心标准是关系，是人情，是权力斗争，甚至是赤裸裸的金钱。于是就产生了这样的情况：“官场筛选规律，往往是黄金下沉，而粪土上浮。得上司青睐，能排挤同列而上浮者是粪土，而被上司厌恶，受同列排挤而下沉者是黄金。……受众多贪官排挤者正是清官。在官场中，施展各种歪门邪道而得利，而蹿升者，则是贪官。”正如宋朝陈宓所说：“大臣所用，非亲即故，执政择易制之人，台谏用慎默之士，都司枢掾，无非亲昵，贪吏靡不得志，廉士动招怨尤。”这正是“官场的常态”。（王曾瑜《“清官”考辨》）清廉者沉溺下僚，贪腐钻营者平步青云，几乎导致所有的官吏都去做后一类人了。贪污腐败现象如何能杜绝？明清时期，升官可以靠金钱来“活动”，就连崇祯皇帝都说：“近来弊窦最多，未用一官，先行贿赂，文、武俱是一般。近闻选官动借京债若干，一到任所，便要还债。这债出在何人身上？定是剥民了。这样怎的有好官肯爱百姓。”（《春明梦馀录》卷四十八）升官的先期投资是要还债的，欠下的人情、许下的诺言又何尝不需要偿还？

古代衙门腐败的原因有很多，比如缺乏权力制约，比如腐败风险小（下民易虐、上天无知）而且收益高。《王朝腐败周期律》一文还有对腐败原因的详细探讨。总之，只要君主专制政体存在，只要缺乏制衡的官僚体制存在，腐败就是政治的顽疾，像癌症一样无法根治，反而日益加重。

腐败，从本质上来说是利用公权力为自己谋私利。在权力泛滥的古代，官吏在各个领域中处于强势地位，以权谋私行为表现为不同的形式：

第一，直接索贿，这是最原始、最强硬、最没有技术含量的方式。你不给官吏贿赂，他就不给你办事，或者故意刁难你，这就是直接索贿。

比如唐朝的蜀州刺史安重霸，贪贿成性。蜀州有个姓邓的油客，资财巨万。安重霸就召邓老板过来陪自己下围棋，让他在一旁侍立。安重霸围棋下得很慢，一天也下不了几十个子，下一盘围棋就是好几天。邓老板天天在一旁侍立，名为看棋，实为罚站，又不给吃不给喝，实在是受不了。一次，安刺史又召邓老板来观棋，邓老板实在不想去。有人就对他说："本不为棋，何不献贿?"邓老板赶紧献上黄金三锭，安刺史这才不再叫他去看棋。又如清朝中期，江西流传民谣："江西地方苦，遇见陈老虎，大县要三千，小县一千五。过付是何人，首县名徐午。"这个陈老虎就是江西巡抚陈淮，他也是贪婪成性的人，又信任南昌知县徐午，通过徐午向各县收取"保护费"。这就是明火执仗的索贿了。此外，贪污公款、苛捐杂税等等也可归入这种方式。此时的衙门、官吏与呼啸山林的强盗没有本质区别，都在抢劫老百姓的财物。

第二，权钱交易，受贿者放弃职责，为行贿者提供便利。这是最常见的腐败方式，比如买官卖官、花钱办证。这种方式比较隐蔽。比如御史言官不掌握人事大权又不治民，无官可卖，无钱可贪，就主要靠参奏弹劾的权力来讹诈官员，史称"卖奏"。御史发现了某地、某人的问题，如果不给他贿赂，他就如实上奏弹劾；如果给了他贿赂，他就给你来个"雷声大雨点小"，或者将棍子高高举起轻轻落下，或者干脆就不揭露不弹劾，这笔贿赂就类似于如今的"封口费"。

明清时期对官员有"申斥"的惩罚，就是违纪官员跪听谕旨后接受斥责辱骂，由宣旨的太监来执行。对于平日威风凛凛的官员来说，被一个太监当众大骂，是极为难堪的事情。你想免去辱骂，就得花钱贿赂太监。这样，太监手里就有了"免骂权"。清末唐绍仪、张百熙二人都受到传旨申斥的惩罚。唐绍仪塞给太监 400 两银票，太监宣旨后就走了。张百熙不知规矩，没有行贿，太监宣完旨后顿足大骂他"混账王八蛋滚下去"。讽刺的是，太监的"免骂权"竟然可以"部分交易"，也就是官员如果给不足贿赂，可以根据具体的金额免除相应的辱骂。清末翰林刘廷荣也被传旨申斥，但他一个穷翰林拿不出400两银子，只向宣旨太监交了200两。结果，太监申斥时只骂了句“混账下去”，免去了“王八蛋滚”，程度减轻了不少。这也算是“公平交易”、“一分钱一分货”的体现了。

宽泛地说，权权交易也可以归入权钱交易的范畴，毕竟也是一方放弃职责，给另一方以切实的好处。比如达官显贵相互吹捧，举荐对方子弟入仕。我提拔你的侄子升官，你安排我的儿子当官，大家都得到好处了。这不是腐败是什么？

第三是制度性腐败，因为制度设计的缺陷而导致的必然腐败。这种腐败和具体的官员无关，而是不管谁处在其中都难以避免的腐败。比如皇帝出巡要做准备工作，包括修缮道路，拆除沿途“有碍观瞻”的建筑，检查安保工作等。清朝有专门的向导处，为正式官署，负责准备皇帝出巡。结果，向导处成了扰民处。向导官自然希望道路越宽越平越好，沿途情况越简单越好。至于地方哪项工作做得不好，哪块田地需要征用，哪处建筑需要拆除，都是向导官说了算。于是，工作粗暴、强征强拆就难以避免了，“有司不敢纠正”。

清朝有专门治理黄河的河署系统，出了名的财大气粗。因为治理黄河关系千万百姓安危，全社会都极为关心，投入巨资。河署成为不受地方监督的独立系统，坐拥巨额拨款，钱多得花都花不完。每年霜降以后，水位降低，不会再有决口漫溢之事，河署照例要举办一年一度“庆安澜”活动，在年底突击花钱。系统的各级衙门都建有专门的京剧团，以“院班”、“道班”等名目区分档次，还要从苏州聘请名角来助兴，出场费数万两，全打在工程账上。“庆安澜”从九月办到十一月，天天宴饮观剧。宴饮是流水席，从上午到半夜，只要有客就不结束，光小锅菜就达一百几十个品种。桌上供客人剔齿的牙签市价为1钱可购十余枚，做在账面上的报销价竟达数百两。其他如冬裘秋缎专买定制，珠翠金玉不可胜计，朝珠带板动辄千金，甚至连太太小姐们的裹脚也必用帛，奢侈

得骇人听闻。“衙参之期，群坐官厅，则各贾云集，书画玩好无不具备”，堪称联欢大会。（完颜绍元《古代的官办工程》）

宽泛地讲，专制时代的腐败大多是制度性腐败，因为没有制约，绝对权力导致绝对腐败。其中也存在狭义的制度性腐败。机构设置、经费分配不合理，在没有制约的情况下，往往表现为整个衙门、系统的制度性腐败。

很多衙门中人，都会有身不由己的感觉，整个体制推着自己不得不腐败。在强大的官僚制度下，百姓的好恶和口碑并不能决定一个官员的升降荣辱，而得到上级与体制的提携和认同才是关键。《聊斋志异》说：“黜陟之权，在上台，不在百姓。上台喜，便是好官，爱百姓，何术能令上台喜也?”既然如此，做好官、清官干什么呢？要干的是，努力钻营升迁。《历代名臣奏议》载郑介夫披露的元朝官员升迁的情况：“贪污者家产丰富，行囊充裕，任满后四处行贿，无所不至，往往先得到高官美差。廉洁者生活困难，日不暇给，无力行贿，人事部门和上司对他们百端刁难、吹毛求疵。即便廉洁者侥幸升了一级，也要‘候补’多年，没有收入，饥寒交迫。”他指出，这是“朝廷诱人以奔竞也”，是整个体制在逼人腐败。

第四，事务性腐败。官员们从经手的政务中克扣、虚报钱财，就是此种腐败，在古代的突出表现是工程浮冒。“浮冒”一词，取自清朝工部的术语，大抵是指各种大小工程从估价到报销等各阶段应该用的、实际用的物料工价的数字虚假不实，伸手多要钱。明清之前，兴建工程多靠征发徭役，由各地提供原料，晚明以后到清朝的工程都聘用社会力量来修建，然后报销。从好的一面说，这顺应商品经济的发展，可以降低成本、提高效率。从坏的一面说，它为负责官吏侵吞款项打开了方便之门。

明清时代的官办工程，特以“浮冒工程”为最突出的流弊。在工部、兵部等实权稍弱的部门，官吏就靠巧立工程名目捞钱了。另一个浮冒的重灾区是宫廷。太监们最喜欢给皇帝大建亭台楼阁，巴不得把紫禁城全部拆了再造一遍。他们如此不嫌麻烦是因为“天家营建，比民间加数百倍。曾闻乾清宫窗一扇，稍损欲修，估价至五千金，而内（太监）犹未满志也”（《万历野获编》）。一扇窗子5000两，一个凉棚4万两，这样的工程款，谁不想赚呢？到了晚清：“光绪乙酉（1885年）夏，德宗幸南北海，小修工程银十三万两，而任其事者，仅拆后墙以培前墙，冀涂饰一时而已”（《清稗类钞·宫苑类》）。你看，连修一面墙都可以报13万两，多划算的买卖啊！

清末隆裕太后垂帘听政时，“宫（中）有佛殿数座……已旷废，（太监）小德张乃怂恿隆裕太后修理，报销至二百余万”。大约这个“浮冒”额度太惊人了，舆论汹汹，于是“内务府大臣奎俊自请处分，谓报销太不实。隆裕以经手者实为小德张，置不问”（《清稗类钞·庵寺类》）。

明神宗时，乾清、坤宁两宫重建，项目负责人之一、工部营缮司郎中贺盛瑞将预算节省了90万两白银，反而以“冒销”罪名罢官。省钱怎么会省出灾祸来呢？因为贺盛瑞省了多少钱，相关的太监、同僚就少拿了多少钱，能不招人忌恨进而被人联手“修理”吗？贺盛瑞对此事耿耿于怀，罢官后写了一本《两宫鼎建记》，将整个工程说得清清楚楚，为我们留下了古代工程浮冒的第一手资料，也是触目惊心的古代官吏腐败的第一手资料。

比如，工程用铜要从太监掌管的内库提取，如不给太监们塞钱就领不到。贺盛瑞不愿行贿，转而向铜商购买相同质量的铜。铜商计算一下，若是千里迢迢去南方采买，不仅赔钱，而且肯定误期。工部的同僚们怕误期，就代替贺盛瑞把这笔“好处费”缴了。很快，铜料顺利领来了。比如，有木材商王天俊等人用巨款行贿高官，弄到了政府委托采买16万根大木的批文。因为是重建宫廷的原料，运送木头进京，沿途关卡不得刁难。于是，王天俊等人夹带私木几千万根，获利不可计数。即便是合同中的16万根木也有32000余根逃税，获利五六万两。再比如，工程开工那天，贺盛瑞确认的出工人数是100名，可是同他一起到工地上做现场巡视的同僚报出来的出工人数竟是500名。贺司长大怒，追问得知原来是会同管工的太监的主意，多报400人就能多拿400份工资。而且，发放工钱本身也有利可图：从银库领出来的是整锭的白银，分发到夫匠手上的是铜钱；官方兑换比率是每两银兑钱690文，给工人则按照550文作一两，每两克扣140文钱……贺盛瑞在这么一群如狼似虎的贪官污吏中，硬生生还节省了80万两银子，可见如果不是他负责此项工程，浮冒贪污的款项肯定要高于80万两。

难道历朝历代就没有进行反腐行动吗？有，但没有效果。

明太祖朱元璋可能是中国历史上的反腐急先锋。他制定了严厉的惩罚措施，对贪污一文钱的人都不放过，动不动就杀头，还发明了“剥皮实草”的警示方法（将贪官的皮剥下来，填上干草做成人皮偶，放在衙门里警示官吏）。就是这样，明朝初期的腐败也依然严重。朱元璋说，我效法古人任命官员，将他们派往全国各地，刚刚提拔任用的时候，这些人既忠诚又坚持原则，可是让他当官当久了，全都又奸又贪。我严格执法，决不轻饶，结果，能善始善终干到底的人很少，身死家破的很多①。永嘉侯朱亮祖是打江山的开国元勋，征讨杀伐立过大功，建国后贪赃枉法。朱元璋召朱亮祖到京，将朱亮祖和他儿子一起活活用鞭子抽死。后世皇帝，谁有朱元璋这样的威望和脾气？朱元璋都治不了腐败，后世子孙们就更不行了。到明朝后期，“九边月饷，半饱私囊，六部耗费，多不可计，其宫殿一切鸠工取材，皆倍于今（清朝）。”

理论上，只要公权力还能获利，腐败现象就不会绝迹；只要没有制约的专制体制还存在，大规模的腐败就不会消失。很多统治者都明白这个道理。在专制政体下，腐败癌症是治不好的。《官场现形记》说有人

---

① 原话是：“朕自即位以来，法古命官，布列华夷，岂期擢用之时，并效忠贞。任用既久，俱系奸贪。朕乃明以惠章，而刑责有不可恕。以至内外官僚，守职维艰，善能终是者寡，身家诛戮者多。”

揭露浙江官场弊端，慈禧太后挑选了一位老京官去做钦差大臣。她说：“某人当差谨慎，在里头苦了这多少年，如今派了他去，也好叫他捞回两个。”圣旨一下，这名京官忙向慈禧身边太监打听上头派他这个差使的真实意思，应该怎么查案。太监扑哧一笑道：“查案有什么难办的？佛爷早有话：‘通天底下一十八省，哪里来的清官？但是御史不说，我也装作糊涂罢了。就是御史参过，派了大臣查过，办掉几个人，还不是这么一件事。前者已去，后者又来，真正能够惩一儆百吗？’这才是明鉴万里呢！你如今到浙江，事情虽然不好办，我教给你一个好法子，叫做‘只拉弓，不放箭’：一来不辜负佛爷栽培你的这番恩典；二来落个好名声，省得背后人家咒骂；三来你自己也落得实惠。你如今也有了岁数了，少爷又多，上头有恩典给你，还不趁此捞回两个吗？”京官听了，马上心领神会。慈禧的态度可能代表了许多统治者对反腐败的态度：睁一只眼闭一只眼，只要没人揭发就当不存在，并且将反腐败当成负责官员的“福利”。

而一些有表现欲、好大喜功的统治者，则不定期地抓抓反腐败工作，给自己脸上贴金。比如乾隆时期，每隔两三年，朝廷都会有一次雷厉风行的反腐败大行动，揪出一两个巨贪典型来。据说这就是乾隆皇帝授意、和珅揣摩配合的结果——实际上，和珅才是乾隆时期的最大贪官。和珅贪婪索贿，都难以用语言描述。外省封疆大吏，如果不定期给和珅孝敬，几乎没有能长期做官的。其中贿赂最重的人，和珅往往破格提拔，授予高位。为了孝敬和珅，也为了能进步，底下的官员们不得不腐败敛财。等到这个人贪声日著，臭名远扬了，和珅就将他定为反腐败对象，用迅雷不及掩耳之势逮捕查抄他，其中的周期就是两三年。

浙江巡抚王亶望被朝野认为是“和相第一宠人”，权势一度炙手可热。王亶望每年给和珅的炭敬、冰敬以及一切孝敬等陋规，总数超过 30 万两银子，此外王亶望还不定期地向和珅孝敬珍奇古玩。可王亶望在浙江巡抚任上，被乾隆公开下诏，和珅亲自下手查办了。结果，王亶望成

了乾隆—和珅“反腐周期”的一个牺牲品、一大反面典型。（《十叶野闻》）

和珅另一亲信国泰的遭遇与此类似，却更具戏剧性。据说国泰本是一个巨商，一次在扬州花酒丛中挥金如土时结识了一个人，两人朝夕相处。恰好遇到漕运总督经过扬州，仪仗威严，车骑盛大。国泰啧啧称道，艳羡不已。新朋友就说：“这有什么好惊羡的？十万银子就能购得他的顶戴。”国泰惊问：“大官也能买？”朋友说：“行！我就能替你办妥。你跟我到京城见一个贵人，不出三月就能做到道台。”国泰取上30万两银子，高兴地跟着他进京去了。抵京后，朋友带国泰拜入和珅门下。原来，国泰的这个朋友就是受和珅委托，在外招徕巨富买官的。为了保险，国泰与和珅等约定，先将钱存入某店，得官后和珅才能提取。

没几天，朝廷就任命国泰为江苏省粮道。后来，和珅又将国泰调往山东（据说是国泰能力太差，而江苏事情多，和珅怕他应付不过来）。山东政务简单，国泰渐娴吏事，三年内就当到了巡抚。

为了报答和珅，国泰自然是倾尽全力，将百万家产都耗尽了。国泰就寻思着在山东大行敲剥，补偿损失。但很快，国泰声名狼藉，传到了北京，被御史弹劾。弹劾奏章内容牵涉到和珅。乾隆竟然让和珅“检举”。和珅又派了一个人去试探国泰的底细，看他还有多少钱。那人告诉国泰，如果要想将弹劾的事情摆平，少说也得百万银子贿赂满朝高官。国泰东拼西凑，才挤出了20万两。和珅知道国泰已经囊空如洗，马上请旨查办国泰。国泰入狱，追悔莫及，知道自己绝无好下场，在狱中自杀了。（《十叶野闻》）从他买官到被和珅奏请查办，正好是三年。国泰自然是冤，被和珅给利用了；可放大了看，和珅何尝不冤？他也被乾隆给利用了，最后当成一个大反面典型被查办了，万贯不义之财最终进了皇帝的腰包。

于是，当时的百姓和后来者都相信，来自皇帝的周期性的反腐败行动，极可能是皇帝控制文武百官的手段。因为腐败已经成为制度性的、全局性的现象，每个官员都不能保证自己是绝对清廉的（因为制度性的腐败会污染哪怕是立志洁身自好的官场中人）。结果，官吏们对皇帝的反腐行为战战兢兢，不得不刻意效忠、讨好皇帝来保障自身安全。而皇帝高调的反腐行为惩治的通常都是没有多大权势的中低级官员，或者是已经失势的高官，也坐实了人们的猜测。和珅在乾隆、嘉庆父子时期境遇的反差，就是很好的例子。同样，人们将官府的许多反腐败行为也理解为内部的权力斗争。

在古代，真的要治理腐败，最具可行性的方法还是对衙门中人加强教育，包括正面的教育。正面的教育是让他们知道名声的可贵、肩负的责任和百姓的幸福；反面的教育除了那一桩桩鲜血淋淋的反面案例外，更重要的是让官吏们知道人的物质需求是有限的，超过安居温饱之外的财富是多余的。这其实是个简单的道理，但是衙门中人却最容易忘记。

本文就以两个反面例子作为结束。

第一个例子是唐朝的元载受贿事发，被有关部门抄家。人们发现元载藏有钟乳500两，胡椒800斛。这么多东西，元载就是用一辈子也用不完，平白无故地放在家里一点用也没有，可能除了占地，就是留作他日宣判自己末日的“证据”。

第二个例子是民国初期的霸县知事刘鼎锡。刘鼎锡为了谋得霸县知事缺，和四个人合资，凑了6000银元向大贪官王治馨买官。大家推刘鼎锡为县知事，其余四人亦各踞县衙重职，朋比为奸，贪赃枉法。案发后，“首犯”刘鼎锡被判死刑，押赴宣武门枪毙。押赴刑场时，刘鼎锡大哭大骂，说官位是用重金向王治馨买的，临死前要向王面诘；又说其他四个合伙人也有责任，怎么就枪毙他一个人呢？他高呼“冤枉”到死。早知今日，又何必当初呢？

第五节　“中国人的官瘾实在深”

种种官场病态的集大成者就是弥漫中国社会的“官本位”思潮。1916 年，陈独秀在《新青年》上以犀利笔触写道：“充满吾人之神经，填塞吾人之骨髓，虽尸解魂消，焚其骨，扬其灰，用显微镜点点验之，皆各有‘做官发财’四大字。做官以张其威，发财以遑其欲。一若做官发财为人生唯一之目的。人间种种善行，凡不利此目的者，一切牺牲之而无所顾惜；人间种种罪恶，凡有利此目的者，一切奉行之而无所忌惮。”陈独秀指出，“此等卑劣思维，乃远祖以来历世遗传之缺点（孔门即有干禄之学），与夫社会之恶习，相演而日深”，结果是“无论若何读书明理之青年，发愤维新之志士，一旦与世周旋，做官发财思想之触发，无不与日俱深。浊流滔滔，虽有健者，莫之能御”。

这一段话堪称是对中国社会官本位思潮的典型分析。为什么中国人热衷当官？因为做官可以发财，有明面的和潜在的各种好处。即便是有志青年，进入社会几年后，也不得不接受“做官发财”的思潮，接受越深就越想到衙门序列中闯荡。而做官之所以能发财，则是因为权力因素在中国社会中泛滥，权力控制了其他领域，甚至支配了社会财富的分配。靠拢权力，是获取财富最轻易和最可靠的途径。所以，才会有根深蒂固的“做官发财”的观念，众人才会皆知“万般皆下品，唯有读书高”。其实，古代中国人也很无奈，有才华者舍做官之途就没有其他发挥才能和吸纳财富的更好途径了。权力泛化让他们的选择余地太小了。

本文就来讲讲古代社会官本位思潮的主要表现。

首先，当官不易，当高官更不易，古代官僚巴不得大家都知道自己是个官，所以官场就演化出了一系列的官仪、官威、官话等。官员出行时鸣锣开道、随从环绕、牌匾高举，被认为是必要的官仪；反之，则被认为不成体统。如郑板桥当知县时夜间出巡不鸣锣开道，不举“回避”、“肃静”的牌子，只用一小吏打着写有“板桥”二字的灯笼为前导，时人就对此看不惯。朋友郑方坤说他：“嵚崎历落，于州县一席，实不相宜。”其实朝廷对官员的仪仗是有明确规定的，但在实践中被官员一再突破，低级官员擅用高官的仪仗，高官则无视规定，大摆排场。清末，哪怕是州县佐贰小官，也要鸣锣开道，凑几块牌子举着。官名本身可以举一块，如果有品级又是一块，如果有功名则又有一块，功劳和奖励可以举一块，比如一个八品县丞就可以造出“某县县丞”、“八品顶戴”、“甲午举人”、“考绩优异”四块牌子。加上“肃静”、“回避”两块，小小县丞出巡的时候，单牌子就有一溜，官仪可畏，官威不小。

民国时有位深知清代官吏摆官谱、讲官派的人评说道：“前清旧官僚习气最为可恨，当其未得志时，徒步而行，不以为苦；一登仕，出入非肩舆不可，一若天生两足为无用者。不宁维是，一切起居动作，均须依赖他人，甚至吃饭穿衣亦须奴婢相助，官愈大，则此种习气愈甚。”

其次，当官忙，不忙也说忙。而他们忙的，主要是交际应酬，讲官话、端架子、拉关系。清朝嘉庆道光年间北京官场中有“闲官忙做”之谣，嘲讽一个叫周采川的官僚“专以期会应酬为职志，其勤勉冠于同人”，应酬的热情和时间完全超过了工作，似乎以应酬为业了。这实际反映了整个官场都忙于应酬的状态。客观说，应酬对仕途非常重要。如果谁不懂官场的应酬规矩，往往要以政治前途为代价。清末有个即用知县（就是不用候补，遇到空缺就立即上任的知县）被分发到江苏后，因为生性迂拙不识应酬，在苏州待了20多年都无实职，也没有得到任何差遣，结果生活无着，自尽身亡。这个例子可能极端了点，但不会应酬、不善应酬的人在官场上总是要倒霉、受冷落的。

应酬时，官吏们自然将种种官场规矩照搬到饭局酒桌上。比如他们的镇衙法宝“唯上”和“圆滑”，也是官方应酬场面上的主要法则。人们说着空洞的、言不由衷的话，把最美好的赞美奉送给在座的实权人物，表达自己的仰慕之情。话题的真相和自己的真情实感被小心地掩饰着，宾主尽量不透露自己的真实意见——就如他们在朝会或衙参的时候所做的一样。此外，谄媚、拖沓、浮夸、做作等官病也在应酬场合弥漫。可悲的是，这种应酬风气扩散到了社会上。没当过一天官吏的人也会说“这事我们要研究研究”、“这事要请示领导再定”，就是明证。

第三，官场倾轧之风恶化了社会风气，进一步助长了人们的虚伪、圆滑和狡诈。官场竞争是一场你死我活、非进即退、机不可失时不再来的残酷竞争，不可能存在双赢局面。而倾轧的成本很低，没有明确的惩罚机制，收益却很高，官吏们何乐而不为呢？因此，中国官场的倾轧之风一直未断，唐朝的李林甫、明朝的严世蕃都是倾轧耍诈的高手。而清朝倾轧之风大盛于乾隆时期，这要拜和珅所赐。一日，和珅笑着对吏部官员金方雪说：“你马上就要外放上海道了，你不知道吗？”没几天，任命果然下来了。金方雪连忙解释：“上海在我原籍五百里内，我应该回避。”和珅说：“你未免也太迂腐了，这种小事何足道哉！”金方雪到了江苏后，直接向上级两江总督和江苏巡抚提出了回避的问题。很快，朝廷安排金方雪和江宁盐道调换了职位。和珅因为金方雪违逆了自己的意思，记恨上了他。没两年，江苏爆发了高邮冒赈案。和珅趁机上奏：“江苏历任布政使对此都有失察之责，应该受到严惩。”乾隆同意了。金方雪在此期间代理过江苏布政使，因此被罢官。和珅无形无声地就达成了阴谋。

倾轧之风也溢出官场，扩散到了其他行业的职场中。经常有人批评中国人一盘散沙，中国员工惯于内斗。这也是向官场靠拢的表现之一，其根源可能要追究到古代的衙门。

第四，官本位思潮还表现为对官场不切实际的迷恋。王士禛《池北偶谈》称，清初顺天府丞戴京曾退休后，“幅巾野服，绝迹公府，人品为武林（指杭州）第一”，说他退休后不进衙门、不穿公服。这种理论上的当然之举，在官员身上就够得上“人品”了。因为很多人退休了还是打官腔、端架子、摆官威，似乎过不足官瘾。《清稗类钞》上载，曾做过江宁知县的汤裕退休后仍然居住在杭州，经常拿出当年参见上司时用的手版叹气：“好久不用了。”每逢节假日，汤裕必穿上官服，过完假期才脱去。假如有人请客，这位退休知县也一定要换上官服去赴宴。人们都笑话他当官上瘾，汤裕却不为所动，我行我素——别人指手画脚算什么，自己过瘾要紧。

还有一些“官痴”，也闹了笑话。《寄园寄所寄》载明朝山西人乔廷栋从御史中丞的位置上退休，“官家居时，每晨必具衣冠，升堂高坐，命仆役呵唱开门，以次伏谒，或作控诉状，乔一一为之剖判讫，然后如仪掩门。每日如此，闻者无不匿笑”。想必这位乔老爷当官太久了，每天不升堂办公就不舒服，算是职业病，可以理解。《清代野记》也记载光绪年间，安徽人张传声，花钱买了一个候补道台，又花钱买了一个加花翎二品衔（道台是四品官，需要花钱才能提升到二品）。张传声被分到河南候补，因为没有实缺，只得在开封等着。这位张大人“每日晨起盥漱早食毕，即冠珊瑚冠、孔雀翎，数珠补服，由内室而出，中门置一云板，出则击之，仆则高呼大人下签押房矣。既就坐，一仆进茗碗，一阍者持手版十余如折扇式，口称某某等禀见，其实并无一人也”。想来，这位张大人想过过当老爷的瘾，没轮到，只有在家里摆谱。表演了那么多，他要的就是手举茶碗，打官腔说“本老爷今日累了，今日就散了吧”的感觉。旁边马上有仆人出来高呼：“传伺候，大人下来矣。”“张乃雅步登肩舆，出门拜客矣。亦每日如是，如演剧然。”这就可以解释为什么当晚清政府大开捐纳之门后，一般小富人家如果能支付得起买官费用，宁愿倾家荡产也要为子弟买个官当了。

最后，世代连绵的官本位思潮让中国社会用官场的标准来衡量生活中的一切。远到拉出几辈子前当过官的祖宗来吓人，近到模仿衙门的样式来装饰家庭、给自己置办“山寨版”官员行头；小到年轻人一言一行都学官吏的“低调稳重”，大到用官场的成功来评价一个人的成功，用品级高低来衡量一个人的价值大小。在官场如鱼得水的人，社会上就想当然地认为他人生成功、才干出众、品德高尚等。这样的联系有一定的合理性，但权力场的成功只能表现出他适合所在的政治体制，与他的才干、品德并无必然的关系。殊不知，人生除了当官之外还有其他丰富多彩的内容，社会除了官场之外还有其他安身立命的事业，可是古代中国人却不这么想。

读书人获得功名前后的境遇，可谓是绝好的例子。一个开蒙读书的孩童，世人都尊称他一句“小相公”、“少爷”，为的是他日后高中皇榜、拜官受禄的美好前景；可如果他到了50多岁还是像范进那样连举人都没有考中，人们就对他冷眼相待了，连亲人都骂他是“无用的烂人”。批判的标准出奇的简单：有没有功名。可是，真正走完科举长途当官的读书人很少，大多数人都是像孔乙己那样“读过书，却没有进学，也不会营业”，他们只好在世人的冷眼中夹着尾巴生活。真可怜历朝历代有多少聪明灵动的灵魂因为世人的官本位思潮而受到压抑、蒙受屈辱。

清朝世情小说《醉醒草》第十四回讲了一个穷秀才的遭遇。秀才姓苏，自然以科举考试为业。妻子莫氏原本是富家千金，嫁给苏秀才自然为了当官太太。尽管亲戚都不看好丈夫，丈夫家又是赤贫，莫小姐却鼓励丈夫：“定要中个举人，与我争气。”不想，苏秀才考了多年，就是考不中。眼看莫小姐成了莫阿姨，姐妹们的日子都过得比自己好，社会上对丈夫越来越冷嘲热讽，莫小姐终于爆发了。她剔起双眉，怒骂丈夫：“人生有几个三年！这穷怎得了！”最后，莫小姐主动抛弃苏秀才，改嫁了一个商人。巧的是，苏秀才在紧接着的乡试、会试、殿试中接连高中，名列前茅。这一下，苏秀才不再是穷酸秀才了，而是“苏大人”、“苏老爷”了。故乡满城轰动，早已不走动的七大姑八大姨连忙申明自己是新科进士苏老爷的亲戚。苏老爷衣锦还乡后，早已经有族叔为他寻觅了一所大房子做府邸，马上就有两户人家来投靠做佣人。随即，“就有媒人不脱门来说亲，道某乡宦小姐，才貌双全，极有陪嫁。某财主女儿，人物齐整，情愿倒贴三百两成婚”。大叔大嫂、大街小巷都对苏老爷满口羡慕恭维，而抛弃苏秀才改嫁他人的莫小姐则成了全城的笑柄，“笑莫氏平白把一个奶奶让与人，不知谁家女人安然来受享”。莫小姐承受不了巨大的心理落差和外界舆论压力，上吊自杀了。

请读者联系日常生活试想一下，以上种种官本位思潮的具体表现是否似曾相识，是否在官府之外的其他社会万象中也有痕迹？

鲁迅先生在《学界的三魂》一文中谈“官魂”时说：“中国人的官瘾实在深，汉重孝廉而有埋儿刻木，宋重理学而有高帽破靴，清重帖括而有‘且夫’‘然则’。总而言之，那魂灵就在做官——行官势，摆官腔，打官话。”清朝末年人欧阳钜源写道：“官之位高矣，官之名贵矣，官之权大矣，官之威重矣，五尺童子皆能知之。”“士废其读，农废其耕，工废其技，商废其业，皆注意于‘官’之一字。盖官者有士、农、工、商之利，而无士、农、工、商之劳者也。”正是由于政府权力的泛滥，侵蚀社会其他领域，所以大学问家王国维认为在官本位思想牢不可破的情况下，读书人“舍官之外无他好”，“夫至道德、学问、实业皆无价值，而唯官有价值”。紧接着，王国维就担心了：如果全社会都热衷官场，“则国势之危险何如矣”？

第八章　怪圈：衙门背后的权力规律

人们的职业和社会生活深受历史规律的影响。衙门中人的职业生活则离不开“衙门定律”的左右。他们只能在衙门定律允许的或者作用不到的空间中自如发挥。随着时间的推移，规律性的内容会越来越多，后来的衙门中人会越来越感觉到压抑——因为古代许多衙门定律是违反人们的常识、期望甚至道德的。

横跨明清两代的读书人吴梅村是个学者型的文人，在明朝末期考中过榜眼，担任过翰林。明朝灭亡后，他就成了前朝的遗民。清初，朝廷高调地征召天下文臣，大批被征者或自杀，或逃遁，拒绝“以身事夷”，不愿意为了当官而污了名节。但是，吴梅村则屈于压力，应征去北京做了清朝的官。结果，吴梅村始终在中级官职上徘徊，名声却一日不如一日。本来人们对他的作品评价很高，如今有人称其诗作“不过一艳才耳”。辞官后，吴梅村也自叹：“误尽平生是一官，弃家容易变名难。”这里的“误尽平生是一官”就是一条“衙门定律”。自古以来，有多少人为了当官，屈从于各种压力，放弃了不少原则，成了衙门定律的傀儡。要想不为衙门定律所左右，唯一的方法就是不为“官”字所吸引，与衙门和权力保持一定的距离。

第一节　“海瑞—李用清现象”

人们一说到古代的清官，首先想到的就是海瑞。海瑞是明朝中期著名的清官，人称“海青天”、“海笔架”。他在当时和后代之所以能拥有如此巨大的声望，主要得益于他为官期间廉洁自律，不畏强权。

我们先来说他的廉洁自律。在廉洁奉公方面，海瑞堪称道德楷模。我们知道明朝官员的俸禄是很低的，极少有人能够依靠俸禄生活，海瑞就是极少数人中的一个。他在衙门里开荒种地，妻子在屋里纺纱织布，以此维持生计。海瑞的日子过得很清苦，只有在老母亲过大寿的时候才能上街买一斤猪肉庆祝一下。“海瑞上街买猪肉”，这可是浙江官场的一大爆炸性新闻——当年总督胡宗宪大人就将这个新闻传得有声有色。海瑞在浙江淳安当知县期间，曾经两次往返北京出差办公。他两次的差旅费总共花去了48两银子，其中还包括海瑞随行的仆人的费用等。这笔钱还不够同级官员在北京吃一顿饭的费用。

我们再来看看海瑞的刚正耿直、不畏强权，这方面的故事也很多。比如，浙江总督胡宗宪的儿子一次到淳安来玩，在驿站里作威作福。海瑞硬是带着人将胡公子剥光了衣服，吊在树上打。海瑞当右佥都御史的时候，大力推行一条鞭法，强迫豪强地主归还吞并的农民土地。为此，他不惜得罪有恩于自己的前内阁首辅徐阶。海瑞耿直最著名的例子就是在当户部主事的时候，买好棺材，告别妻子，遣散仆人，以死上书，给嘉靖皇帝上了一道奏折。在奏折里，海瑞指责嘉靖皇帝不理朝政、荒淫无耻、迷信道教，整天就只知道长生不老，是个不折不扣的昏君。他义正词严地警告嘉靖皇帝，如果不幡然悔悟，国家就到了亡国的边缘。据说嘉靖皇帝还没看完海瑞的奏折，就将奏折掷在地上，大喊让人去抓捕海瑞，恨不得将海瑞剥皮、抽筋、食肉。

因为中国古代官场上廉洁自律、不畏强权的官员凤毛麟角，海瑞的存在让人们把对官员的期待、想象和其他理想的内容都附着在了他的身上，将他神化了。海瑞变成了人们心中理想的官员形象和崇拜的偶像，由此开始偏离他的真实形象。在历史上，海瑞的的确确是一个廉洁奉公、刚正清廉的道德楷模，但也有一些不太积极的内容。比如海瑞为自己和他人树立了极高的道德标准，在行动中严格要求，有将这种标准绝对化、极端化的倾向。一次，海瑞的小女儿穿了一双绣花鞋，被海瑞看到了。海瑞由此联想到自己的女儿小小年纪就喜欢奢侈好看的东西，担心她以后荒淫无度、不守妇道，竟由此逼死了小女儿。海瑞事母极孝，在孝道和夫妻感情之间，他选择了前者。海瑞的母亲是一个很强硬的女性，和儿媳妇关系不好。海瑞为了照顾母亲的感受，竟然几次休妻。海瑞这种极端化的道德言行，使得他在日常生活当中有些不近人情。比如，在如何惩治明朝愈演愈烈的贪污腐败问题上，海瑞就建议恢复明太祖朱元璋时期“剥皮实草”的做法。又比如，海瑞的这种高标准的道德言行，使得他在日常的工作当中脱离了实际的政治平台。海瑞很少有真正的政绩，后人谈到海瑞实际的行政作为，主要是他在江苏做官时期退还农民被兼并的土地，除此之外我们找不到其他拿得出手的显赫政绩。

按说，像海瑞这样几近完美，几乎没有毛病和把柄的道德楷模应该在官场上能够平步青云。可是实际上，海瑞从一开始就是明朝官场的另类。起初，当知道海瑞要到江苏任职的时候，江苏地区有一半的官员申请调职、休假或者干脆早退。海瑞的言行和思想让下级官员觉得自己和新任的长官不是同一路人，宁愿大费周折或者自断前程也不愿意在海瑞的手下为官。如此一来，海瑞到任以后实际的政治作为就可想而知了。

我们再来看看海瑞的上级是如何评价他的。嘉靖年间的内阁首辅大臣徐阶一直认为海瑞是长于言论、短于实干的“清流”①。嘉靖皇帝因为海瑞上奏骂自己，要置海瑞于死地。徐阶出面劝阻，说像海瑞这样的读书人是以直留名，您严厉处治海瑞，反倒是成全了他的名声。在徐阶的眼里，海瑞可以树立成道德榜样放在朝堂上，却不可以让他负责具体工作。之后，海瑞因为在江苏的退地风潮中遭人排挤和弹劾，一度“被退休”16 年。其间，海瑞多次表达了希望复职的愿望，朝野上下也一直有让海瑞重出江湖的呼声，但是继任的首辅大臣张居正始终压制海瑞的复出，因为在张居正看来，虽然海瑞这样大名鼎鼎的道德楷模存在本身就有意义，但对实际政务却是无所帮助的。

现代西方经济学有一个著名的理论，叫“劣币驱逐良币”。根据这个理论，市场上所流通的不是肮脏破损的货币就是假币，而这恰恰是人们在日常生活和交换中自然形成的。为什么呢？首先，一张崭新的良币，干净、正版，人们舍不得让这样的良币到市场上去流通。其次，即使把崭新的良币拿到市场上去交换，它的使用价值并不比劣币大。因此，人类的心理倾向于将良币收藏起来。海瑞就是良币，他的道德风范可以树立为一面旗帜，一来证明当时的朝廷还是清明的，二来可以教育后来的读书人，遵循海瑞的途径前进。于是，明朝就将海瑞供在那儿，作为榜样和典型，发挥它的旗帜作用。而在实际的行政当中，一个道德平庸甚至是品行恶劣的官员（也就是劣币）征收的钱粮不一定比海瑞征收的少，审案判案时也不一定比海瑞糊涂。借用这个理论似乎能够看出像海瑞这样的道德楷模在实践中乏善可陈的困境。中国社会永远不缺少庸官和劣币，但像海瑞这样的良币则永远稀缺，最终出现劣币驱逐良币的结果也就不足为奇了。

无独有偶，清朝也有一个像海瑞一样的官员，叫做李用清。

---

① 清流：指以道德自诩，善于或者勇于评议时政、上疏言事、弹劾大臣、指斥宦官的官员。大多是御史、翰林和给事等中级京官，又多有科举功名。明清时代，清流往往形成一个政治流派，比如明末的东林党以清流自许，清光绪年间的“帝党”也被视为清流。

李用清是山西平定州人，他在同治四年（1865 年）考中进士，时年 36 岁。朝考以后，李用清进入翰林院做了庶吉士，后留在翰林院当了编修。这条道路是官场正途中的正途，但是收入很低。晚清时，很多进士宁愿到地方州县去当知县，也不愿在翰林院坐冷板凳，但是李用清却安贫乐道，整天拿着四书五经和程朱理学，他尤其对于地方掌故和土地丰瘠感兴趣。为了维持生计，李用清在工作之余还当家教，在北京城里开课授徒，收一些学费来维持生活。其间因父亲过世，李用清丁忧回乡。北京到山西有将近三千里地，李用清竟然徒步扶着父亲的灵柩返回家乡安葬，三年丁忧期满以后，又徒步从山西老家走回北京复职。如此“壮举”不唯在官场中，连小老百姓也难以做到。

光绪三年（1877 年），李用清担任了御史。从考中进士到担任翰林院以外的职务，李用清一共用了 12 年时间，不可谓不迟。李用清对御史的职位很感兴趣。他认为民生疾苦、吏治腐败等等都可以在这个职位上随时奏明皇上，作为改革的依据。上任不久，正好赶上山西发生大饥荒，李用清奉调参加山西赈灾。他骑着一头毛驴，游历了山西全省各地，不分寒暑，只带了一个仆人随行。对于山西各地的灾情、粮食运输的情况，李用清都一一记录在册。他得出的结论是：山西之所以发生大饥荒，是因为全省鸦片泛滥，老百姓追逐经济利益，将大量的粮田改种了罂粟。李用清认为必须将罂粟田改回粮田，才能够恢复山西农业，从根本上杜绝饥荒。为此，他找到山西巡抚曾国荃辩论。曾国荃认为，山西全省遭受了如此大荒，如果再禁烟，断了老百姓额外的收入，可能会雪上加霜；同时其他省份鸦片泛滥，唯独山西禁烟，结果既不能减少山西鸦片的泛滥，同时又断了山西省的财政收入。所以，曾国荃将李用清的建议搁置不用。灾情缓解以后，朝廷照例褒奖有关官员。李用清也在褒奖名单里面。李用清认为自己的建议没有被采纳，将奖励推辞不受。

此后，李用清的仕途进入了一个高峰期。光绪七年（1881 年），李用清出任广东惠州知府，第二年迁了贵州贵西道台。光绪九年（1883

年），李用清被破格提拔为贵州布政使兼署贵州巡抚。按照清朝的惯例，道台必须先担任按察使才能升任布政使。李用清廉洁奉公、精明能干的声誉已经传遍朝野，所以朝廷破格将李用清从道台提拔为布政使兼代理巡抚。在贵州巡抚的任上，李用清主要做了四件事：第一件事情是充实仓储，兴办农业；第二件事情是裁撤冗员，弹劾了一批吃空饷的军官；第三件事情是大力缉拿盗匪，抓捕了几个贵州有名的大强盗、大土匪；第四件事情是李用清巡游各地，巡游一处就召集读书人传经布道。贵州这个地方土地贫瘠，农业作物远远比不上种鸦片的收益，各地鸦片种植泛滥。贵州所产的鸦片畅销于湖南、湖北、江西、两广等地。李用清到任以后，一如既往地推行禁烟政策，分区限定年限，强令各地铲除烟苗，杜绝鸦片。他还亲自巡视，雷厉风行地推行禁烟政策。这本是一件利国利民的好事，但由于李用清操之过急，激起了部分地区民变。这一下子就被反对他的人抓住了把柄。名士李慈铭本来就看李用清不顺眼，在日记中记载李用清被“御史汪鉴列纠之，且言其清操不足取，犹之马不食脂，生性然也，都下以为笑柄”。李用清被一道谕令召回北京，重新等待分配工作。满打满算，李用清在贵州巡抚这个仕途顶峰上只待了两年时间。

回到北京以后，李用清仍然痛斥鸦片祸国殃民，鼓吹禁烟。不久，他转任陕西布政使。到任时，陕西刚刚度过一场大饥荒。李用清便下令休养生息，积蓄力量，同时严厉禁烟。两年后，朝廷向各省派款，李用清反对由陕西财政支付朝廷的额外开支。当时，陕西巡抚正和李用清过不去，就向朝廷打了一个小报告，秘密弹劾李用清。李用清因此被召回北京，再次重新等待分配工作。当时是光绪十四年，满打满算李用清又做了两年多的陕西布政使。这次回到北京以后，李用清很有些心灰意冷，很快就办理了病退手续，回到山西。之后十年，李用清都在晋阳书院教书，于光绪二十四年病逝。

以上就是李用清的个人简历。李用清在政治上还是有主张的，与海瑞不同，他还取得了不少政绩。比如，李用清每到一处就力主禁烟，不论是在山西、贵州还是在陕西，李用清都一如既往地大声疾呼要禁绝鸦片。李用清很讲究休养生息，在理财方面很有一套。他接任贵州布政使时，贵州官库里只有白银6万两，离任的时候积蓄到了16万两银子；接任陕西布政使时，陕西官库只有30万两白银，到了第二年官库存银就超过了60万两。李用清每到一地就教化百姓。他为自己树立了很高的道德标准并做到了，同时也用这种道德标准去要求下属和百姓。比如，他在广东惠州当知府期间，境内强盗多，赌博的人多，而且民间械斗很厉害。李用清对大家推诚布公，用道德感化百姓。在他离任的时候，惠州的盗匪、赌博和私斗现象得到了一定的遏制。

李用清的履历证明他为官极其清廉。他担任的职务，比如惠州知府、贵州布政使、陕西布政使都是肥缺。即使一个人不贪不占，只要按照官场既定的规矩和惯例，拿他该拿的就可以富得流油。但是李用清分文不取，虽然在政绩上做得有声有色，但是他自己却过着非常清贫的生活。据说，李用清任贵州巡抚时每天都坐在高堂上处理公务，他的夫人就坐在旁边的小屋里做针线活。夫人生孩子时，连个接生婆都舍不得请，结果夫人刚生下儿子就死了。李家的老仆人可怜夫人，自己掏腰包为女主人买了一口棺材。李用清嫌仆人过于破费，硬是逼仆人换了口薄的。不久，婴儿也夭折了。仆人为婴儿买了一口小棺材，李用清责备道："才几天的婴儿，哪里需要用这东西?"竟命仆人打开亡妻的棺材，把儿子的尸体放进去。世人称他是"天下俭"（《清朝野史大观》）。根据级别，李用清正常的工资收入也不低。但是他把工资都用在了工作上，在很多时候出手特别"阔绰"，比如他用俸禄在贵州曾购粟六千石，在陕西购万石，预备在饥荒的时候发放给百姓。郑州段黄河决口，李用清捐款两万两银子。这些都令人欷歔感叹。

遗憾的是，像李用清这样在政治上有明确主张、有显著成绩，又为官清廉的官员却不容于世。李慈铭就讽刺李用清，说他"一无才能，唯耐苦，恶衣食，捷足善走，盖生长僻县，世为农氓，本不知有人世甘美享受也”。意思是说李用清是一个超级大傻帽，有权不用，而且生活粗糙，根本就不知道人世间有多么精美的享受。李慈铭是晚清时期北京城里著名的大嘴巴。他中进士以后，长期在京城里当京官，看不惯的事情张口就骂。他的话可能有夸张的地方，但是其他官员以及和李用清级别差不多的官员，也对李用清的廉洁奉公大不以为然，甚至交章弹劾他。为什么？因为李用清这样一位掌握巨大实权的官员却能够做到清廉简朴，不正反衬出了其他官员，包括名士、显贵们的奢侈、贪婪吗？所以，同僚们想方设法抹黑他，一定要给他安上卖直邀名、假道行、卫道士之类的帽子。同时，李用清的很多做法虽然在表面上是完全正当、无可非议的，却在实践中得罪了同僚。比如他在陕西当布政使期间，厉行节约，这就有问题了。他太抠门，把官库看得太紧，让陕西官方库银一年内增长了 30 多万两。这也就意味着这 30 多万两是硬生生地从其他官员甚至是上级嘴里抠下来的。这笔钱原本是全省官员吃喝玩乐、衙门招待应酬或者修建亭台会馆的钱，是可以供官吏们“合法”享用的，如今打了水漂，大家怎么能不恨他呢？就是朝廷下命令要各省分摊额外银两，上缴银两救援中央财政，李用清也敢于拒绝这个不合理的要求。这就是“不讲政治”，不配合中央的全局工作。于是，作为一把手的陕西省巡抚轻易地打个小报告，就把李用清排挤下去了。《清史稿》评价李用清用了八个字：“严于自治，勇于奉公”。

当时有个别实权人物也很器重李用清。比如光绪皇帝的师傅、大学士翁同龢，又比如曾经进入军机处的户部尚书阎敬铭，都很器重李用清。但即使是有实权人物出面为李用清说话，也不能挽救李用清的仕途。他最后还是不光彩地退休回家，时年 59 岁。翁同龢在日记里面感叹：“李用清是一个大贤人，但不容于世，这是为什么啊？”

我们可以把海瑞和李用清这样的仕途楷模的命运归纳为中国历史上的“海瑞—李用清现象”。造成这种现象的原因很多。比如，中国古代政治流行明暗、表里、真假两套游戏规则，表面上的楷模和榜样不一定就是现实当中的仕途胜利者，他们往往不能笑到最后。像海瑞、李用清这样的道德楷模，在仕途上的根基是非常浅的，他们的命运取决于整个官场的制度性安排，取决于最高统治阶层的需要。在这一点上，海瑞和李用清就有不同的命运。比如，海瑞在明朝就被树立为楷模，供人瞻仰和学习，而李用清在仕途高峰期的时候被摁死了。这是因为在明朝的时候最高统治者喜好海瑞这样的道德楷模，希望能够树立道德旗帜来给自己的脸上贴金。而到了晚清的时候，整个官场已经存在着制度性腐败、结构性腐败，李用清已经完全不能够融入这样的官场文化。至于最高统治者，也不喜欢再树立什么道德楷模和典型了。于是，李用清的命运就被决定了。他在当时只能是“天下笑柄”（实际上海瑞在明朝也是笑柄，但同僚们不便公开表示出来），死后默默无闻。

人们在对“海瑞—李用清现象”感到惋惜和痛苦的同时，往往也会想：如何才能减少，最好是杜绝此类现象的出现呢？

我们还是借用现代经济学上的劣币驱逐良币的理论。这个理论认为要防止此现象的出现，最主要的措施就是信息公开。让人们知道什么样的钱币是良币，什么样的钱币是假币，什么样的钱币是劣币。在信息公开透明的环境下，假币和劣币就无法藏身，这样就能够让使用者自由选择。在古代官场当中，所谓钱币的选择类似于一个选举的过程，只有将官场公开，让老百姓自由选举官员，才能造成能者上、庸者下、劣者淘汰的局面，才能够杜绝“海瑞—李用清现象”。对于道德无懈可击，但是可能缺乏实际行政能力的海瑞，老百姓会给他安排适当的职位，可能让他去从事监察或是宣传教育的工作。对于道德出众又有实际政治主张、有实际政治能力的李用清，老百姓可以将他推向更高的权力位置。可惜，中国古代政治做不到透明和公开。官员的选择权和使用权操持在最终统治者手里，而不是老百姓手中。

从根本上说，只有良币越来越多，劣币越来越少，才能杜绝劣币驱逐良币的现象。这就要求造币厂加大马力通宵生产，缩短货币回收的周期。与此类似，要杜绝官场上的劣币驱逐良币，就要求官场加大考察官员的力度，在体制内外实现官员的良性循环，让好的官员循环进来，将不好的官员淘汰出去。这就需要整个体制，甚至是社会的努力了。

第二节　王朝腐败周期律

腐败问题是古代专制王朝难以根除的顽疾，和专制王朝相伴始终。但是腐败的表现有高潮有低潮，呈现出周期规律。大致来说，一个王朝在建立之初，政治比较清明，君臣相对廉洁，腐败的问题并不严重。经过几代人之后（往往只要两三代），官场变得昏暗，腐败问题层出不穷，继而如决堤洪水一般汹涌而出。到王朝的末期，官场黑得像墨一样，腐败问题常态化，弄得民怨沸腾、人心尽失。王朝末日也就来临了。

我们以清朝为例，看看这个腐败周期的表现。顺治皇帝入关的时候，清朝王公大臣们还保留着不少关外游牧民族淳厚朴实的作风，和晚清官场的贪婪胡为形成鲜明对比。有些明朝的贪官污吏卖国求荣、归顺清朝，结果在明朝没有遭到惩处，却在清朝因为贪污而遭严惩。尽管他们对满族人来说立有大功，但也不能免罪。顺治十年（1653 年），顺治亲自对朝野官员进行大范围的考核，共有 969 名官员因为违法违纪问题受到了革职、降调、致仕的处理。此后，朝廷对官员的“三年一大计”被定为制度。

康熙年间，天下开始欣欣向荣，国库开始充盈，但朝廷继续保持相对廉洁。当时的宫廷人员只有明朝的 1/20～1/10，花费只及明朝的 1/8，廷苑规模只有明朝的 3/10。康熙年间还出现了于成龙这样堪比海瑞的一代廉吏、万古楷模。接下去的雍正年间，腐败问题有所抬头，但雍正皇帝雷厉风行，严刑峻法，自上而下对腐败保持高压。他处罚了上自亲兄弟下至地方胥吏的腐败分子。因此，腐败势力在清朝康雍乾盛世的前期，还不敢公开抬头。

乾隆时期，腐败现象走出谷底，开始强劲上扬。乾隆四十年（1775年）以后，腐败公行，“州县有所营求，即有所馈送，往往以缺分之繁简，分贿赂之等差。此等赃私初非州县家财，直以国帑为夤缘之具。上司既甘其饵，明知之而不能问，且受其挟制，无可奈何”。官场已经和市场无异，政务也变异为商品。进入嘉庆、道光时期，官吏的腐败堕落呈恶性膨胀之势。上自王公大臣，下至细微吏员，玩忽职守、敷衍怠政，“岁久相沿，几成积习”。千里来做官，只为吃和穿，官场一切公事，点缀了事。就连御林军官兵都“三五成群，手提雀笼雀架，终日闲游，甚或相聚赌博”。如果遇到点名或者纠察，他们就说是在“巡城披甲”，其实他们连营房在哪里都不知道，真正在营房待着的都是他们花钱雇来顶替当兵的穷人。

咸丰时代以后，清朝加速度腐败，百姓怨声载道。“天地会”在告示中称：“照得天下贪官甚于强盗，衙门污吏无异虎狼。”“民之财尽矣！民之苦极矣！”太平军颁布的檄文则说：“满洲又纵贪官污吏布满天下，使剥民脂民膏，士女皆哭泣道路。”“官以贿得，刑以钱免，富儿当权，豪杰绝望。”腐败问题放大了其他社会矛盾，对晚清乱象推波助澜，成为清朝灭亡和晚清中国沉沦的主要因素之一。

这样的“腐败周期律”不只存在于清朝，放到其他朝代也同样有效。为什么会出现这样的周期呢？在我看来，主要有三方面的原因：

首要的原因，套用现代用语，就是官场中人的“信仰”不断丧失。

所谓的“信仰”，在古代官吏身上体现为对儒家道德的认同，对仁义礼智信的个人操守的坚持，对廉洁奉公为民做主的执政理念的实践。在王朝建立之初，新政权的君臣们对前朝覆灭的教训记忆犹新。他们亲身经历了前一个朝代的覆灭过程，或深受其害，或是前一个政权的背叛者。因此，他们对腐败问题与人亡政息的关系有深刻认识，对个人操守比较坚持，加上社会刚走出混乱，百废待兴，他们的进取心也比较足。所以，王朝在建立初期往往比较清明，君臣比较廉洁。

比如明太祖朱元璋对贪官污吏恨之入骨，剥皮抽筋、诛灭满门的事情都干得出来。为什么？因为他亲眼看着自己的父母遭受元朝贪官污吏的剥削迫害，小小年纪就经历了家破人亡的悲剧。父母死后连包裹尸体的破草席都没有，还是幼小的朱元璋和哥哥拖着双亲尸体去荒郊野地埋葬的。此后，朱元璋当小沙弥、做乞丐、扛枪造反，真正是苦大仇深，和贪官污吏有不共戴天之仇。所以，老朱当了皇帝以后，一接到某某人贪污、枉法的报告，很可能就联想到童年欺负自己的元朝的张三李四，联想到父母双亲的悲惨结局。贪官污吏在朱元璋时期还会有好日子过吗？而明初的大臣徐达、常遇春和刘伯温等人，又有哪个不是从元朝末期的黑暗中走出来的？

遗憾的是，这种仇恨会随着老一辈人的逝去而消失，进取心也会在安逸中被消磨殆尽。朱元璋的忆苦思甜，想必对嘉靖、万历等后辈皇帝是没有作用的。比如，清朝定鼎中原的实际主持人、摄政王多尔衮曾一针见血地指出："明国之所以倾覆者，皆由内外部院官吏，贿赂公行，功过不明，是非不辨。凡用官员，有财之人虽不肖亦得进，无财之人虽贤亦不得用，所以贤者皆抱恨隐沦，不贤者多夤缘幸进……乱政坏国皆始于此，罪亦莫大于此。"这样的认识，清朝的末代摄政王载沣是万万没有的。就是清朝中期的曹振镛，历事三朝，也只有"多磕头少说话"的认识。

《红楼梦》里的贾政在贾家败落后感叹："子孙们不孝，将老祖宗流血流汗赚下的两个世职给丢了！"不知道他有没有想过，贾家的老祖宗流血流汗，要推翻的正是自己子孙这样的人。仗着祖辈的福荫作威作福、荒淫无耻，才是他们真正的不孝。

第二个原因是，皇帝一代不如一代。

为什么单单说皇帝，不去关心大臣呢？因为在君主专制政体下，皇帝掌握着最高权力，居于权力金字塔的顶端。条条权力线索和不同的官僚系统，最后都要归结到皇帝那里。在中国古代历史进程中，君主专制的程度越来越高。到清朝，相当于丞相的军机大臣们都只能跪着记录皇帝的旨意了，皇上由此实现了绝对的独裁，想怎么做就怎么做，说什么就是什么。因此，皇帝个人的优劣关系到整体政治的好坏，也是政治清廉与否的重要因素。

同时，皇帝是贪赃枉法最大的受害者。官吏贪污的公款说到底是皇帝腰包里的，胡作非为败坏的是皇帝的圣旨律法，不作为则是将皇上的谆谆教谕当作耳边风，分明是把皇帝当作埋单的冤大头和可有可无的摆设嘛！更可气的是，贪官污吏们腐败的恶果却要皇帝来承担：国库被掏空了，民心被弄丢了，政务被败坏了，最后皇上的江山也危险了。官吏们可以弃暗投明，另觅高枝，继续做他的官吃他的肉，皇帝可没法跳槽，只能像崇祯皇帝那样找棵歪脖子树上吊了。所以，皇帝比任何人都有反腐肃贪的动力和要求。

在实践中，皇帝权力越大就越辛苦。高度专制的君主政体对皇帝的能力提出了极高的要求。首先，皇帝要具备崇高的职业道德。因为他要日理万机，每天翻阅如山般的奏折和文件。从汉武帝开始，每天都有太监不断地把竹简给他抬过来批阅，到清雍正皇帝时虽然竹简改为纸张了，雍正皇帝每天还是要挑灯夜战批阅文件，只能在凌晨的时候睡几个小时而已。要知道，每天面对文山牍海是非常枯燥无聊的，没有超强的意志力和职业道德的人是接受不了这份终身职业的。比如明朝的正德皇帝就为要不要按时上班和开会，和大臣们闹了一辈子的矛盾；而万历皇帝则干脆拒绝履行皇帝职责，躲进深宫几十年不出来。其次，皇帝要有健壮的身体和极强的能力。他既然不断地把权力集中到自己身上，就要承担越来越多的人的工作量。皇帝要承受高强度的工作——而且是终身的，一天都不能停止；还要在纷繁复杂的危机、难题、抱怨、告状、申诉、邀功和鸡毛蒜皮中发现真相，分清轻重缓急，做出正确的决策。这份工作，真不是一般人能做得了的。

开国皇帝们总是能较好地完成工作任务。西汉的刘邦，东汉的刘秀，唐朝的李渊、李世民父子，北宋的赵匡胤和清朝的努尔哈赤皇太极父子，又有谁不是真刀真枪在社会动荡中杀上来的？他们工作经验丰富，能力经过了你死我活的生死考验，而且对自己亲手奠定的江山都很珍惜，所以干起活来虽然有难度，压力大，也不会抱怨，更不会逃避。但即便是像朱元璋那样的工作狂，也不能根绝腐败，在晚年还感叹为什么贪官污吏像韭菜一样割掉了一茬马上冒出新的一茬来，那我们又怎么能奢望朱元璋那些出生在温柔富贵乡中，成长于深宫妇人纤纤玉手中的子孙后代们会更加尽职，做得更好呢？正德皇帝会比朱元璋更明白市井人情和人心险恶吗？万历皇帝会像朱元璋那样勤勤恳恳、兢兢业业吗？崇祯皇帝会有朱元璋那样的人生经历，对腐败恨之入骨吗？不会。因此，皇帝只能是一代不如一代，反腐倡廉的能力一代不如一代，腐败的环境也会越来越宽松。

第三个原因是，作为腐败主体的官僚系统则越来越强大。

无论什么样的信仰，无论什么内容的政策方针，都需要官僚系统来落实、来执行。强大而稳定的官僚系统是中国历史的一大特色。在王朝建立之初，草创的政府机构规模还小，官吏人数也不多，加上信仰尚在、皇帝出色，官僚系统的腐败并不突出。过几代人之后，官僚系统枝繁叶茂、盘根错节，很容易背离应有的宗旨，发展出独立的逻辑。那是一套保守、中庸的逻辑，以自私求利为目的。于是，官僚系统的部门利益超过皇帝利益和百姓利益，也超越了整个政治体制的利益。最可怕的是，随着机构与人员的膨胀，官僚系统独立的逻辑会不断强化，整个系统会越来越强大。明朝嘉靖皇帝即位时，内阁首辅杨廷和借新皇帝登基之机，用登基诏书的形式裁撤编制外人员约 14.87 万人，仅口粮一项每年就可为朝廷节省漕粮约 153.2 万石。应该说这是一件利国利民的好事，却遭到了官僚系统的激烈反对。此后杨廷和上下班都要由嘉靖皇帝特旨派遣的上百名禁军团护卫，否则有生命危险。因为裁员不仅直接损害被裁撤掉的官吏的切身利益，而且损害了与之相关联的圈子、部门的利益，多少人的生计和发展，多少部门的面子和权力都寄托在上面啊，他们哪能善罢甘休？不把杨廷和视作头号仇敌，除之而后快才怪呢！于是不断有人把整杨廷和的黑材料送到嘉靖皇帝的案头，甚至朝杨家射箭，埋伏在杨廷和上朝的必经之路旁准备行刺。最终，杨廷和在强大的官僚系统面前败下阵来。这个事件警告后人，要想给官僚系统“瘦身”是异常危险的事情。

官吏们身处官僚系统之中，目的已经不是为国为民了，而是纯粹追求个人利益。金字塔形的结构决定官员要想获取更多的利益，必须向上攀爬，追求升官。于是，王朝发展到中期，官吏无不以钻营为能事，以升官发财为目的。官吏们已然不是正常的、有理想和有干劲的人了。清嘉庆初年，被官场斥为“迂腐”而遭流放的洪亮吉把官员分成模棱、软弱、钻营、苟且四种类型。他说：“人才至今日消磨殆尽矣。以模棱为晓事，以软弱为良图，以钻营为取进之阶，以苟且为服官之计。由此道者，无不各得其所欲而去，衣钵相承，牢结而不可解。”这样的官场风气，使得各级官吏将公事视同儿戏，甩开膀子贪赃、乱作为和不作为。比如清朝中后期，军队极端腐败。军官们的腐败手段远比不上直接管理百姓、负责财政和司法的文官们的手段广泛，可他们依然创造出了五花八门的搜刮手段，吃空额、克兵饷、冒功请赏、参与走私和贩卖鸦片等等。大小军官“全不以军务为事”，“寡廉鲜耻，营私肥己”，部队中官兵关系紧张、派系林立、纪律散漫、操演废弛，以至出现水兵不识水性、骑兵没有马的怪事。就是这样的军队，清朝一直整顿不得，更是裁撤不得。因为军队的官僚系统已经强大到欺上瞒下、抗拒监督的地步了。

清乾隆年间，甘肃赈灾案爆发，牵出集体腐败的甘肃官场。其中仅布政使王亶望一人即贪污白银300余万两。若依法办事，甘肃府道以上官员要为之裁撤一空。这显然在实践中难以操作，乾隆不得不从宽处理，法外开恩，没有将甘肃官员全部拿下。即便如此，仍有56名甘肃官员被杀，46人免死发遣，革职、降调、罚赔的官员更是不少。在这里，官僚系统的集体腐败也产生了强大的力量，让执法者投鼠忌器，不敢依法办事。那个王亶望是捐纳做的官（就是买的），乾隆皇帝认识到“纳资授官，本非善政”，他的孙子道光皇帝也感叹：“捐班我总不放心，彼等将本求利，其心可知。”“他们素不读书，将本求利，廉之一字，诚有难言。”可祖孙俩皇帝就是不能废除捐官。到八国联军把北京给占了，光绪皇帝才痛下决心，以上谕形式明确严禁全国捐纳实官。因为捐纳涉及地方和中央的关系、官府财政收入和人情网络等等，一直到清朝灭亡，捐纳行为始终存在。各级官府用倒填日期、特事特办、保举推荐或者让襁褓中的婴孩“挂名当官”等长大后再上任等方式，一直在卖官。

一个王朝在初期建立的许多制度，到了中后期看来，仿佛就是天方夜谭。比如顺治对官员的三年大计，到乾隆以后就流于形式，成了相互恭维的过场。顺治皇帝一次性免去969名官员顶戴的“壮举”，到后期变为了一个传说。再比如，顺治皇帝曾在1659年下令：“今后贪官赃至十两者，免其籍没，责四十板流徙席北地方。”“衙役犯赃一两以上者流徙。”官员贪污十两就抄家，衙役贪污一两就流放，按照这个标准，清朝中后期吃一顿饭就要几十两银子，告别时候互赠上百两“别敬”、每年夏天和冬天地方给中央各部委送几千两“冰敬”、“炭敬”的官场，人人都得抄家，哪怕就地斩首也不违反顺治的规定。好在官员们大可放心，没有人将顺治的“祖制”当回事了。明朝也有类似的例子，海瑞提议恢复朱元璋时期将贪官剥皮，填上干草做成人皮木乃伊的做法，将一具具人皮放在衙门里，让后任官员们天天和人皮一起办公。这个提议遭到了上上下下一致反对，大家异口同声说：“这是苛政，我们文明人怎么能这么做呢！”可他们忘记了，这可是太祖武德皇帝定的“祖制”啊！

上面的例子可能有点极端。不过顺治皇帝曾规定，御史奉差之后“不见客，不收书，不用投充书吏，不赴宴会饯送”，以杜绝腐败。这应该说是可以做到的规定，但如果后代御史不进行人际交往，不用书吏，事事都亲力亲为，估计没几天就被人摘下去了。这就是王朝腐败周期律的作用。

第三节 “清官”不一定是好东西

中国社会有“清官崇拜”的传统。古代社会不断有呼唤清官的声音，时常出现万人空巷挥泪别清官的景象，更有百人扶棺、万人送葬的场面。老百姓们毫不吝啬地将许多美好的词汇堆砌在清官身上，比如“青天大老爷”、“再生父母”、“天地之间有杆秤，你就是那定盘的星”（《清官谣》）等。

呼吁清官，恰恰说明它的稀缺，反衬出贪腐行为在古代普遍存在。在人治和缺乏制衡的政治体制下，十官九贪，贪腐是普遍现象。腐败是官场的常态，是官员群体理性而无奈的选择。清官的出现，在理论上和实践中，都是小概率事件。正因为如此，人们才视清官为宝贝，民间爱戴他们，官场宣扬他们。而对清官宣传得越多、对清官期待越迫切的时代，恰恰是贪腐越严重的时代。

其次，清官崇拜表明古代老百姓缺乏表达诉求、维护权益的渠道，只能寄希望于第三者（清官）来维护自身利益。假设一个农民，遭到恶霸欺凌后，能够通过顺畅而廉价的正常诉讼挽回权益，他就不需要去给“青天大老爷”跪下磕头，求他为自己做主了。假设一个居民，遇到街道改建、拆迁征地等变故的时候，可以组织民间团体遏制侵权行为，他也不必去哭天抢地、拦轿告状了。正是因为老百姓没法发出声音，正是因为击鼓鸣不了冤，所以他们才需要第三者来替自己做主。

中国历史上的多数清官，就是普通百姓在不断的呼唤、传说和想象中创造出来的。某些有过一两件利民善举的官员，经过老百姓口耳相传，一两件善举被无限放大，“清官大老爷”的形象就被塑造出来了。老百姓根据道听途说的一两件善举，不断往官员身上贴金，最后导致官员的形象既高大又完美。而官僚阶层也需要树立清官来为本阶层喝彩，证明现行体制的种种优点，于是大力挖掘典型，表彰清官，粉饰现实，以维护统治。

清官热，是不可取的。事实上，清官远非是“那定盘的星”，甚至不一定是好东西。

首先，清廉与否只是为官从政的一个方面，不能以偏概全，以此来衡量官员的全面表现。

从低了说，清廉仅仅是官员群体应该具备的基本要求，此外还有能力、胆略、眼界、大局等等；从政府考核上说，清廉是道德考核的一部分，钱粮赋税的征收、司法刑狱的判决更重要，后者与老百姓的切身利益更相关；从暗的方面来说，在中国的社会环境下，一个务实能干、手腕高超、顾全大局的父母官比一个清正廉洁却能力平庸或者刻薄恼人的父母官更为老百姓所接受。

《金文最》卷七十三记载边元忠《西京副留守李公德政碑》将对官吏的能力要求分为四类：“吏有不为利回，不为义疚，世称曰廉。才足以经济，智足以决断，世称曰能。奉法遵职，履正奉公，世称曰循。明国家之大体，通古今之时务，世称曰良。”可见，清官只占据了其中的一两项要求，比如“廉”或“循”，谈不上是一个全面合格的官员。而政治实践需要全面合格，善于把握复杂局面的官吏，而非偏于某一方面的清官。例如在文官集团势力强大的明朝，一方面官员保持了传统士大夫风骨，出现了许多正直刚强、自诩清廉的官员，比如海瑞，比如晚期耿直的东林党人等；但另一方面，明朝官僚机构又以低效和无能出名。

中国历史上有三大“青天”，分别是北宋的包青天包拯、明朝的海青天海瑞和清朝的施青天施世纶。我们且来看看这三位的实际政治作为。在《宋史》里，有关包拯判案的记录只有一条。说包拯在做天长县知县的时候，一户人家的耕牛的舌头不知道被谁割了。包拯就让原告杀牛，引出与他有仇的真凶来。其他的记录是包拯的履历、言论和他人的评价，可以看出包拯个性强烈，往好了说是锐意创新，往坏了说是特立独行。他一不怕权贵，二为民申冤，使得“贵戚宦官为之敛手，闻者皆惮之”，以致人缘很不好。有时，他甚至不顾规定和礼节，当面质问宰相或其他大臣，弄得同僚们下不了台。这样的清官和官场太不合群了。宋仁宗评价他：“忠鲠之言，固苦口而逆耳，整有所益也，设或无益，亦无所害，又何必拒而责之。”也就是说，在皇帝看来，包青天是“无害”的却不一定是“有益”的官员。包拯的一生总算没有受到迫害，死时还追授了一个礼部尚书。

明朝的海瑞比包拯更“清”，更“正”，也更不合群，人缘差到同僚都对他敬而远之。他被斥退后，民间一直呼吁“海青天”东山再起，后来连官员群体也纷纷要求海瑞复出了。但是掌权的张居正却对“海青天”不感冒，一再不允。他说：“应多用循吏，少用清流。”在张居正看来，海瑞固然清廉，固然公正，但轻率躁进、清高孤立，不适合操作实际政务。而万历皇帝则直接斥责海瑞“迂憨”。结果，海瑞虽然复出了，却是被当作典型和花瓶树立在那里。

无独有偶，施青天施世纶在康熙四十年（1701 年）得到了皇帝类似的评价。康熙皇帝在上谕中评价他：“施世纶朕深知之。其操守果廉，但遇事偏执：百姓与生员讼，彼必护庇百姓；生员与缙绅讼，彼必护庇生员。夫处事唯求得中，岂可偏私？如施世纶者，委以钱谷之事，则相宜耳。”施世纶个人操守没问题，不贪污不腐化，但是遇事偏执。康熙皇帝觉得这样的人最好去管钱谷粮草（因为廉洁），不适合做司法工作（办事偏执，不守法）。

其次，将希望寄托在清官身上，就是将希望寄托在“人治”之上。清官做主的本质还是专制。

百姓们津津乐道的清官审判到底是一种什么样的情形呢？“毫无法

理意识的‘青天大老爷’动不动就来个‘五经断狱’。断得好的，则天理、国法、人情、良心俱在其中；断得不好的，则来他个‘和尚打伞’，无法（发）无天，满口革命大道理，事实上连最起码的逻辑也没有了。”“‘清官’判案所主要依据的不是法律，而是道德，即使运用法律，也是一种道德化了的法律。他们重结果，而不重推理。”（赵海永：《论清官文化对我国宪政文化产生与发展的阻碍》）于是，包拯也好，海瑞也好，施世纶也好，都是根据自己的道德判断和政治考虑判案，没有一个人依法办事，而是依“己”办事。这是典型的“人治”。

对于审案，海瑞自述奉行以下的理念：“凡讼之可疑者，与其屈兄，宁屈其弟；与其屈叔伯，宁屈其侄；与其屈贫民，宁屈富民；与其屈愚直，宁屈刁顽。事在争产业，与其屈小民，宁屈乡宦，以救弊也。事在争言貌，与其屈乡宦，宁屈小民，以存体也。”他的审案标准以保护弱者为准，而不去遵循法律的规定，是“非法”的。如果贫民和富户去诉讼，海瑞难辨是非，就判贫民获胜。尤其是涉及财产纠纷时，海瑞宁愿委屈富户让贫民得利。因为富户少了点财富没事，而贫民本来就没钱，再失去财物就可能会沦为流民或者选择铤而走险了。如此看来，海瑞很有劫富济贫、保护弱势群体的意思。但是，如果叔侄或者兄弟诉讼，为了维护封建伦理，海瑞会判侄子、弟弟输官司。当案子涉及儒家伦理和社会秩序，海瑞马上转到官宦绅士的角度上，判“小民”输官司。这样看来，海瑞又是弱势群体的敌人，站到了普通百姓的对立面。为什么海瑞的审案原则如此混乱？仔细分析，他的原则只有一点：维护王朝统治。如果只是关于财富等简明的案子，海瑞会照顾普通百姓和弱者，旨在维护社会稳定；如果是涉及封建纲常伦理的案子，海瑞马上站在官宦统治阶层立场上，打压普通百姓。不管怎么说，海瑞都不是一个依法办事的好法官，更不总是平民百姓的保护神。

宋朝张乖崖也是个“清官”。他当崇阳县令时，看到一个小吏自库房中出来，小吏的鬓巾下有一枚铜钱，便上前诘问，果然是库房中的钱。

张乖崖大怒，下令杖责小吏。小吏勃然大怒说："一枚铜板何足道哉，竟然要杖打我？你能杖我，不能斩我！"张乖崖更愤怒了，提笔宣判："一日一钱，千日一千，绳锯木断，水滴石穿。"他拔剑下阶，竟然亲手将小吏斩首。崇阳人至今思念这个清官，因为百姓痛恨贪污公款的官吏，认为惩罚越严厉越好，杀得越干净越好。但法律肯定规定了达到多少金额才够得上杀头的标准。张乖崖也是知道的，所以采用假设该名小吏每天贪污一枚铜板，积少成多的方法，将他斩首。这是不是涉嫌在找借口杀人呢？

张乖崖的行为符合民间的心理。老百姓世世代代都会传颂海瑞、张乖崖们的壮举。因为老百姓觉得清官们是和黑暗体制英勇斗争的英雄，是为民请命、为民父母的大好人。表面上，清官的确是和腐败作现实斗争，但实质上，他们却是黑暗现实和现行体制的维护者。他们反贪污腐败的同僚、对嫌疑犯毫不手软，可他们没有触及产生贪污腐败的体制；他们敢于痛斥黑暗的现实，在揭露伤疤方面毫不留情，可他们并没有深入现实的问题，不去挖掘病因。相反，他们迷信、追随已经出问题的现行体制。他们以修补现实为出发点，期盼在现行体制的范围内进行纠正。比如海瑞，虽然上表痛骂嘉靖皇帝，把昏君的种种错误一一揭露，但他的立足点却是恳请嘉靖皇帝"幡然醒悟"，按照圣贤的标准做一个好皇帝。所以说，海瑞们仅仅是现实的善意批评者，不是破坏者，更不是造反者。他们勇敢维护的，是给老百姓已经造成伤害的、专制的官僚体制。

第三，清官崇拜的热潮可能助长一些清官人治气焰，扩大人治的范围，导致"清官乱政"。

清官会"乱政"吗？在老百姓心里，乱政的都是贪官、恶官。清官即便平庸偏执，起码也是宋仁宗评价包拯的那样"无害"，怎么会"有害"呢？不然。清代刘鹗在《老残游记》里指出："赃官可恨，人人知之。清官尤可恨，人多不知。盖赃官自知有病，不敢公然为非，清官则自以为不要钱，何所不可？刚愎自用，小则杀人，大则误国，吾人亲目所见，不知凡几矣。”他还声言：“历来小说皆揭赃官之恶，有揭清官之恶者自《老残游记》始。”

《老残游记》塑造了两个典型的清官形象——玉贤、刚弼。玉贤是山东曹州知府，为官清廉，将曹州治理得“路不拾遗、夜不闭户”。他是怎么做到的呢？玉贤上任后，在曹州一个人说了算，实行强权专制。他动用军警衙役滥杀无辜，不惜制造冤案压制舆论，曹州百姓无论善恶都噤若寒蝉。从表面看起来，曹州是一片太平景象，秩序井然。但这符合老百姓的利益吗？是老百姓希望的生活吗？

刚弼是个“清廉得格登登的”的青天大老爷，不要钱、不受贿，名声在外。一次，魏家向他行贿，想办件小事。刚弼想当然地以为“行贿便是有罪”，于是严刑拷问魏家的人，最后魏夫人熬刑不过，供认出了一桩谋害十三人命的“惊天大案”来。刚弼做官行事大多如此，一味臆测断案，用刑严酷，枉杀了很多好人。这样的清官，不要也罢。

刚弼是“刚愎”的谐音，想必不是实指。但玉贤在清末是有历史原型的，就是曾经担任曹州知府，后来升任山东巡抚，在义和团运动中闯下大祸的毓贤。

毓贤，内务府汉军正黄旗出身，捐了一个同知身份，并很快得到了实缺，先后担任曹州知府、山东按察使、山东巡抚、山西巡抚。毓贤在清末黑暗的官场上提出著名的“三不主义”：不要钱，不要官，不要命。他身体力行，即便做到了封疆大吏，也不为自己考虑，满屋破烂，没一件像样的东西。毓贤完全够得上“清官”的称号。那么，他在政治上如何作为呢？

许指严在《十叶野闻》中有专门的一节《毓屠户》，对他有一段极为精当的评论：“清季之酷吏，当以毓贤为举首。迹其生平，无他能，前半生殃民，后半世招侮。”毓贤任山东曹州知府时，以“善治盗”著称。他的“善治盗”，就是“乱世用重典”，搞严刑峻法、滥杀无辜那一套。毓贤“杀民如杀贼”、“割头如割草”，而且发明了许多酷刑，虐杀百姓。譬如打杖条、打板子、轧杠子、跑铁链子、跪铁蒺藜、站铁鳌、气蛤蟆等等。其中，毓贤最令人发指的一大发明是“站笼”。《十叶野闻》描述“站笼”：“命木工制大木笼四，高及肩，囊其身于笼，而以木环围锁其颈，植木其中，足下初置砖，渐抽去。弱者半日、强者一日夜死矣。”

胡适在给《老残游记》作序时，专门评价了玉贤（毓贤）这个人物，说他生前做了两件事情：前半生“虐民”，后半生“招侮”。原来，毓贤盲目仇外、色厉内荏，在近代中外激烈碰撞的背景下，思想僵化保守，无端仇视外国事物。山东是义和团运动的重点区域，时任巡抚的毓贤深信义和团那一套“神功”，幻想借助义和团的力量灭绝洋教、杀尽洋人，助长了局势的混乱。最终，不仅是在列强眼中，毓贤是义和团运动的元凶，就是在朝野官吏眼中，毓贤也是“庚子之辱”的罪魁祸首。

如此看来，清官还真不一定是好东西。对那些既清廉又务实能干的官员，老百姓可以称颂他们，支持他们进行体制内的变革，借助他们维护权益；对于那些只是清廉却庸庸碌碌的官员，老百姓可以肯定他们的清廉；但对于那些徒有清廉之名却刚愎偏执，借清名来胡作非为的官员，老百姓要像对待贪官污吏那样警惕、反对他们。总之，清官崇拜的热潮要退去了。

第四节　人生终须一个土馒头

城外土馒头，馅草在城里。
一人吃一个，莫嫌没滋味。

不是每个人都能接受唐朝王梵志的诗。比如读这首无题诗，一股悲凉、冷酷的感觉扑面而来。我想，王梵志极可能是一个刻薄、直接和无情的人，用直白得不能再直白的话，去除矫饰和伪善，将人世的本质赤裸裸地呈现出来。这样的人，生前注定过得相当孤寂，死后也不能获得多少认同。

在草长莺飞的二月天或者果实累累的金秋，当人们沉醉在“此曲只应天上有”或者“共君一醉一陶然”中的时候，王梵志突然大煞风景地提到了城外的“土馒头”。这土馒头，就是坟墓。新坟旧坟都孤独地散落在荒郊野外，一年难得被投上几瞥。馒头馅自然就是在城里的人，谁都逃离不了入住土馒头的命运。城里城外，生死两个世界。“一人吃一个”的大白话再次强调死亡是必然的，谁死了都只有一个土馒头。如果你想要多占几个土馒头，恐怕就要分尸了。城里的繁花似锦和城外的孤寂无闻，生前的披金戴银和死后人人平等的一穴黄土，形成了鲜明的对比。最后，王梵志用训诫的口吻告诉读者：生死如此无情冷酷，你还别嫌没有滋味！

“人生似幻化，终当归空无。”人生的一切最后归于一个土馒头，归于“空无”。荣华富贵到头来还是灰飞烟灭，“一抔黄土掩风流”。秦始皇 13 岁继承王位后就开始修建自己的陵墓，征调几十万人修了几十年，当时有民谣说：“运石甘泉口，渭水为不流。千人歌，万人吼，运石堆积如山阜。”他修成的秦始皇陵可能是史上最大的土馒头，不过秦始皇他个人能占多少位置？还不是一个土馒头的位置？而且秦始皇还为此背上了千古骂名。如今我们从外面看，那个硕大的土馒头和关中平原的小土山没有分别，如果没有专门的指示，后人都不知道此地埋葬着秦始皇。秦始皇如此，其他人也是如此。

我特意搜索了作者王梵志的介绍，内容很少，大致是说王梵志幼时被人在野地里收养，不是孤儿就是弃婴，没见他长大后接受正规教育的介绍，可能是自学成才的，然后出家为僧，最终被人称为“诗僧”。在文人交往应酬频繁的唐朝，王梵志没留下和他人唱和的记录，印证了他这样性格的人往往人缘不太好。王梵志还有其他的诗，读来也是大煞风景的，比如“陋室空堂，当年笏满床。衰草枯杨，曾为歌舞场”，其中的讽刺估计不会招达官贵人喜欢。又比如“造作庄田犹未已，堂上哭声身已死。哭人尽是分钱人，口哭原来心里喜”，把孝子贤孙们的面具统统扫落，暴露出金钱的狰狞面目，估计绝大多数老百姓也不会喜欢。但是，人们可以不喜欢王梵志的诗，却不能否认他揭露的事实。人们可以把头扭到一边，漠视他的创作，但是不能逃脱他揭露的自然规律的无情作用。逐渐地，有人从最初的排斥转变为接受，进而变为冷静地追随。宋代范成大就把王梵志的这首诗和他的另一首诗“世无百年人，强作千年调。打铁作门限，鬼见拍手笑”的诗意铸为一联：“纵有千年铁门槛，终须一个土馒头。”

“纵有千年铁门槛，终须一个土馒头。”这联概括得好，即便你能长命百岁，能活到千百岁，推而广之，即便你一手遮天、享尽人间种种好处，最终还是要进土馒头的。和那些公平公正、无法抗拒的自然规律一样，终须一个土馒头是人生的一大铁律。

这条铁律，地位越高、既得利益越多的人可能越难以接受。

在曾经的热播剧《铁齿铜牙纪晓岚》中，纪晓岚告诉和珅：“人生不过就是一个土馒头，和大人就是馒头馅。”这句大实话，让和珅暴跳如雷。我大权在握，正享着荣华富贵，凭什么咒我死，而且还把我和那些“失败者”、贫户、乞丐相提并论！这是得意者的通病。和珅权盛之时，朝野官员以入都谒见和中堂为荣。山东历城县令来北京，也想见上和珅一面，回去好向同僚夸耀。于是，他用两千两银子（相当于他当县令 40 多年的工资收入，相当于和珅 10 多年的工资收入）贿赂了和府的看门人，在和珅回府的时候长跪在门前，把写着姓名、官职的名帖高高举起，就希望和珅能够看一眼。不想和珅坐在轿子里屁股都不动一下，呵斥道：“县令是何虫豸，也来叩见我！”鼎盛时期的和珅如此张狂，等到嘉庆皇帝即位，终被罗织了“二十大罪”，赐令自尽。据说“和胖子”在自尽前突然文采飞扬起来，写了一首《绝命诗》，开头就是：“五十年来梦幻真，今朝撒手谢红尘。”早知如此，你和珅当初还费尽心思争权夺利、党同伐异和贪赃枉法干什么？类似“迟到的领悟”还发生在西晋末年的石崇身上。石崇就是那个参加西晋达官显贵“斗富大赛”的优胜者，家里用蜡烛烧水，出门用丝绸装饰道路，最终被乱兵杀于东市。临死前他说：“你们这些人，还不是为了贪我的钱财！”兵爷反问他：“你既知道人为财死，为什么不早些把家财散了，做点好事？”如今，和珅也好，石崇也罢，又有谁知道他们在哪个土馒头里呢？一句话，当权者在得意之时，如果早些领悟到土馒头铁律，早做准备，也不至于落得最后的悲惨下场。

对于那些痴迷不悟的所谓的成功者，唐代诗人沈佺期的《邙山》可能更有针对性：

> 北邙山上列坟茔，万古千秋对洛城。
> 城中日夕歌钟起，山上唯闻松柏声。

邙山位于洛阳城北，依山傍水，是权力核心附近的天然风水宝地。从东周开始，洛阳城里的达官显贵就在此下葬，慢慢地“葬在邙山”成了一种身份地位的象征，外地的官员也争着要葬到洛阳来。到唐朝时，邙山坟茔之多，摩肩接踵，底下还有层层叠叠的旧朝古时的坟墓，新坟压着旧坟。用当地老百姓的话说是“邙山无卧牛之地”，用文雅的诗词说是“北邙山上无闲土，尽是洛阳人旧墓”。本诗的第一句“北邙山上列坟茔，万古千秋对洛城”说的就是此情此景。“城中日夕歌钟起”，说的是城内的达官贵人还在欢歌艳舞，纸醉金迷；“山上唯闻松柏声”，说的是邙山上稀稀拉拉的松柏发出凄凉萧索的风声，似乎是死去的达官显贵在召唤后来者。这又和城内形成了尖锐的对比。沈佺期在这首诗里要表达的意思就是王梵志的土馒头铁律，不过他的诗专门针对达官显贵而写，写得文雅了些，也多了一层委婉。

沈佺期是初唐著名的宫廷诗人，写了许多拍马屁和官场应酬的诗歌，但被后人公认写得最好的，却是这首生前不被看好的《邙山》。也许是他看惯了富贵场的兴衰沉浮，对人生深有感悟，悟出了土馒头铁律。事实上也只有这样的作品，才能流传开来。

李白也有诗云："吴宫花草埋幽径，晋代衣冠成古丘。"刘禹锡则说："旧时王谢堂前燕，飞入寻常百姓家。"在浩渺的时空面前，个人追求的名利显得多么虚无。尤其是死亡即将降临的时候，人们往往会懊悔之前费尽千辛万苦争夺的那一丁点利益、那一丝毫的虚名是多么不值，浪费了大把的光阴，而人生还有太多的遗憾。"人生至重，贵于千金。"那些阴谋阳谋，那些睚眦必报，和宝贵的人生相比是那么不值。"八王之乱"时，齐王司马冏执政，江南吴中人张翰被召为大司马东曹掾。当时王室争权，张翰厌恶官场名利，思念"秋风起兮木叶飞，吴江水兮鲈正肥。三千里兮家未归，恨难禁兮仰天悲"，便辞官回乡享受"莼羹"、鲈鱼去了。相信多数人内心都有"莼鲈之思"，同时却过着张翰那样身不由己的生活。当然，我们不能都学张翰挂冠而去，但可以在日常生活中尽可能地抛弃虚名和浮利，真正听从内心的呼唤，认真过好自己的人生。

当我们心烦气躁的时候，当我们对生活失去方向的时候，不妨抬头望望城外的公墓，或者低头翻看报刊上的讣告，然后询问内心——自己真正想要什么？是自然从容又丰富的人生，还是暴戾恣睢、唯唯诺诺、亦步亦趋的生活。

参 考 文 献

〔清〕昭梿编撰．啸亭杂录．北京：中华书局，2006.

〔民国〕徐珂编撰．清稗类钞．北京：中华书局，1996.

〔民国〕郁慕侠．上海鳞爪．上海：上海书店，1998.

〔民国〕许指严．十叶野闻．北京：中华书局，2007.

〔民国〕胡思敬．国闻备乘．北京：中华书局，2007.

钱穆．中国历代政治得失．北京：三联书店，2002.

吴思．隐蔽的秩序：拆解历史弈局．海口：海南出版社，2004.

李乔．清代官场图记．北京：中华书局，2005.

孙立群．中国古代的士人生活．北京：商务印书馆，2003.

完颜绍元．天下衙门．北京：中国档案出版社，2006.

完颜绍元．趣说古代官场生态．福州：福建人民出版社，2006.

陈茂同．中国历代职官沿革史．天津：百花文艺出版社，2005.

叶林生，丁伟东，黄正术．中国封建官僚政治研究．南京：南京大学出版社，2009.

宋庆森．卿本佳人，奈何做贼：腐败现象的文化批判．北京：中国方正出版社，2010.

傅冠群主编．湖南社会大观．上海：上海书店出版社，2000.

萧志华主编．湖北社会大观．上海：上海书店出版社，2000.

郭裕怀主编．山西社会大观．上海：上海书店出版社，2000.

张程．泛权力．杭州：浙江大学出版社，2010.

刘虹．清代顺天乡试特点刍议．湖南大学学报（社会科学版），2010（5）．

张国骥．清嘉道时期的人才危机．湖南大学学报（社会科学版），2005（5）．

高伟凯，张桂琳．清朝官员腐败成因分析．学海，2006（2）．

刘文瑞．试论明代的州县吏治．西北大学学报，2001（2）．

寇安炳．“致仕”的意思是官员退休．中华读书报，2008－7－16（10）．

谢宪．中国古代的退休制度．东西南北，2009（4）．

梁建国．北宋东京的士人拜谒——兼论门生关系的生成．中国史研究，2008（3）．

王曾瑜．宋朝卖官述略．中国史研究，2008（3）．

关山远．古代官员如何考核政绩．新华每日电讯，2011－2－25．

郭润涛．清代的“家人”．明清论丛第一辑．北京：紫禁城出版社，1999．

王曾瑜．“清官”考辨．河北学刊，2008（2）．

备注：本书引用的网络资料请参见后记。

附录：清代官职表

品级	中央官职		地方官职		文官年俸①
	文官	武官	文官	武官	
正一品	太师、太傅、太保 殿阁大学士	领侍卫内大臣 掌銮仪卫事大臣			银180两 米180斛
从一品	协办大学士 尚书 都察院右都御史 都察院左都御史	步军统领②		将军 都统③ 提督	
正二品	侍郎 内务府总管大臣	统领	总督④	总兵 副都统	银155两 米155斛
从二品	内阁学士 翰林院掌院学士	散秩大臣	巡抚⑤ 布政使	副将	
正三品	都察院右副都御史 都察院左副都御史 通政使 宗人府丞 大理寺卿 太常寺卿 詹事府詹事	一等侍卫 参领 陵寝总管大臣 围场总管大臣 城守尉	按察使 顺天府府尹 奉天府府尹⑥	参将	银130两 米130斛
从三品	光禄寺卿 太仆寺卿	参领	盐运使	游击	
正四品	鸿胪寺卿 通政副使 大理寺少卿 太常寺少卿 太仆寺少卿 詹事府少詹事	二等侍卫 副参领	道台 顺天府丞 奉天府丞	都司	银105两 米105斛
从四品	翰林院侍读学士 翰林院侍讲学士 国子监祭酒 内阁侍读学士	城门领	知府⑦		
正五品	六科给事中 郎中 通政司参议 光禄寺少卿	三等侍卫 步军校	同知 直隶州⑧ 知州	守备	银80两 米80斛

续表

品级	中央官职		地方官职		文官年俸
	文官	武官	文官	武官	
从五品	御史 翰林院侍读 翰林院侍讲 员外郎 鸿胪寺少卿	四等侍卫	知州 盐运副使	千总	
正六品	国子监司业 内阁侍读 主事 都察院经历[9] 宗人府经历 理藩院教习[10]	蓝翎侍卫 亲军校 前锋校 护军校 骁骑校 委署步军校	通判 京县知县	千总	银 60 两 米 60 斛
从六品	翰林院修撰		州同[11] 布政使司经历	千总	
正七品	内阁中书 翰林院编修 通政使司经历 各部寺司库 笔帖式[12]	城门吏	知县[13] 儒学教授 京县县丞 按察司经历	把总	银 45 两 米 45 斛
从七品	翰林院检讨 国子监博士 国子监助教		州判 京府经历 盐运司经历		
正八品	太医院御医 国子监学正 笔帖式 翰林院五经博士		府经历 县丞 儒学学正 儒学教谕	外委千总	银 40 两 米 40 斛
从八品	翰林院典簿 国子监典籍	委署亲军校 委署前锋校 委署护军校 委署骁骑校	儒学训导		
正九品	笔帖式 礼部大使[14]	蓝翎长	主簿	外委把总	银 33 两 1 钱 米 33 斛 1 斗
从九品	翰林院待诏 国子监典籍 钦天监博士 司狱		巡检		银 31 两 5 钱 米 31 斛 5 斗
不入流	翰林院孔目 各部寺库使 崇文门副使 无顶戴笔帖式		典史 驿丞 河泊所所官 盐茶大使 仓大使 茶引批验所大使		

注：本表以陈茂同著《中国历代职官沿革史》为主要依据，结合清朝相关人物经历编制而成。表中所列为比较常见或者读者可能感兴趣的官职，没有包括全部官职。封爵、差遣和清朝入关前及清末官制改革后的职位也不包括在内。

---

① 清代官员的俸禄比较复杂，不仅文官的和武官的不同，官的和爵的也不同，此外在俸银之外还有禄米。此处就以占官员队伍大头的文官的法定俸银为例说明。雍正时期考虑京官清苦，特支双俸（米除外），称“恩俸”，同时给文官发放“养廉银”，数额大大高于正俸。其中总督 13000 ~ 20000 两，巡抚 10000 ~ 15000 两，布政使 5000 ~ 9000 两，按察使 3000 ~ 8444 两，道员 1500 ~ 6000 两，知府 800 ~ 4000 两，知州 500 ~ 2000 两，知县 400 ~ 2000 两。武官的工资收入中，虽然俸银普遍低于文官，但武官可以支取薪银、蔬菜烛炭银和灯红纸张银等名目繁多的款项，但是武官的养廉银要远少于文官（以上比较都不考虑“工资外收入”）。

② 步军统领，俗称“九门提督”，负责北京城内外九座城门的守卫，还负责巡夜、救火、编查保甲、禁令、缉捕和断狱等，事实上京师卫戍司令。

③ 都统是八旗制度下的官职，起初是一旗的最高军政长官，清朝入关后改为驻防八旗的最高长官。清朝在有些重要的驻兵地点设置将军，比如杭州将军、广州将军，没有设置将军的地方保留都统。都统除掌驻防旗营军政事务外，并兼管驻防地区的民政事务，比如察哈尔都统、热河都统和山海关副都统等。将军和都统名义上直辖中央，不属于地方官职，但在实践中被同视为地方官。同品级的提督则是绿营或水师（汉族军队）的最高指挥官。

④ 清代总督一般有许多“加衔”，品级普遍上升为一品。比如“都察院右都御史”例行为总督的兼职，使得总督拥有弹劾权，品级也就上升为从一品；重要地区的总督还兼任“兵部尚书”，拥有辖区内调兵遣将的实权，品级自然也升了一级；还有一些资历深的总督，顶着“内阁大学士”的头衔总督地方，品级就升为正一品。请看下面的头衔：“都察院右都御史、兵部尚书，总督两江等处地方提督军务粮饷兼巡抚事而管盐政操江，辖南河事务”。这是一个兼任右都御史、兵部尚书的两江总督的头衔，同时还督管巡抚、盐政、江防和河道事务，品级自然不是从二品可比了。没有加衔和兼职的总督极少，他们被称为“白纸

总督”或者“单车总督”，意思是实权小、不顶事。

⑤ 清代巡抚和总督一样，拥有诸多加衔，比如都察院右副都御史、兵部侍郎等，普遍上升为正二品。

⑥ 顺天府府尹实质上是一个知府，但管理首都北京的政务和治安，并且可以插手中央各部的政务（比如受理各地百姓的诉状，参加重要案件的会审，在实质上剥夺了刑部的部分权力）。另外，顺天府府尹是唯一可以直接上朝面圣的知府，因此品级远高于一般的知府。同样，奉天府府尹管辖清朝“龙兴之地”奉天（沈阳）的政务，品级也升为正三品。地方官职由此分为“京县”（顺天、奉天下属各县）和“外县”两种，京县官职远高于外县官职。

⑦ 府级领导班子有知府、同知、通判等。府略相当于古代的郡，由于好古，读书人都雅称知府为太守、郡守。

⑧ 清代在“县”之外有“州”的行政区划，州分为直隶州和散州。其中直隶州直属各省，为统治人口多，事务繁杂的地方，在编制上直隶州与“府”等级相同，可以下辖正常的县，领导班子有知州、州同、州判等。散州与“县”相等。

⑨ 清代都察院、通政使司、布政使司和按察使司等部门设置经历，职掌出纳文书。

⑩ 理藩院是处理边疆少数民族和外交事务的衙门，是古代朝贡体系的主要负责机构（另一个重要机构是礼部）。少数民族和外国使节来京面圣，需要有人教导他们礼仪，就产生了“教习”。类似的，还有翻译，也就是“通事”。清代，朝廷专设“朝鲜通事”，负责朝鲜来华使团的翻译，也是正六品。

⑪ 州同是知州的佐官。属于直隶州的相当于同知；属于散州的则与州判分掌督粮、捕盗、海防、江防和水利诸事。

⑫ 清朝在中央各部门中设置了大量笔帖式，负责翻译满汉文字、记录档案文书等。笔帖式只能由满族人出任，各部挑选满族中熟悉满汉文字的年轻人担任。笔帖式一般为七品、八品和九品，升迁较为容易，速度也较快，被称为“八旗出身之路”。

⑬ 县级领导班子有知县、县丞、主簿、巡检和典史等。表中未入流的官员都是县里的基层官员。

⑭ 这里的“大使”也是处理外交事务的。外国朝贡使者来京，要入住专门的官方旅馆。旅馆的负责人就是大使，比如接待琉球使团的就有专门的“琉球大使”。大使们除了安排使团的住宿吃穿，还要带领他们去各个衙门，参加各项活动。

后　记

文官制度是中国古代历史的一大创造，是对政治学理论和政府管理实践的重要贡献。现今的文官制度，深受中国古代文官制度的影响。英国被视为当代文官制度的发源地，但孙中山先生曾有言：“现在各国的考试制度，差不多都是学英国的。穷流溯源，英国的考试制度，原来是从我们中国学过去的。”中国古代官吏在谈论“职官”、“选政”、“铨叙”，纠结于品级、考核、官身的时候，他们没有想到自己身处的文官制度的体系之完备、内容之丰富、覆盖之广阔、影响之深远，会超越国界、跨越时间。后人会深受其影响，与之发生千丝万缕的联系。

中国古代发展出了完备的、历史悠久、超级稳定的文官制度，堪称世界之最。很多朝代更替，与其说是王朝兴替，倒不如说是“换皇帝不换官僚”——皇室家族变了，文官集团及其制度雷打不动。它有利于社会稳定、有利于政治智慧的传承，对历史发展发挥了积极作用，但在实践中也产生了一些糟粕，比如对官本位思想的助长、消极的为人从政思想等等。几千年的制度流弊不可能一朝一夕得到解决，千百代人积累的政治智慧、制度精华，如果不及时总结和认真学习，却可能毁于一旦。好在，历史是不断进步的，随着读史热潮的兴起，对官制史的解读也成了热点之一。

那么，中国古代文官制度具体有哪些内容，古代官吏如何工作和生活，又有哪些乐趣和哀愁呢？进而，从古代官吏的职场经历中，我们能发现中国历史哪些规律性的东西呢？本书就是梳理这些问题的通俗读物。需要说明的是，书中“官吏”的概念并不局限于有官职有编制的人员，而泛指那些能够行使公权力的人员。古代人要行使公权力，有四种方式：当官、为吏、入幕府、做差役。以上四类人，都属于“官吏”的范畴。本书着重写正式官员的同时，也涉及后三类人，特此说明。

这其中可说、可写的内容很多。本书只写我熟悉或者我行文时联想到的内容。如今，书稿已经杀青了，我再补充两点感想：

纵观中国历史，做官往往带有很现实的、功利的目的，少有将做官作为事业的人，多是将做官作为职业的人。虽然士大夫们平日里高喊“齐家、治国、平天下”，但在实践中主要把心思放在了“家”上，很少有人去管“国”，关心“天下兴亡”的就更少了。古人从年幼读书时起，就抱着功利的目的，读书不是为了追求文化传承、完善思考和精神享受，而是为了当官发财。从汉武帝开始设立太学，读书入仕制度在中国萌芽。“自武帝立五经博士，开弟子员，设科射策，劝以官禄，讫于元始，百有余年，传业者浸盛，支叶蕃滋，一经说至百余万言，大师众至千余人，盖禄利之路然也。”（《汉书·儒林传》）读书、当官、禄利三者被画上了等号，这就可以解释士大夫们和古代官场上诸多匪夷所思的言行。

具体到官僚个体，仕途游宦生涯可能是一个不断被“敲打”，不断妥协，心态趋于平淡，为人处世趋于圆滑的过程。人生是一系列接踵而来的妥协，官僚的职业生涯更是如此。比如，古代人所受的教育和官场实践严重脱节，理想和抱负更是不受衙门世界待见，他们踏入官场后发现日常主要工作除了迎来送往，就是征税收粮，谈不上高尚或者重要。

这就需要他们调适心态，适应衙门工作。唐朝文豪白居易就一边狠下心来收税，同时又写下不少充满悲悯之情的诗歌。如《纳粟》一诗：“有吏夜叩门，高声催纳粟。家人不待晓，场上张灯烛。扬簸净如珠，一车三十斛。犹忧纳不中，鞭责及僮仆。昔余谬从事，内愧才不足。连授四命官，坐尸十年禄。常闻古人语，损益周必复。今日谅甘心，还他太仓谷。”至于其他人怎么完成从“民”到“官”的思想转变，就不得而知了。又比如，有个叫宋成勋的学官撰联云：“宦海风波，不到藻芹池上；皇朝雨露，微沾苜蓿盘中。”“藻芹池”指的是官学，“苜蓿盘”说的是学官的清苦生活。这副对联反映了作者生活虽然有些清苦，却平静而满足。从州县学堂到中央国子监的官办学校中的教职，是典型的冷官、清官。宋成勋能够调整心态，满足现状，殊为不易。毕竟，历史上有多少官员不满足现状而钻营苟求啊！

本书并非学术著作。在本书中，正史与小说、典故与白话、权力斗争和制度变迁、政治史和社会史并肩而立，读者们可以穿梭在达官显贵、下僚小吏、落第士人、隐士僧侣甚至市井小民中间，徜徉在不同的朝代和形形色色的衙门内外。野史、传说同正史一样得到了认真对待，登堂入室，在本书中占有突出的地位——因为我相信，所有文字都指向事实，它们不是写作者个人思想的反映，就是社会现实的写照。通过口耳相传的故事甚至纯虚构的小说，我们同样能够透过尘埃，触摸到当时、当地的现实。曾经有个编辑，好心地指出第一章中王维中状元的内容有误。她说，根据王维和太平公主二人的年龄，他们不可能存在交往。这固然是事实。书中这则故事引自宋代的野史和小说汇编《太平广记》卷一百七十九，不是正史（转引自《中国古代的士人生活》，第 65 页）。然而，我们不能因为王维没有得到太平公主的荐举，就否定这种行为的存在，更不能否认唐宋时期士人科举时奔走豪门，谋求荐举的现象的存在。我引用这则野史，一来为了见微知著、以小见大；二来也因为王维和太平公主都是“名人”，借名人效应来增加文章的可读性。希望读者理解。

本书可看作是拙著《泛权力》一书的延伸和具体化。本书偏重官吏具体工作和生活的挖掘和描述，《泛权力》偏重现象的揭示和案例的分析。两本书各自独立又相互补充，结合起来阅读可能对古代衙门内外的世界有更全面的了解。

书中的绝大多数观点、论据和故事，是我近几年读书、写作中积累下来的。在写作《泛权力》的时候，我就“剩余”了不少的资料，之后将近一年我又搜罗、阅读了部分资料，结合平日的记忆与思考，写作了本书。其中的多数参考文献，我已经附录说明了。同时，我参考、引用了一些网络资料，其中：民国李定夷著的《民国趣史》（大通图书社1936年出版）是网络文本；署名“莆阳老山”的博客中有一篇《莆阳名臣谱》的文章，多有参考；新华网理论频道的《古代官员退休后也做“房奴”》、署名赵海永的网络论文《论清官文化对我国宪政文化产生与发展的阻碍》、中国网《“四善二十七最”：古代官员如何考核》（此文注明来源《香港文汇报》）等文也是书中相关章节的重要参考文献。在此，对所有前人的辛勤劳动表示感谢。

我要感谢所有为本书的出版付出心血与汗水的同行们。感谢陕西人民出版社和北京博闻春秋图书有限责任公司，感谢李向晨经理对本书的关心与付出，感谢李婷晓编辑的辛勤劳动（我和李编辑认识多年，终于有幸合作）。感谢杨晴编辑的扎实工作与付出。我还要感谢穆国库、张万文和金小芳等同行与前辈作家梅毅先生对书稿的认可与推荐。最后，我要特别感谢唐琳娜，感谢她一如既往的支持与爱。

谢谢大家！

张　程

2011年6月于朝阳水南庄

读者反馈卡

尊敬的读者：

非常感谢您购买本书。为能继续提供更符合您要求的优质图书，恳请不吝赐教。抽出点滴时间填写以下调查表，并尽量以电子邮件形式寄回我公司(直接注明书名、问题序号和选项对应的字母即可)，您将自动成为我公司读书会会员，可长期以非常优惠的价格购买本公司其他书籍，免费邮寄，并可定期获赠精美礼品。

北京博闻春秋图书有限责任公司

电子邮箱：bwcq@163.com
通讯地址：北京市复兴路甲38号嘉德公寓722室
邮政编码：100039
公司博客：http://blog.sina.com.cn/bwcq
官方微博：http://weibo.com/bowenchunqiu

1. 您了解《衙门口：为官中国千年史》是通过

   A 书店　B 网络　C 熟人推荐　D 报刊

2. 您购得本书是在

   A 新华书店　B 书城　C 民营书店　D 书摊

   E 网络　F 超市　G 其他________

3. 您目前的职业是

   A 公司职员　B 个体经营者　C 公务员　D 学生

   E 农民　F 自由职业者　G 其他________

4. 您决定购买一本书的因素包括

   A 内容　B 封面　C 书名　D 朋友推荐

   E 媒体推荐　F 作者　G 其他________

5. 您决定购买本书是因为

   A 对题材感兴趣　B 送给孩子　C 偶然购买

   D 为了收藏　E 朋友推荐　F 其他________

6. 您购买图书最感兴趣的是

A 写作风格　B 封面包装　C 作者观点　D 作者声望

E 媒体推荐　F 书籍内容　G 其他________

7. 您会购买同一系列中的其他图书吗?

A 会　B 不会　C 偶尔会　D 看看再决定

E 其他________

8. 了解本书之后,您对本公司的其他图书有购买可能吗?

A 会　B 不会　C 偶尔会　D 看看再决定

E 其他________

9. 平常读书时,从行文风格上说,您更喜欢

A 严肃深刻　B 轻松幽默　C 故事性强　D 史料性强

E 文学性强　F 图文并茂　G 系统性强　H 通俗易懂

I 观点独特　J 其他________

10. 您觉得本书的优点有(可多选)

A 文笔好　B 选题好　C 封面漂亮　D 排版舒服

E 价格合理　F 手感好　G 其他________

11. 您觉得本书有何不足之处,您有何意见和建议?

____

____

12. 有没有您想读但市面上却没有的书?请谈谈您的设想。

____

____

您的姓名________ **性别**________ **年龄**________ **职业**________

邮政地址____

邮政编码____________________ **手机**____________________

E-MAIL ____

MSN 或 QQ ____